Folkloristics:
A Reader

髙岡弘幸
島村恭則
川村清志
松村薫子

編著

民俗学読本

フィールドへの
いざない

晃洋書房

フィールドへのいざない

民俗学と出会う

　民俗学とは，まず何よりも，当たり前のものとして不思議に思わない自文化，特に私たちが享受しているだけでなく，私たち自身が生み出している生活文化を「異文化」として再発見する「まなざし」であり，そして，再発見した自文化の意味や歴史的変遷などを研究する学問である．

　この本を手に取ってくださった読者には日本で生まれ育った方も多いと思われる．そこで，「では？」と問いかけてみることにしよう．日本に生まれ育ったからといって，日本の文化や社会について，どれだけのことを知っているというのだろうか．たとえば，40年近く前，私は，目の前の「知っているはずの」日本文化がいきなり「異文化」として立ち現れた経験をしたことがある．

　高校生のときからアフリカの広大な大地に憧れを抱き，大学では文化人類学研究会に所属し，将来はアフリカ研究者になることを夢見ていた1年生の秋のこと．サークルで京都市内の秋祭りを調べていたとき，たまたまサークルの顧問を務めてくださっていた先生と2人っきりで夕食をとることになった．その先生は，本格的なスワヒリ語辞典を執筆・編さんした，アフリカ研究のパイオニア的存在の1人であった．そんな偉大な先生と差し向えになって，ガチガチに緊張していた私は，何か話さないと失礼になるのではと思い，思わず次のような，何とも間抜けな質問をしてしまった．

　「先生は生まれ変わっても，アフリカ研究をされるのですか？」

　すると先生はニヤッと笑い，

　「アフリカより日本のほうが不思議で面白いな．俺なら日本をやるな」

　私は，その言葉の意味がわからず，おそらく狐につままれたような顔をしていたのであろう．食後，先生は私を近所の神社に連れて行き，

　「この中のどんなことでもいいから，説明してごらん」

　とおっしゃった．そこで，私は見慣れたはずの神社の風景，建物，祭りの様子などを，目を凝らして見つめ直したのだが，何一つ説明できなかったのだ．

その瞬間以来，日本のありとあらゆる文化や社会が，当時の私にとっては説明不可能な，まさにアフリカ以上の「異文化」として立ち現れるようになったのである．

　日本に生まれ育ったからといって，日本のことを知っているとは限らない．むしろ，当たり前すぎるほどのものであるからこそ，不思議を不思議として認識できないのではないか．また，アフリカにせよどこにせよ，外国研究をするためには，日本のことを（ある程度は）知らなければ，問題を発見できないはずだし，比較も不可能なはずだ．そのことにも気づき，私は文化人類学と並行して，民俗学の本を貪るように読み始めた．ところが，読めば読むほど，日本文化・社会は，「どうだ，私の謎を解き明かせるか？」と，私の前に大きく立ちはだかったのである．

　このようにして，私は民俗学を，日本文化を「異文化」として再発見し，その意味を解読する，実に魅力的な学問と考えるようになったわけである．

問題を発見する

　ここで，この本を机の上に置いて，窓から見える風景をじっくりと眺めてみてほしい．窓の外には，田んぼや畑が広がっている．では，農作業の方法や，農民の生活と農機具の変遷，現代の農業が抱える問題，開拓の歴史をどれほど知っているだろうか．あるいは，鉄筋コンクリートで造られた高層アパートが建ち並んでいるのが見える．では，ここでの暮らしはどのように成立し，変化してきたのだろうか．そもそも，なぜこの場所にニュータウンが建設されたのだろうか．寂れきった港が見える．昔，海が見えないほど船がひしめきあったという港町が，なぜこのように衰退してしまったのだろうか．海と日本人の関わりはどのようなものであったのだろうか……．

　また，目的もなしに街を歩いているとき，ふとバスや電車のなかで乗客の会話を耳にしたとき，友人やバイト仲間と世間話をしているとき，本を読んでいるとき，食事をしているとき，何か心にひっかかりを覚えたことはないだろうか．

　どんなことでもいい，何か1つでも「謎」や「不思議」が見つかるのではないだろうか．もしそうであれば，見飽きた風景であるはずの田んぼやニュータ

ウン，港町，街の風景，他者が話した何気ない一言，思わず目をとめた文章，大好物の食べ物が，まさに「異文化」として，あなたによって再発見されたことになるわけである．

フィールドへ

さて，あなたなりに不思議で面白そうな問題を見つけ出したとしよう．次に何をするべきか．おそらく，図書館や博物館に赴き，文献資料，古い地図や写真など，関連しそうな資料を片っ端から調べるだろう（写真1）．この本の執筆者たちも同じことをしてきた．基本的な情報を知るためには欠かせない作業だからだ．ただ，インターネットの情報には十分に注意して欲しい．誰がどのような資料をもとに書いたのかさっぱりわからない情報に満ちあふれているだけでなく，その怪しげな情報がコピー＆ペーストで無数に増殖する．あくまでもインターネットは補助の道具とし，書籍や論文などの活字情報を中心とすることを心がけて欲しい．

図書館や博物館で，あなたが抱いた疑問がすべて氷解したならば，それで終

写真 1　明治時代の地図を調べる筆者
出所）2007年6月14日，旭川市博物館にて．

わり，次に何もすることはない．だが，どのように優れた内容の書物であって
も，すべての疑問に明確に答えてくれるわけではない．そこで，さらに別の文
献を探し出して謎を追い求めるタイプの人が出てくるはずである．大ざっぱに
言うならば，このタイプの人は歴史学や文学に向いているといえるかもしれな
い．

　それとは異なり，「とりあえず，本ではこれ以上のことを知ることができな
い．そうだ，昔のことに詳しいお年寄りに話を聞いてみるのもいいではないか．
現役世代からは，今どうなっているのか，これからどのようになるのか，につ
いて教えてもらえるかもしれない」と考える人も出てくるのではないだろうか．
ここここそが，あなたが民俗学者タイプなのかどうかがわかる，極めて重要な分
岐点である．

　解きたい問題によっては，時間とお金をかけて遥か遠くまで行かねばならな
いこともある．なぜ，そうまでして，わざわざフィールドワークに行くのか．
それは，そこでしか発見できない，さらに深い問いがあるからであり，さらに
は，フィールドこそが，自分自身が深く納得する答えを教えてくれるからであ
る．

　民俗学の概説書には，生業（農業・漁業・林業など），社会組織，人生儀礼，年
中行事，説話伝承，都市化，信仰，妖怪と怪異といった項目がお行儀よく並べ
られている．それを読めば，誰でもすぐに民俗学にアクセスできる，さらに言
えば，そうしたことを調査研究するのが民俗学だというわけである．概説書に
よって民俗学の課題を知り，図書館やフィールドに向かう．確かにそのような
アクセスの仕方もあっていいだろう．

　しかし，この本を書くために集まった民俗学者たちの考え方はまったく違う．
私たちは，解き明かしたい問題は，あくまで日常生活のなかで，あるいは，フィー
ルドで見つけ出すものであり，決して誰かが事前に用意してくれた所与のもの
ではないと考えているのだ．

　「民俗」とは生活文化，しかも自分自身が改めて再発見しなければ誰も気が
つかない，当たり前すぎるほどのものである．そのため，「民俗」は，私たち
が誰かに尋ねてみようとしない限り，姿を現わすことなく，沈黙の彼方に消え
去ってしまう．だからこそ，重い本や資料をカバンに詰め込み，より深い問い

や答えのヒントを授けてくれる他者と出会うために，フィールドに出かけるわけである．

フィールドワークの現場で何が起こったのか？

本書は民俗学の入門書でもなければ，概説書でもない．私たちが，この小さな書物を通じて読者の方がたに伝えたいのは，フィールドワークの面白さ，素晴らしさである．その意味で，本書は民俗学入門以前の書物と位置づけることができるだろう．

これまでほとんど出版されてこなかった，この奇妙な特徴を持つ本を構想した理由は，私が高校生，大学生，大学院生だった頃の体験にまでさかのぼる．

高校時代より文化人類学の本を読み始めた．新書版の本が主であったが，内容は難しく，十分に理解できたとはとてもいえなかった．ただ，本のなかに描かれた海外のフィールドにたどり着くまでの苦労話，フィールドでの体験談など，いわゆる「雑談」「余談」「こぼれ話」がとてつもなく面白く，飽きることなく何度も読み返し，何がなんでも，私も早くフィールドに行きたい，と心を揺さぶられたのである．

大学や大学院でも，本だけでなく，授業やゼミナールでの先生方のフィールドにまつわる「雑談」「余談」に心が奪われた．学校時代の授業の内容はすっかり忘れてしまって何も思い出せないが，先生がふと漏らした「裏話」だけは，いまだにはっきりと記憶にとどめているという方は多いのではないだろうか．

大学院生，研究者になってからは，居酒屋で語り合うフィールドでの「裏話」で大いに盛り上がり，徹夜で語り合うことなどざらであった．言ってみれば，専門書や講義以上に，「雑談」「余談」「裏話」こそが，私たちをフィールドにいざなってくれたわけである．

ところが，近年，大学の授業内容と進め方への規制が厳しくなり，かつてのように90分間すべて雑談（もちろん，授業内容に関連したことで，受講生も大笑いしたり，よく反応してくれていた）ということが不可能になった．中学校や高校のことは私にはわからないが，同じような授業風景になっているのではと危惧している．また，気がつけば，文化人類学や民俗学の書物のなかに余談が描かれることがなくなってしまっていた．とにかく調査結果をいち早く丹念にまとめなけ

ればならないという業績主義の悪弊だろうか.

こうした風潮のなか,実は,「雑談」「余談」「裏話」,場合によっては「居酒屋での話」こそが民俗学とフィールドワークの面白さ,奥深さを伝えられるのではないかと改めて気づき,何人かの研究仲間に思いを伝えたところ,思いがけず賛同を得られ,さらに思いを同じくする仲間を募ることになった.しかし,たんに余談や雑談を記しても仕方がない.そこで,3人の編者と相談を重ね,以下の3点を記述のガイドラインとすることにした.

① どのような問題を抱えてフィールドに向かったのか?
② フィールドでどのような体験をしたのか(何が起こったのか)?
③ その体験をどのように論文や書籍などの成果としてまとめたのか?

もちろん余談のような話し言葉ではないため難しい内容になってしまった.しかし,ささやかではあるが,読者の方がたをフィールドにいざなうという新しい試みは成功したのではないかと,私たちは考えている.大学生や大学院生,博物館関係者など,さまざまな立場でフィールドに携わっている方には,フィールドでの問題発見の方法,フィールドで集めた資料のまとめ方も参考にしてもらえればと願っている.

本書の概要

本書の概要をごく簡単に説明しておこう.

第Ⅰ部「フィールドとしての日常生活」では,私(高岡)の生活史(life history)を振り返りつつ,日常生活を送るなかでの経験が,どのように問題の発見とつながったのかを示した.

第Ⅱ部は「見えない世界を視る」である.妖怪と伝説という,そもそも不可視のものをいかに捉えることができるのか.

香川雅信は大学のゼミナールと,卒業論文作成のために赴いたフィールドで「妖怪」の捉え方が180度転換するという体験をし,それをもとに独自の妖怪研究の視点を持つようになったことを論じている.香川の視点は高く評価され,新たな妖怪研究を牽引する1人となっている.

孫嘉寧は,幼い頃から日本の「妖しい」文化に心ひかれ,初めての調査でた

またま出会った「桃太郎」という，日本人なら誰でも知っている説話（昔話・伝説）の生成と変容の謎解きに挑んだ様子を描いている．中国の北京で生まれ育った外国人研究者であるが，彼女の視線と方法は，自文化の異文化化という民俗学の特徴を把握するための示唆に満ちている．

第Ⅲ部は「南島への旅立ち」．沖縄など南西諸島は，民俗学においても宗教・信仰や民間神話研究のメッカといわれるところの１つである．

島村恭則はそうした研究に強く魅せられ，卒業論文を書くために，学部４年の夏休みに単独で宮古島で調査を行なった．初々しさに満ちあふれた学部学生が，どのように調査し，何を発見し，どのように卒論をまとめ上げたのか．とくに若い世代に大いに参考になるだろう．

後藤晴子は，大学のゼミナールで知った「老年人類学」の研究のため，独特の老年文化を持つ沖縄などに旅立つ．調査内容はもちろんのこと，「よそ者」である彼女が，いかに現地で受け入れられていったか，現地の人びとに教えられた女性のあり方など実に興味深い話が綴られている．

第Ⅳ部は「信仰と実践」として，祭礼と信仰・宗教研究に関するフィールドでの経験を集めた．

川村清志は，約30年ものあいだ調査を継続している祭礼を事例として，じっくりと時間をかけて観察するだけでなく，人びとの間に入り込み，祭りの担い手の１人として実践することを通して，ようやく理解のための道筋を見出したことを示す．ちなみに，川村の調査地は香川雅信と同じである．同じ調査地に入っても，まったく異なる対象に興味を持つわけで，調査地が研究対象を決めるのではなく，まさに研究者自身の個性や嗜好こそがテーマを発見することがはっきりと理解できるはずである．

大内典の例は実にユニークである．古典的な西洋音楽を学ぶ過程で，「文化」として音楽を研究したいという自身の志向に気づき，修験道をフィールドとして選ぶ．しかも大内は自身が山伏となる道を何のためらいもなく選択するのだ．川村と同じように，研究対象の外部に立つのではなく，内部に当事者の１人として入り込んだのである．簡単に真似できるものではないが，新たな民俗学の研究方法が鮮やかに提示されているといえよう．

松村薫子は親族の葬儀で出会った若くて美男の僧侶と話すきっかけを求めて

仏教研究の道を歩き始めたという．これまた実にユニークな動機から語り始める．博士論文作成のため，「糞掃衣」と呼ばれる袈裟をつくる集団とともに作業を行なうが，そこで出会ったのは，従来の定説とはまったく異なった考え方であった．松村はフィールドの現場でこそ，定説を覆す「ズレ」を発見できると説く．これも，川村，大内と同じく，研究対象の内部に入り込んでこそ，問題の発見や解答を得る道が開けることを示している．

第Ⅴ部は「挑戦する民俗学」と題して，フィールドワークの成果を地域や人びとに還元することに挑み続ける2人の研究者の経験を掲載した．

山下裕作はインドア派の歴史学者であったが，就職先で否応なくフィールドワークに巻き込まれていく様子をユーモラスな文章で描いている．解くべき問題は現場にこそあり，その問題と格闘することでしか成果還元の道は開けないと強調する．インドネシアでの経験も興味深く，むしろ外国のフィールドでこそ，日本が抱える問題を逆照射することを示唆しているように思える．

中村亮はアフリカ研究の第一線で活躍する文化人類学者だが，就職先での仕事で不慣れな日本研究に足を踏み入れる．中村が描く日本研究の難しさと面白さは，やはり異文化研究に従事してきた者だけが実感することなのかもしれない．そして，独自の歴史を持つ地元食の調査を通じて，大学や地域の人びととの協同，さらには地域振興など，社会のためにこそ研究はあるとの考えにたどり着く．山下同様，「学問のための研究」を軽やかに超える道筋がそこには示されている．

第Ⅵ部「博物館へ行こう！」では，まず，川村清志が展示にかける学芸員の熱い思いを述べ，続いて，島立理子はある地域そのものを博物館とする，きわめて斬新なフィールドミュージアムの取り組みを紹介し，藤坂彰子は絶対に風化させてはならない戦争の記憶を伝承する場としての博物館活動を描く．取り上げた例は少ないが，博物館も民俗学のフィールドであり，新たな民俗学を創り上げる現場となる可能性を私たちに教えてくれている．

また，各部のあいだに，民俗学やフィールドワークをより深く知っていただくために，「調査の道具」，「本の読みかた」，「調査のまとめと論文」の他，「民俗調査」，「民俗学とは何か」，「エスノグラフィ」，さらに，日本人が当たり前に思っている仏教を再発見するアプローチの方法が示されている「留学生が見

た日本」の計 7 本のコラムを掲載した．それに加えて，文中で重要なキーワードをゴシック体で示し，それらの解説を巻末にまとめて掲載した．学習の参考，手引きになれば幸いである．

　私が大好きな詩人安西冬衛の連作『韃靼海峡と蝶』に，「歩きまはるために，私はたちどまる．」という一節がある．身の程知らずであることを重々承知したうえで，これを言い換えるならば，「さらに歩きまわるために，私たちは一度立ち止まってみた」のが，この本である．それでは，執筆者が行なったフィールドワークを追体験する旅に出かけてみることにしよう．

　　2019年 8 月

編著者を代表して　髙岡弘幸

目　次

フィールドへのいざない

第Ⅰ部　フィールドとしての日常生活

フィールドとしての日常生活　　　　　　　　　　　3
——民俗学の原点——

1　日常生活こそ民俗学的問題発見の原点　　（3）

2　都市でもなく，田舎でもなく
　　——フィールドとしての原風景（Ⅰ）——　　（3）

3　「生・老・病・死」が交錯する現場にて
　　——フィールドとしての病院——　　（5）

4　都市の「負」の側面への挑戦
　　——経験と記憶が成果を生み出した——　　（8）

5　排除と差別　——フィールドとしての原風景（Ⅱ）——　　（11）

6　近世城下町と都市を捕捉する　——まち歩きの日々——　　（13）

7　読者への問いかけ　——日常生活をフィールドとするために——　　（16）

　コラム①　調査の道具　——私の経験から——　　（20）

第Ⅱ部　見えない世界を視る

「好きな妖怪は特にありません」　　　　　　　　25
——妖怪博士の告白——

1　「そうだ，妖怪研究をしよう」　（25）

2　「カッパの学名は何ちゅうんかね？」　（26）

3　「犬神に憑かれたら学校行かんようになる」　（28）

4 「好きな妖怪は特にありません」 (32)

5 「ベトベトサンを研究したいんです」 (35)

6 おわりに (37)

「桃太郎」と伝説の「語り直し」 ──────────── 39

1 「私」を分析する ──自己紹介に代えて── (39)

2 「ひねくれ者」の問題発見 (40)

3 テクストもフィールドワークの手がかり (42)

4 岡山の温羅伝説 (43)

5 香川の桃太郎伝説 (48)

6 語り直しの起こり (54)

7 伝説の生命力 (56)

コラム ② 民俗調査 (59)

第Ⅲ部 南島への旅立ち

フィールドワークの愉悦と焦燥 ─────────── 63
──宮古島での3か月半──

1 沖縄との出会い (63)

2 宮古島へ (64)

3 フィールドワークの愉悦 (65)

4 焦 燥 (69)

5 打 開 (70)

6 卒論完成 (76)

長生きと向き合う ───────────────── 79

1 私と年寄り (79)

目　次　xiii

2　テーマとの出会い　　(80)

3　フィールドとの縁 ──沖縄を中心に──　　(82)

4　フィールドで考える ──沖縄離島を中心に──　　(83)

5　さまざまなフィールドから学ぶ　　(87)

コラム ③　本の読みかた　　(90)

第Ⅳ部　信仰と実践

祭りをやりながら考えたこと
──フィードバックする現場と理論──　　　　　　　　　　95

1　は じ め に　　(95)

2　フィールドワークの始まり　　(96)

3　祭り研究への違和感　　(98)

4　祭りの子どもたち　　(100)

5　ハビトゥスと実践共同体　　(103)

6　お わ り に　　(106)

「音」の文化を探る
──山伏に「なった」音楽学者──　　　　　　　　　　　111

1　は じ め に　　(111)

2　音楽学から宗教文化研究へ　　(112)

3　峰入り行の音を探る　　(114)

4　音を読みとく　　(116)

5　音文化の歴史に分け入る　　(120)

6　音の文化研究 ──境界を超えるフィールドワーク──　　(122)

糞掃衣の真実 ———————————————————— 127
——フィールドでの後悔——

1 素敵な僧侶と話をするために 　（127）

2 そしてフィールドワークへ 　（130）

3 文献資料と現実との「ズレ」の発見 　（136）

4 悩みぬいて，ようやく博士論文の完成へ 　（139）

5 おわりに ——フィールドワークで「ズレ」を見つけよう—— 　（141）

コラム④ 留学生が見た日本

——カルチャーショックから博士論文まで—— 　（143）

第Ⅴ部　挑戦する民俗学

農業・農村研究というもの ———————————————— 151
——否応のない現場——

1 「現地バカ？」の来歴 ——本当はフィールドが苦手—— 　（151）

2 強制的なる転身 ——フィールドへと敷かれたレール—— 　（152）

3 さあ！　現場だ！ ——はじめてのフィールド—— 　（153）

4 現場の牛糞たちから学んだこと ——フィールドでの学び—— 　（154）

5 現場はやっぱり良いのかも ——フィールドの効用—— 　（156）

6 埋まりゆくダム ——思いも寄らないフィールドミッション—— 　（156）

7 現場までの苦難な道行き ——現場でのショック！—— 　（158）

8 犬も歩けば棒に当たる ——フィールドの極意—— 　（159）

9 きつい現実 ——フィールドという事実—— 　（161）

10 現場から知識を得て，現場で応用する

——フィールドに入るための理論っているの？—— 　（162）

21世紀のフィールドワークに向けて ———————— 165
——福井県小浜市田烏のナレズシをめぐる地域振興と
文化人類学——

1 アフリカ研究の専門家だが……　（165）
2 日本でのフィールドワークは難しい！　（165）
3 里山里海湖文化プロジェクトの開始　（168）
4 「学問のための研究」と「社会のための研究」　（169）
5 「鯖のへしこなれずし」をめぐるフィールドワーク　（172）
6 里売りネットワーク再生の提案　（178）
7 21世紀のフィールドワークに向けて　（179）
コラム ⑤　調査のまとめと論文　（181）

第Ⅵ部　博物館へ行こう！

博物館へようこそ！ ————————————————— 185

博物館が作った「おばあちゃんの畑」という ———————— 189
フィールド

1 きっかけはモヤモヤした思い　（189）
2 フィールドとの出会い
　　——「おばあちゃんの畑プロジェクト」の誕生——　（190）
3 民俗学の立場からの「おばあちゃんの畑」というフィールド　（191）
4 博物館としての「おばあちゃんの畑」というフィールド　（192）
5 「おばあちゃんの畑」から離れるとき　（193）
6 いくつかの問い　（194）

▎「戦争」の「記憶」と向き合う場所 ―――――――――― 195

1 「戦争」の「聞きづらさ」／「語りづらさ」と「記憶」の断絶 　(195)

2 軍港だった呉と戦艦「大和」の博物館 　(196)

3 モノと「記憶」がつなぐ個人の「戦争」体験 　(198)

4 「戦争」の「記憶」をつなぐ場としての博物館 　(202)

コラム⑥ 　民俗学とは何か 　(204)

コラム⑦ 　エスノグラフィ（ethnography） 　(206)

あ と が き 　(207)

キーワード解説 　(209)

アニミズム／異人（stranger）・まれびと／衛星都市（ベッドタウン）／過疎化と高齢化（限界集落）／家族・核家族・家／記憶と民俗／記号論（文化記号論）／技能・技術／儀礼／ケガレ（ハレ・ケ・ケガレ）／袈裟／公営団地／公設市場／構造／高度成長／五体投地／里山・里海・里湖／ジェンダー／資源利用（地域資源）／シャーマン（シャーマニズム）／精進料理（精進落とし）／商品経済・貨幣経済／真言（マントラ）／人生儀礼（通過儀礼）／神仏分離令／聖（聖地・聖性・聖なるもの）／青年会／説話（説話伝承）／檀家と檀那寺／知識／中山間地域（中山間部）／憑きもの（憑きもの信仰）／伝承（民間伝承）／同族団／都市・まち・城下町／南島／年中行事／農村社会学／バブル景気（崩壊）／祭り（祭礼）とイベント／満洲／見世物／民俗芸能／民俗宗教（民間信仰）／山伏神楽／妖怪（神と妖怪）

索 　引 　(223)

第Ⅰ部

フィールドとしての日常生活

フィールドとしての日常生活
──民俗学の原点──

髙岡弘幸

1 ▌日常生活こそ民俗学的問題発見の原点

　もっとも大きな枠組みで考えるならば，民俗は「生活文化」と言い換えることができる．そうすると，民俗学を志す者がフィールドに携えて行く課題，フィールドで発見する問題のそもそもの原点は，私たちが享受し，生み出し続けている「生活文化」，つまり，私たちの「日常生活」のなかにこそあるといえるだろう．

　したがって，「フィールドへのいざない」で述べたように，私たちが暮らしてきた「場所」での「経験」と「記憶」，そして，今暮らしている「場所」，そこでの「経験」を異文化として再発見することが，民俗学の出発点になるわけである．

　もちろん，どのような経験が記憶として頭やからだの隅々に沈殿するか，どのような経験を異文化として発見するかは，人それぞれであろう．だからこそ，この本の執筆者たちのように，それぞれに独自の問いを発見し，その問いかけにふさわしい民俗学が形づくられるのである．

　以下では，この本の執筆者たちを代表して，私の研究の原点となった「日常生活」の経験と記憶を語ることにしよう．「日常生活」を民俗学のフィールドと捉え直すことが，この章の目的である．

2 ▌都市でもなく，田舎でもなく
──フィールドとしての原風景（1）──

　1960（昭和35）年，私は大阪府布施市（現・東大阪市）に生まれ，2歳のとき，近鉄・阿部野橋駅から電車に揺られて約20分，到着した駅から徒歩15分ほどの

4 第I部 フィールドとしての日常生活

場所に広がる府営住宅に引っ越した．住まいは木造の平屋，2軒で1棟となる造りである．狭い玄関，6畳と4畳半，玄関脇に汲み取り式のいわゆる「ポットン」便所，台所の流しは人研ぎで，床はコンクリート，それに2畳もない板の間という小さな家で，押し入れが隣家の押入れと背中合わせであった．庭はかなり広く，母がネギ，野イチゴ，ビワ，ユスラウメ，イチジク，キンカンなどを丹精込めて育てていた．

　家の周囲には数多くの古墳，遺跡などがあり，古代史を肌で実感できる場所である．小学校高学年の頃まで，古墳はフェンスで囲われておらず，悪ガキどもの格好の遊び場となり，ザリガニ釣りや野球に興じた．鎌首をもたげた大きな蛇に遭遇したこともある．畑が広がり，肥料をつくるための「野壺」にはまってしまった級友もいた．あちこちにクワの実やビワなどの果実がたわわに実り，他人の家に生えているものをおやつ代わりに頂戴した．駅前には大きな（と，当時思えた）公設市場や商店街があり，それなりに賑やかではあったが，どこからどう見ても「田舎」といっていい風景だったわけである．

　電車で20分ほどの距離にある天王寺という「大都会」の「百貨店」に家族で行くとき，男の子は蝶ネクタイにブレザーという「晴れ着」に無理やり着替えさせられた．こうしたことに象徴される，「田舎」から「都会」へ出かけるという感覚は，ある年代以上の読者には理解していただけるのではないかと思う．そもそも都会人は百貨店を「ハレ」（非日常）の場と認識していなかったからだ．家族でたまに訪れる難波（ミナミ）や梅田（キタ）は，田舎育ちの子どもにとって目くるめく夢のような，それでいてどこか恐ろしい世界であった．

　市内に1地区で数百棟を数える木造平屋の府営住宅が何か所かあったことに加えて，幼稚園から小学校の低学年にかけての頃，田や畑だった場所に，数多くの同じような外観の2階建て建売住宅が建設され，あっという間に市の人口が急増した．今思い返すと，小中学校時代，仲が良かった友人の親は大分県，石川県，沖縄県など大阪以外の出身であった．つまり，私の友人たちのほとんどは大阪で生まれた2代目だったわけである．近所に住む人たちも，多くが四国，中国，九州出身の者で，会話を聞いていると大阪弁・関西弁ではない「訛り」が耳についた．それほど，高度成長のこの時期，各地から職を求めて，大阪に人びとが集まって来ていたのである．人口急増にともない小学校，中学校

が増設され　また，小学4年の頃，家のすぐ近くを「西名阪自動車道」の高架が走るようになった．つまり，大阪の都心への通勤者とその家族が住む，より巨大で近代的な「**衛星都市**」，「**ベッドタウン**」へと急速に変貌したわけである．

　日本第2の都会の大阪市の南東部に広がっていた緑豊かな「田舎」が私の原風景であった．それが，難波や天王寺のような都会でもなく，あの懐かしい田舎でもない，「中途半端」としか表現しようのない地域へと移り変わるさまを，小学生高学年から中学生にかけて目撃したのである．

　古墳沿いの道を歩いて登校していたこともあり，中学生の頃までは考古学者を目指したが，人の性格・志向というものは面白い．いつの間にか，発掘した「モノ」から歴史を語る考古学は，私にとってはどこかもどかしく感じられるようになり，高校生になると，受験勉強そっちのけで，新書のレベルではあったが，直接人間そのものを考える文化人類学と心理学の世界に没入するようになった．

　さて，高校3年のとき，何を思ってか柳田國男の『遠野物語』[柳田1910a]を読みだしたのだが，これがさっぱり面白くない．中途半端な衛星都市に暮らす少年にとって，東北の山奥（と，その当時想像していた）に住んでいたという「山人」たちの世界はまるで理解できなかったのだ．

　といって，文化人類学の隣接分野である社会学の都市研究，それらはほとんど東京の研究であり，これもまた，大阪の人間であり，「衛星都市」人である私にとって，まるで興味をひかないものであった．つまり，「**都市**」でもない，かといって『遠野物語』に描き出されたような，地方の草深い「田舎」でもない，その境界領域で生まれ育っていたことを，乱読を通して曖昧ながらも感じていたわけである．「俺はどういうところに生まれ，暮らしているんだろう？」

　この疑問は，はるか後に，日本の地域性を理解する際に実に重要なキーワードである「**まち**」を再発見したことによって解き明かされるのである．

3 ┃「生・老・病・死」が交錯する現場にて
┃──フィールドとしての病院──

　2年の浪人生活を経て，京都のある私立大学に進学した．実家の台所事情の苦しさを知らないわけではなかったが，早々と大学院進学を心に決めていた私

6 　第Ⅰ部　フィールドとしての日常生活

は，人類学と民俗学を柱としながら，社会学（デュルケム，ウエーバーといった古典や，特に民俗学と深く関連する**農村社会学**）や生物学，哲学，建築史，歴史学など，自分が面白いと思った専門書を，4畳1間の下宿（風呂なし，台所・トイレは共同で，家賃は月1万3000円！）や行きつけの喫茶店（コーヒー1杯250円）で乱読していた．

　4年生の6月，出身高校で2週間の教育実習を終え，実家から京都の下宿に戻ろうとしていたその日の昼頃，信じられない出来事が起こった．母親が急病で倒れたのだ．私が実家を出発する直前であったため，救急車を呼ぶことができ，2度の手術の末，ようやく命を取り留めたものの，言葉と足に重い障害が残ることになった．

　いまだに私の脳裏に焼き付いて忘れることなど絶対にできない，病院での印象的なシーンを列挙してみたい．

　母がICU（集中治療室）に入っているあいだ，私は重体患者の家族のために設けられた待合室のソファで寝泊まりした．そこで，聞くともなしに耳に入ってきたのは，患者の家族・知人たちによる病気や病院，医師に関する噂話や世間話で，話の内容に一喜一憂する様子に，情報網の凄さと同時に，内容が病気に関することだからだろうが，たまたま一室に集まった無関係の人びとのあいだを一瞬にしてつなぎ，心を動かす「話」の持つ力に感心した．

　毎晩のように，患者の容態の急変を告げる電話が待合室に鳴り響き，そのたびに全員がいっせいに黙り込み，顔を見合わせた．真夜中に突然救急車のサイレンの音が聞こえ，しばらくすると，遠くから号泣する声が聞えたことが何度かあった．そのたびに，浅い眠りを妨げられた私たちは深いため息を漏らした．

　病状が落ち着いて一般病棟に移り，7月末まではプロの「付き添い婦」（と，当時人びとが呼ぶ職業があった）を雇っていたが，家計が逼迫してきたため，夏休みの1か月間，一人っ子の私が母の世話をすることになった．「ぼんぼんベッド」と呼ばれる1人用の小さな折り畳みベッドを借り，母が移された4人部屋で寝泊まりしながら，3度の食事と下（大小便）の世話，リハビリ訓練の補助などを行ない，またたく間に日が過ぎていった．

　ある蒸し暑い夜のことであった．病院内の喫煙コーナーに行くと，50代の女性が腰かけてぼんやりと煙草をふかしている．「兄ちゃん，元気そうに見える

が，どこか具合が悪いんか？」と話かけられ，事情を説明すると，「そら，大変なこっちゃなあ」と言い，「付き添い婦」の団体旅行の写真を見せながら，自身の話を始めた．

　もう数年間，私はある女の子の世話をまかされている．その女の子は10年以上前に，アイドルのコンサートに行った際，興奮した観客たちのあいだで転び，何十人に踏まれて意識不明の「植物状態」になった．治る見込みはまったくなく，すでに20歳を過ぎているという．「兄ちゃん，人間いうのは哀しいもんやなあ．今朝，初めて女の証し（初潮）があったんや．どこにも行かれへん女の証しや．なんや辛うてな……」．涙ぐむ彼女の前で，私は沈黙して煙草をふかすことしかできなかった．

　別の日，車椅子に母を乗せて，広い病院内を気晴らしに歩きまわっていると，老人たちの病室の前にたどり着いた．何気なしに中を覗くと，ほとんど反応のない老人に向けて，おそらくは実習のために来ているのであろう看護婦（当時，男性は「看護士」と呼ばれていた）の卵たちが優しい声をかけて一生懸命に世話をしていた．

　また，「ちょっとでも具合が良くなったら，黙って病院を抜け出して，外で食事をとる患者さんが結構いらっしゃるんですよ」と，准看護婦がにこやかに笑いながら　わざわざ私のところに余った食事を届けてくれたことも再々あった．大学生が「付き添い」をしているのを珍しく，可哀想に思ってくれたのかもしれない．そのたびに，看護婦を養成する学校，看護婦という職業，病院内の人間関係などの話を聞かせてもらった．

　ある日，若い看護婦や准看護婦たちが華やかな浴衣姿で歩いているので，不思議に思い尋ねたところ，「知らないんですか？　今日はお盆で，病院の屋上で患者さんたちと盆踊りをするんですよ．一緒にどうですか」という答えに心底驚いたこともあった．

　「心が苦しいでしょう．少しでも楽になるかもしれないですよ」と言って，ある宗教に入信しないかと，私に熱心にすすめる患者やその家族がいた．毎日のように，夕方になると，病室から低いがしっかりとした声で「南無妙法蓮華経」と「お題目」を唱える声が聞えてきた．その場に，医師や看護婦がまじることもあるという．

8　第Ⅰ部　フィールドとしての日常生活

　困っている，苦しんでいる人間を「直接」救うのは，医療系の学問以外，とりわけ人文社会系の学問の目的ではないだろう．しかしながら，病院でいろいろなことを目にし，耳にするたびに，学問をするというのはどういうことなのだろうか，どのような意味があるのだろうかと，深く考え込むことになった．

　それでも，母の横に付き添った1か月は，不謹慎な言い方になるが，私とってすべてが初めての新鮮な体験で，興味が尽きることのない日々でもあった．どんなに辛く哀しくても，やはり腹が減り，厳粛な場であってもお腹が鳴るし，腹を満たせば排泄をしなければならない．人間にとって辛さ，哀しさとは何なのだろうか？　と，トイレで考え込むこともあった．また，ある人類学者が書いた，近代医学と「未開社会」の呪術の類似性を論じたエッセイを思い出したりもした．

　1年半の闘病生活の後に亡くなった母には悪いが，死生観，呪術・宗教，噂話の力，組織内の人間関係などを，まったく表面的なものにすぎなかったとはいえ，病院内では珍しい健康な若者，すなわち「**異人**（stranger）」としてフィールドワークしていたのが，病院での1か月間であったというわけである．本来ならば「非日常」の場である病院で，見舞いに訪れるだけではまったく見えないさまざまなことを，病院での「日常生活」を通して垣間見ることができたのだ．

　もちろん，私自身の判断で選択したフィールドではなかった．しかし，偶然とはいえ，私の学問観の基礎を形づくるものとなった，まさに民俗学者・人類学者への第1回目のイニシエーション（**通過儀礼**）だったのである．

4 ┃ 都市の「負」の側面への挑戦
──経験と記憶が成果を生み出した──

　1年の浪人を経て，1986（昭和61）年，大学院修士課程（博士前期課程）に進学した．2年後には，プロの研究者への登竜門である「修士論文」を提出しなければならない．「衛星都市」出身ということが頭から離れず，ずっと日本の都市に強い関心を抱いていたが，どのように問題設定をすればいいのか皆目見当がつかない有り様であった．迷いに迷いながら，個人の調査，先生や先輩の調査の手伝い，大学院ゼミナールの共同調査で，和歌山・高知・岡山の山村，福

井の漁村を歩き，**儀礼**，**年中行事**，**説話**，生業，社会組織などの調査を行なった．いずれも興味深い内容で，いっそ修士論文のテーマにしてしまおうかとも考えたが，村を歩けば歩くほど都市が気になる，格好をつけた言い方をするならば，都市が私を呼んでいるとさえ思えるようになってきた．

　どんどん時間だけが過ぎてゆく．もうフィールドワークで都市を捕捉するのは無理である．そこで，修士1年目の秋，現代都市の特徴を相対化しつつ把握しようと考え，古い時代の都市の記録，とくに近世期の大坂の生活文化が克明に記された日記や地誌などの資料をじっくりと読むことにした．当時は記号論的「江戸―東京」研究が盛んであったが，未知の土地である東京ではなく，私が生まれ育った大阪のほうが，資料を読み解くにあたり何かと好都合だと考えたからである．

　また，同じ歴史研究でも，網野善彦などの社会史家が明らかにしたように，「中世」は現代の価値観や考え方とは大きく異なる「異文化」のような時代であるのに対し，「近世」社会は現代社会の基盤となっているといえる．私は現代社会との「断絶」ではなく，むしろ「連続性」に強く興味を引かれたのである．これも私の好み・志向としか説明のしようがない．

　面白い資料は次から次へと出てくる．ただ，どうあがいても論文の「柱」となる理論的枠組みが見つからない．厚く垂れこめた霧の中でもがき苦しんでいた翌年5月のある日，「こっちだ！」と手招きするように，いきなり太陽の光が射し込んだ．

　そもそも民俗学・文化人類学的調査の基本は1人で行なうフィールドワークである．そのため，伝統的な生活が残っているとされる小規模な社会での調査研究が一般的なスタイルであった．ところが，そうした社会も都市化，近代化の波に覆われ，大きく変容することになり，1970年代，都市民俗学や都市人類学と呼ばれる研究領域が現われた．ただ，小規模社会で鍛えてきた調査方法は，膨大な人口を抱えるだけではなく，性別，年齢，学歴，社会的地位などにより大きく異なった生活様式や考え方，価値観を持つ人びとが集まり住む都市では通用しない．そこで，そうしたバラバラな存在である都市民が一点に凝集する場として，祇園祭や天神祭などの都市「祭礼」が選び出され，都市民俗学・都市人類学の中心的な研究素材とされるようになったのである．確かに，そうし

10 第Ⅰ部 フィールドとしての日常生活

た祭礼研究を読むと，都市民の考え方や価値観，加えて，都市の特徴が鮮やかに描き出されていることがわかる．

　しかしながら，祭礼は都市民や都市の明るい側面は浮き彫りにできるかもしれないが，暗い側面には手が届かない．あらためて考えるまでもなく，人間や社会・文化には「明」と「暗」の両面があるはずだ．都市の特徴を踏まえつつ，何とか「暗」すなわち「負」の側面を浮かび上がらせることはできないだろうか．私が「負」の側面にことさら興味をひかれるのも性格・志向としか説明のしようがない．たとえば，学部1年生の頃，次のようなことがあった．

　「フィールドへのいざない」でふれた，サークルで祭りの調査をしていたときのことだ．休憩場所になっていた社務所で食事を終えると，男性たちが担ぐ神輿の後に続いて，先輩や仲間たちも出ていった．しかし，私だけ社務所に留まり，女性たちと後片付けをすることにした．誰か手伝わないと失礼になると考えたからでもあるが，それ以上に，「みんなと同じものを見ても仕方ない」と生意気なことを考えたからである．手伝いながら耳にしたのは，裏方として食事や酒の世話ばかりさせられて，正式に祭りに参加できないことや，男たちが威張るだけで何も手伝ってくれないという愚痴であった．そのときに気づいたのは，いかに明るさに満ちた祭礼であっても，その裏側が必ずあるということである．

　そんなことをぼんやりと思い出していると，病院での経験が頭のなかでスパークした．そうだ，病気，それも「伝染病」だ！　人口が多ければ多いほど伝染病に対する恐怖は増大していくにちがいない．しかも，人から人へと伝染する病気は恐怖だけでなく，中世ヨーロッパで大流行したペストに関する研究などが明らかにしたように，普段の生活では隠している排除・差別という社会の「負」の部分をも明るみに出してくれるのではないだろうか．

　こうして，私は「近世都市」「病い（伝染病）」「排除・差別」の3つの言葉を呪文のように唱えながら，近世の大坂を中心として，さまざまな資料を博捜し，資料の山の中に埋もれることになった．

　今でも明確に記憶している．1987（昭和62）年8月29日午前11時50分すぎ．大学図書館の窓も扇風機もエアコンもない書庫で全身汗まみれになって調べていると，ついに決定的な資料が見つかったのだ．その日は土曜日で12時には閉

館する．月曜日まで待つことなんてとてもできない．大慌てで事務室に飛び込んでコピーを依頼すると，私の形相に驚いた係員が苦笑しながら，「もう時間が過ぎているのですが，まあいいでしょう」といって複写してくれた．

　かつて日本人は，疫病神（えきびょうしん）が伝染病をつかさどると考え，共同体内部に疫病神が侵入するのを防ぐ儀礼や，侵入してしまった疫病神を共同体の外部に送り出す儀礼を盛んに行なっていた．そうした資料は民俗学では周知のものであり，何ら目新しいものではない．

　ところが，私が見つけ出した資料には，近世の大坂で風邪（インフルエンザ）が流行した際，「非人」を風の神（疫病神）に見立てて送り出し，川のなかに投げ込んでいたという，凄まじい事実が記されていたのである．たった数枚の，でも最高の宝物である資料のコピー．しかし，それは実のところ，それまでの経験と記憶が私に与えてくれたものだったといえよう．

　ようやく書き上げた修士論文は民俗学だけでなく，日本史学の分野からも高い評価を受け，論文の一部が日本民俗学会の学会誌に掲載されることになった［髙岡1988］．また，学部時代に愛読していた古典落語集に『風の神送り』という咄（はなし）があったのを思い出し，博士後期課程に進学後，その咄を復活させた桂米朝師（後に人間国宝になられた）のご自宅まで押しかけ，関連資料を見せていただきながらさまざまな話をうかがうという，一生の宝にも恵まれることになったのである[1]．

5 ▎排除と差別 ──フィールドとしての原風景（Ⅱ）──

　私が学部学生，大学院生であった1980年代は，歴史学のなかでも政治史や経済史ではなく，生活や習俗，儀礼など，民俗学と同じようなテーマに主眼を置いた「社会史」がブームだったが，私は特に網野善彦や阿部謹也の著作に強くひかれた．それは，日本史と西洋史と立場こそ違うが，2人とも「差別」の問題解明に強く力を入れていたからである．

　私の生まれ育った大阪の南部や隣接する奈良の大和地方には多くの被差別部落があり，また在日コリアンが数多く住んでいる．幼い頃は両親や周囲の大人たちから断片的な話を聞くだけで，まったく理解できなかったが，心の奥底深

12　第Ⅰ部　フィールドとしての日常生活

くに残っていたため，2人の著作にのめり込むことになったのである．前に述べたように，修士論文で伝染病と差別の関係に焦点を絞ることにしたのも，病院での経験以外に，子どもの頃の「記憶」と「体験」が背景としてあったことを，論文を書きながらあらためて気づいたのである．

　1990（平成2）年，大学院博士後期課程を中退後，同じ大学に助手として就職し，8月から9月にかけての3週間，少ない貯金と初めてのボーナスの全額を握りしめて福島県の会津に旅立った．単独で行なう初めての本格的な長期間のフィールドワークである．

　大学院生の頃，たまたま手に取った人類学の雑誌に掲載されていた，福島県会津地方の同族団（どうぞくだん）と家関係に関する波平恵美子の論文に私の目が釘づけになった．その論文の末尾に，数代前に越後（新潟）から会津に移住して来た一族が「越後マケ」と呼ばれ，周囲の会津出身者から婚姻を忌避されるというような排除がいまだに続いていると，驚くべきことが書かれていたのである［波平1981］．ちなみに，「マケ」とは，会津地方などで同族団を示す言葉である．

　この論文を読んで，やはり波平の著書［波平1984］のなかに，同じ会津地方での事例をもとに，かつて不治の病とされたハンセン病や肺結核の患者を出した（あるいは，患者を出したと噂される）家筋（同族団）が「ドス（ハンセン病）マケ」，「肺病（肺結核）マケ」と呼ばれ，周囲から婚姻を忌避されるなど厳しく差別されていると書かれていたことを思い出した．

　関西に暮らしていると，差別の研究は被差別部落や在日コリアンの問題が中心となる．それらは人文系の諸学問にとり不可避で，極めて重要な問題であるのはもちろんのことだが，私は，幼い頃の経験や記憶を含めて，そうしたことをいったん「相対化」，すなわち，それらとはまったく異なるタイプの差別・排除のあり方を研究して，差別・排除の問題を幅広く捉えてみたいと考えたのである．

　助手時代の2年間，会津磐梯山が美しく映える農村部に何度も足を運んだ．ベトナム留学のため調査を中断し，3年後に帰国したが，非常勤講師だけの収入では会津を再訪することもかなわず，結局2本の論文を書いただけにすぎない［高岡1991，1992］．しかし，会津での調査は，日本における排除・差別の問題を民俗学的にさらに大きな枠組みで考える「村八分（むらはちぶ）」の研究へと導いてくれ

ることになった[2].

6 ▌ 近世城下町と都市を捕捉する ──まち歩きの日々──

　ベトナムから帰国後，3年間の非常勤講師暮らしを経て，1998（平成10）年
4月，私は県立高知女子大学文化学部に文化人類学担当の助教授として着任し
た．高知市の中心部は近世に建設された**城下町**で，大学は高知城や県内随一の
商店街のすぐ近くにあった．その1年ほど前，共著ではあるが「コンビニ」論
［髙岡・村上1997］を書き，マイナーながらもさまざまな方面から評価され，現
代都市論も守備範囲に入ったと「天狗」になっていた時期でもあった．

　さて，高知市に住み始めて驚いた．何と大手チェーンのコンビニがないのだ．
また，遠方に移り住んだためか，あれほど多かった各種研究会への誘いがパッ
タリとなくなってしまった．地元民がしばしば自虐的に口にするように，さす
が「遠流の地」である．ベトナム研究に加え現代都市論をやろうと意気込んで
いた私は意気消沈してしまった．「俺はこんなところで何をやっているのだろ
う？　どんな研究ができるというのだろうか？」

　移り住んだ当初，高知暮らしには失望することが多かったが，学生たちは明
るく優秀で，都会の大学では次々に消えていっている調査合宿や，ゼミナール
後のコンパも健在であり，研究仲間を大いに羨ましがらせた．また，教員宿舎
から大学まで自転車で約15分と，通勤ラッシュに苦しむこともなく，教育や事
務の負担もきわめて軽いため，持て余すほどの「暇」にも恵まれた．

　高知市は1945（昭和20）年7月4日などの空襲により中心部が焼き尽くされ
たこともあり，戦前から残る古い建物はまったく見あたらず，そうかといって，
東京発信の新しい商品を扱う店も少なく，寂れるいっぽうの様子に，地元の人
びとは「まったく，つまらない場所だ」と思い込むほどである．しかし，1日
に10km程度なら平気で歩くという健脚を誇る私と妻は，知人や学生たちが呆
れかえるほど，暇に飽かせて城下町をグルグルと歩きまわった．

　ところが，歩きまわるにつれて，昭和30年代以降に形成された平凡すぎるほ
どの街並みは，そもそもどのようなところで，どのような風景だったのだろう，
という疑問が生じてきたのである．そこで，時にはカメラ，地図，古い町並み

写真1 こうした平凡な街並みの下に近世城下町が眠っていた
出所）2008年，高知市，筆者撮影．

の資料などを持って，より精力的に歩きまわることにした（写真1）．

　高知の人びとが頻繁に口にするある言葉が，戦後建設された，恐ろしく平凡で退屈な新しい街並みの下に眠る，近世城下町の構造と近代以降の変容を知るためのヒントになった．それは，帯屋町などの繁華街に行くことを「まちに行く」，あるいは丁寧に「おまちに行く」と表現することである．最初，私は「まち」をたんに賑やかな商店街ほどの意味と理解していた．ところが，そうではなく，「まち」は近世期すでに商工業の場として成立し，そこを基礎として，明治以降に商店街やデパートなど近代的な商業施設が乱立するようになった場所を指す，きわめて深い内容を持つ言葉だったのだ．

　また，高齢者に限られるが，高知城近くの大学を「お城下の大学」と表現する．「まちの大学」ではないのである．つまり，高知の人びとは「城下」と「まち」を無意識のうちに使い分けているわけである．

　こうしたことに気づいて，柳田國男［柳田1910b, 1929］や宮田登［宮田1982］，宮本常一［宮本1968］など，「都市」関連の書物を片っ端から読み直してみると，近世の城下町は武士が住む「城下」と，商人や職人が住む「まち」に分けられており，「まち」は商工業の地区，すなわち貨幣（金銭）が行き交う場であったことがわかる．また，かつては村のなかにも商工業の場である「まち」が存在した．したがって，そうした複数の「まち」が，さまざまな地域を結び付ける

結節点となって人・モノ・情報を流通させていたことになる．それまでに何度か目を通していたにもかかわらず，城下町の構造は，まったく理解できていなかったのだ[3]（写真2）．

　また，柳田國男の『遠野物語』は，前に私の感想として述べたように，一般的には，東北の奥深い山里の幻想的な物語集と捉えられてしまっているのではないだろうか．ところが，近世城下町の構造を頭に入れて読み直してみると，「城下町・遠野」での話，いくつもの「まち」での話，草深い「村」での話と，大きく3つに分類できることがわかる．

　さらに，実は，古い伝説だけではなく，出版当時（明治43年）にリアルタイムで語られていた話も多く掲載されている．すなわち，『遠野物語』はたんなる古い伝奇物語集ではなく，スケールが大きすぎて，なかなか気づくことができない，近世の「城下」と「まち」「村」という基本的な地域構造と，地域や社会・文化の変容（変わったことと変わらないこと）を，あくまで人びとが語る「説話」の記述を通して描き切った，民俗学の教科書のような書物と改めて位置づけられるわけなのだ．

　ここで，私が育った南河内の地域的な特徴も明らかになる．もともと近世に大発展した大都市・大坂の南東に広がる農業地帯ではあったが，たんなる農村ではなく，農村部のなかに無数といっていいほどの「まち」が存在した場所だったのだ．大坂にきわめて近いため，早くから**商品経済・貨幣経済**の波に覆われ，ほとんどすべての作物が商品として栽培され，売買されていたのである．そもそも最高権力者たちが眠る古墳群の中にあるような地域である．そうすると，古代でも同じような特徴を持っていたと考えることもできるかもしれない．

　修士論文やいくつかの論文執筆により，私は近世都市研究者だと自惚れていたが，日本の都市の基本構造については何一つ理解していなかった．南河内の「まち」育ちが，遥かに離れた土佐の地で「まち」の重要性を再発見する．まさに「灯台下暗し」だったわけである．

　「まち」の再発見に欣喜雀躍していた2002（平成14）年の秋，ある授業の1回目，私がシラバスに書いた授業内容を完全に無視して，「どうしても**妖怪**を研究したい！」と学生たちが強く要望することがあった[4]．突然のことに困った私は，近世期の「幽霊」は都市に多く出現したという柳田國男と宮田登の説を

写真2　県庁所在地の駅の位置は，近世城下町の構造にしたがって決められることが多い

出所）2010年．JR高知駅，筆者撮影．

思い出した．ただ，柳田も宮田も断片的に述べただけで，明確な説明はしていなかった．そこで，学生たちと手分けして，高知の近世城下町時代の怪異の資料を集め，2万5000分の1の地形図にマッピングしたところ，自然に囲まれた地域では，河童（土佐では猿猴という）や山姥，天狗，大蛇などの自然系の妖怪が出没するのに対し，数万の人口を抱える城下町の中心部では，人の妖怪，すなわち「幽霊」だけが出現することが，はっきりと証明できたのだ．自然から遠く離れた都市では，人間こそが恐怖の対象になるというわけである．こうして，私は城下町高知と学生たちに導かれるようにして，「幽霊」研究を専門の1つとする近世都市研究者と名乗ることができるようになったのである．[5]

また，2005（平成17）年から，高知市史編さん委員会・民俗部会の会長として「民俗編」のための調査・執筆・編集をメンバーたちと始めたが，戦前や戦後の民俗とその変化を捉える際に基礎となったのが，やはり，高知に教えてもらった近世城下町の構造であった［高知市史編さん委員会編2014］．

7 ┃ 読者への問いかけ ――日常生活をフィールドとするために――

高校生，大学生といった，まだ年若い方には自分自身の人生を振り返ること

は難しいかもしれない．そういった場合，どうすればよいのか？

　フィールドに出かけるまでもなく，両親や祖父母，親戚，アルバイト先，学校の教員など，周囲に年上の人がたくさんいるはずである．そうした人びとの生活史 (life history) を，聞き手である「あなた」の生活史に重ねて聞いてみるのはどうだろう．ただ，どのような人を語り手 (話者, informant) として選ぶのかは，やはり，あなたが発見した不思議，謎によって決まってくる．たとえば，**公営団地**など集合住宅に住んでいるなら，自治会など，住民を束ねる何らかの組織があるはずなので，そこを通して適当な話者を紹介してもらうといった方法があるだろう．

　あるいは，両親や祖父母の生活史は，あなた自身にもっとも深く関係してくるはずだ．芸能人や有名人の家族の生活史を取り上げるテレビ番組が人気だが，やはり，自分のルーツ探しは，いつの時代でも大切なことにちがいない．私の場合，残念なことに，プロの研究者になる以前に母と母方の祖父母が亡くなったので，私の過去の半身が不明のままになってしまい，もっと早くに聞いておけばよかったと後悔している．

　誰かの生活史を聞くことのメリットは他にもある．学校の歴史の授業で，たとえば，1955 (昭和30) 年頃から高度成長が始まり，日本人の生活が豊かになったと習うと，「なんだ，もう60年近くも前のことだ．私とは関係ないな」と，現在へと続く歴史の流れを断ち切り，あくまで個々バラバラな「点」として，歴史を認識するだけではないだろうか．

　ここに，他者の生活史を重ねてみよう．これまでは，およそ30歳になるまでに結婚し，子どもを産むのが一般的な人生のコースであった．つまり，あなたが2000 (平成12) 年生まれであるなら，両親は1970 (昭和45) 年頃，祖父母は1940 (昭和15) 年頃に生まれたと計算することができる．そうすると，祖父母が中学生か高校生の頃から高度成長が始まったことになるだろう．その頃の暮らしはどのようなものだったのだろうか？　高度成長というけれど，本当に明るいことばっかりだったのだろうか？　祖父母が結婚した理由は？　そもそも祖父母はどこで生まれ育ったのだろうか？　両親が子どもの頃の生活は，今の生活とどのように違っていたのだろうか？　駅前に大きな商店街があり，ものすごく賑わっていたって本当？　では，どうしてシャッター街になってしまったの

18　第Ⅰ部　フィールドとしての日常生活

か？

　教科書や歴史の概説書ではほとんど触れられていない事柄が，次々に明らかになるはずである．そして，歴史がバラバラな「点」ではなく，あなたに向かって一直線でつながる「線」となり，さらに詳しく話を聞くことができたならば，その「線」が「面」に，さらには「立体形」にもなるはずだ．[6]

　誰もが自分自身のなかに抱える「日常生活というフィールド」に気がつけば，従来の民俗学の枠組みや問題設定にとらわれることなく，あなたにしかできない問題発見とフィールドの選択ができるのではないだろうか．

注

1）桂米朝師から拝借した資料を使って執筆したのが［髙岡1989］である．

2）会津での経験や，修士論文で考えた民俗学的排除論をもとにして［髙岡2002a］を執筆した．現在，新たなケガレ論を基礎とした村八分についての書物を構想中である．

3）こうした高知での経験などをもとにして書いたのが［髙岡2002b］である．

4）このような学生の反応の背景には，小説家の夢枕獏や京極夏彦などが牽引した，当時の「陰陽師ブーム」がある．大学の授業でも堂々と妖怪文化を論ずることができるようになったのも，この頃からである．

5）代表的なものに［髙岡2006a，2016］などがある．また，現代の都市伝説研究も行なっており，以下の２本を代表として挙げておく［髙岡2006b，2014］．

6）［東京新聞・中日新聞経済部編2016］は，戦中から戦後復興，高度成長とその終焉を柱に，1990年代後半までの日本の経済史を記したものだが，「聞き取り」による資料を用いての記述も多く，民俗学の調査研究に際しても大いに参考になる．

参考文献

高知市史編さん委員会編［2014］『地方都市の暮らしとしあわせ──高知市史・民俗編──』高知市.

髙岡弘幸［1988］「都市と疫病──近世大坂の風の神送り──」『日本民俗学』第175号，日本民俗学会.

──── ［1989］「風の神送ロッ──説話を紡ぎ出すもう一つの世界──」小松和彦編『これは「民俗学」ではない』福武書店.

──── ［1991］「地域社会における親族語彙のヴァリエーションと変容──福島県会津地方の事例より──」『地域言語』第３号，天理地域・言語研究会.

──── ［1992］「婚姻忌避──差別への民俗学的アプローチの可能性──」『部落解放研

究』第87号，（社団法人）部落解放研究所.
――――［2002a］「罪とケガレ」小松和彦・関一敏編『新しい民俗学へ』せりか書房.
――――［2002b］「都市」小松和彦・関一敏編『新しい民俗学へ』せりか書房.
――――［2006a］「幽霊の変容・都市の変貌――民俗学的近・現代研究に向けての試論
　　――」『国立歴史民俗博物館研究報告』第132集，国立歴史民俗博物館.
――――［2006b］「ケータイする異界」小松和彦編『日本人の異界観』せりか書房.
――――［2014］「「霊感の話」が語る現代日本の世相」人間文化研究機構監修『HUMAN』
　　第6号，平凡社.
――――［2016］『幽霊　近世都市が生み出した化物』吉川弘文館（歴史文化ライブラリー
　　433）.
髙岡弘幸・村上和弘［1997］「コンビニの民俗」小松和彦編『祭りとイベント』小学館.
東京新聞・中日新聞経済部編［2016］『人びとの戦後経済秘史』岩波書店.
波平恵美子［1981］「会津・芦ノ辺部落の同族団組織と家関係」『社会人類学年報』第7号，
　　東京都立大学社会人類学会，弘文堂.
――――――［1984］『病気と治療の文化人類学』海鳴社.
宮田登［1982］『都市民俗論の課題』未来社.
宮本常一［1968］『町のなりたち』未来社.
柳田國男［1910a］『遠野物語』（角川文庫，1955年）
――――［1910b］『時代ト農政』（『定本柳田國男』第16巻，筑摩書房，1969年）
――――［1929］『都市と農村』（岩波文庫，2017年）

調査で持って行くのは，ポケットに入る小さなノートと普通のコンパクトカメラである．カメラは，調査地の様子を一通り歩いて見てまわるときに大活躍した．しかし，その後は初めて参加する行事を除けば，徐々に撮影しなくなった．論文などに写真を載せなければならないときがあるが，適当なものがほとんどないので，もう少し撮っておいてもよかったと思う．話を聞くときに，あまりにも大仰な撮影機器を持っていると警戒されることもあった．何よりも話を聞くことに集中していたため，カメラを持っていても撮りそびれることが多かったのだ．

録音機器は，私が調査を始めた頃は高価であったため持っていなかった．ICレコーダーは，価格が安くなってから手に入れたが，長時間話を聞かせてもらうときに使用するぐらいだった．これは私が「日常の会話」に重きを置いた調査をしていたからだと思う（現在参加している行政の民俗調査では，アポイントをとって話を聞くことが多いため，逆にICレコーダーは欠かせない）．

ノートはB5サイズのノートを使っている．3冊ほど用意して行き，足りなくなったら調査先で購入することができるものである．さまざまなことを書き留めたノートの数が何冊にも増えたら，調査後にそれぞれの表紙を剥がして1冊とした．そのほかに，「測量野帳」も使っている．表紙が固いので，立ったままでも書きやすい．測量野帳にはいくつかタイプがあるが，図を書きやすいので，方眼紙タイプの「SKETCH BOOK」が私の好みだ．

ノートは常に持ち歩き，新しく聞いた言葉や出来事は簡単にメモを取る．ただ，話者と話をしているときはそれに集中して，宿泊先に帰ってから，話の内容を事細かに一気に書き留める．また，ノートには出来事，聞き取りの内容だけではなく，自分が何を思ったか，何を感じたかを書留めるようにしている．これは思いのほか論文の作成時に役に立つ．論文で何を明らかにしたいのかという「問い」を明確化するために，フィールドで感じた疑問や実感は欠かせない要素だからだ．どのようなことでも，とりあえ

ずノートに書いておくと，すぐさま何らかの問題の考察などに結びつかなくても，しばらく後（場合によって調査が終わった数年後）に見直すと，自分でも驚くようなことが書かれていたりする．私自身，何度も「はっ」としたものだ．

　もうかなり前から，ノートに記したデータは，検索の手軽さもあって電子データ化するようになった．音声データを取ったときは，自分自身で「文字起こし」もした．フィールド・ノートはもちろん写真以外の図版や蒐集資料もできるだけスキャナでスキャンし，データ化している．

後藤晴子

第Ⅱ部

見えない世界を視る

「好きな妖怪は特にありません」
——妖怪博士の告白——

香 川 雅 信

1 ▎「そうだ，妖怪研究をしよう」

　私は2005（平成17）年に，日本人の**妖怪観**の歴史的な転換について論じた『江戸の妖怪革命』（河出書房新社）を上梓し，それを元にした論文『日本人の妖怪観の変遷に関する研究——近世後期の「妖怪娯楽」を中心に』で博士号を取得した．日本の妖怪をテーマにした研究で博士号を取ったのは，日本人では私が初めてだったようで（ロシアの妖怪について博士号を取った人はいたし，またアメリカのマイケル・フォスター氏が先に日本の妖怪で博士号を取ってはいたが），それ以後「妖怪博士」という称号を半ばネタとして使っている．そう言った方が"ウケる"からだ．

　ただ，しばしば誤解されてしまうのだが，私は子どもの頃から特別に妖怪が好きというわけではなかった．確かに，水木しげる（1922〜2015年）の描く妖怪の絵は好きだった．1974（昭和49）年に「小学館入門百科シリーズ」の1つとして刊行された水木しげるの『妖怪なんでも入門』は，子ども向けの「妖怪図鑑」の決定版として人気のあった本で，私もこれを飽かず眺めまわしたものだ．けれども，好きというなら私はロボットの方が好きだったし，今でもそうだ（私の趣味はガンプラ製作である）．そもそも子どもはたいてい妖怪が好きなもので，私もそうしたよくいる子どもの1人に過ぎなかったのだ．

　私があらためて妖怪に関心を持つようになった直接のきっかけは，中学生の時に出会った夢枕獏の伝奇小説『闇狩り師』だった．中国の仙道を身につけた主人公が，依頼を受けて，人間に取り憑く妖怪（作品中では「憑きもの」と呼ばれていた）を祓い落としていくという物語である．もともとSFが好きだった私は，最初のうちこそ「非科学的でリアリティがない」と違和感を覚えていたが，

26 第Ⅱ部 見えない世界を視る

それが日本や中国の古典など，古くからある伝説・伝承に裏づけられていることを知ると，逆にリアリティを感じるようになった．元来凝り性だった私は，自分でもさまざまな文献を調べ，それに基づいて自分なりの伝奇小説を書くようにさえなったのである．

　そして，夢枕獏の小説の巻末に参考文献として紹介されていた1冊の本が，私の人生を決定づけることになった．それが小松和彦の『憑霊信仰論』[小松1982]だった．そこに描かれていたのは，日本の「憑きもの」や妖怪に関する信仰と「いざなぎ流」と呼ばれるきわめて特異なコスモロジーを持つ民間信仰の世界であった．このような世界が今もなお息づいているということが驚きであったし，それ以上に，「憑きもの」や妖怪が真面目な学術研究の対象となるのだということが驚きであった．それが民俗学という学問であることを知ったのもそのときである．

　私は進学した大学で迷わず民俗学のゼミナールを選んだ．1990（平成2）年，そのゼミナールの演習のなかで，私は初めてのフィールドワークを経験するが，この時の経験が，結果的にその後の私の妖怪に対する考え方に大きな影響を及ぼすことになるのである．

2 ▎「カッパの学名は何ちゅうんかね？」

　ゼミナールの調査地は，奥能登に位置する石川県鳳至郡門前町（現・輪島市）七浦地区であった．ゼミナール生は生業・年中行事・人生儀礼・説話伝承という4つのテーマについてそれぞれ手分けして調べることになり，私は説話伝承を選んだ．調査はほとんど飛び込みで各戸を訪問し，昔話や伝説などのさまざまな伝承を聞き取っていくというものだったが，私はやはり妖怪に関する伝承に重心を置いて話を聞いてまわった．そこで私は，狐やムジナ，カワソ（獺）に化かされた話，天狗にさらわれた話などを「事実あったこと」として聞くことができ，なかば興奮ぎみに調査を進めていった．それは言ってみればテレビタレントを間近に目にする感覚に似ていた．漫画や小説の中の存在と思っていたものが，現実の人びとの生活の中に生きている．それはフィクションが現実に近づいたというより，現実がフィクションに近づいたような感覚をもたらし，

平凡な日常を「異化」してくれるように思えたのである.

　しかし，この調査は結局，私の妖怪に対する見方を大きく変えることになった. 第1に，私も含めて漫画や小説の妖怪に慣れ親しんだ多くの人たちは，妖怪を現実離れした存在と考えがちだが，実際に妖怪を伝承している人びとにとっては，妖怪は日常生活と地続きで存在するものであるということを実感したのである.

　印象深いエピソードがある. 七浦地区に隣接する諸岡地区で，地元の老人からカッパの話を聞いていたときだった. 不意にその老人から「ところで，カッパの学名は何ちゅうんかね？」と聞かれたのだ. この問いに対し，私はまともに答えることができなかった. この老人にとって，カッパは「学名」もちゃんとあるはずの，犬や猫と同じようにあたりまえに存在する「生物」にほかならなかったのだ. われわれはそれを「妖怪」とカテゴライズしてしまうことによって，あたかも異世界の存在のようにイメージしてしまうが，実際には妖怪たちと現実世界の住人との境目は曖昧なのである.

　第2の発見は，妖怪は必ずしも視覚的特徴を備えているわけではない，という点だった. 水木しげるの妖怪漫画をはじめとして，マスメディアが提供する妖怪文化に慣れ親しんでいる私たちには，妖怪は異様な姿かたちを持った存在だという思い込みがある. しかしそれはまさにメディアが作り出した思い込みにすぎないということを痛感したのである.

　先ほどカッパの話を例に出したが，調査地であった奥能登では，カッパよりもむしろ「ミズシ」という名前のほうを聞くことが多かった. 「キュウリやスイカなどを食べて海に入ると，ミズシに引きこまれ，尻の穴から内臓を抜かれる」というような形で語られるこのミズシという妖怪は，北陸地方におけるカッパの地方的ヴァリエーションと説明されることが多く，単純にカッパを北陸では「ミズシ」と呼んでいるのだとそれまでは思い込んでいた.

　しかし，カッパならば頭に皿があり，背中には甲羅があって……という具合によく知られたイメージを語ることができるのに，このミズシに関しては，具体的な姿かたちについて語ることができる人はほとんどいなかったのだ. ただ1人だけ，「ミズシは体が透き通っているので，水中で近づいて来てもわからない」と語った人がいたが，このミズシの「不可視性」は，その視覚的特徴の

欠如を象徴的に言い換えたものであるようにも思われる.

　もっとも，よくよく考えてみればそれも当然かも知れない．妖怪が現実に（観念の中だけだとしても）生きている社会の人びとにとってみれば，重要なのは妖怪が人間に何をするかであって，どのような姿かたちをしているか，ではないのだ．妖怪の姿かたちが重要になってくるのは，人びとの現実の暮らしとは別の局面，それこそフィクションの領域だけのことではないだろうか.

　ただ奇妙だったのは，ミズシについて語る人びとは，ミズシの姿かたちがわからないばかりか，そもそもミズシとは何であるか，ということすらよくわかっていないらしい，ということだった．調査者である私たちが無自覚のうちに前提にしている「ミズシは『妖怪』である」という認識は，現地の人びとのあいだには存在しない．そもそも「妖怪」の話を聞かせてほしい，と言っても，「ヨーカイって何ね？」という答えが返ってくるだけだ．「水木しげる以降」の世界に生きている私たちにとって「妖怪」は日常語かもしれないが，当の「妖怪」を語り伝えている人びとは「妖怪」という概念を知らないことが多いのだ（少なくとも，私が調査を行なった30年ほど前はそうだった）．ミズシはあくまでミズシという個別のカテゴリーに属する「モノ」であって，しかも何だかよくわからない「モノ」である．にもかかわらず，「キュウリやスイカを食べて海に入ると，ミズシに取られる（襲われる）」のは，十分に怖いことなのだ．つまり，「何だかよくわからないのに人を納得させてしまうもの」が，まさに妖怪という「モノ」——いや，具体的な姿かたちがあるわけではないので「概念」と言うべきか——の特異性であると言えよう.

3 ▍「犬神に憑かれたら学校行かんようになる」

　その後私は，卒業論文のテーマとして「憑きもの信仰」を取り上げ，そのための調査を徳島県のある町（題材の性質上，詳しい地名の表記は差し控える）で行なうことにした．そもそも民俗学を志すきっかけになったのが「憑きもの」について論じた『憑霊信仰論』であり，いろいろテーマを考えてはみたものの，やはり自分のスタート地点となった「憑きもの信仰」について掘り下げてみたいと思ったからだった.

「憑きもの」とは，人に取り憑くとされる超自然的存在のことだが，日本民俗学では，とりわけ特定の家筋と関係づけられる「憑きもの」の伝承に大きな関心が寄せられてきた．それはただ突発的に人に取り憑くのではなく，ある特定の家筋（「憑きもの筋」と総称される）に代々伝えられ，その家筋の者に妬まれたり，恨まれたりすると，「憑きもの」に取り憑かれて病気や異常な精神状態に陥ったり，財産を失ったりするという形で伝承されている．関東地方のオサキ，中部地方のクダ，山陰地方の人狐，四国・九州地方の犬神などが，その代表的なものである．

徳島県は，高知県，大分県などと並んで「犬神」と呼ばれる憑きものの信仰が生々しく息づいている土地だった．石塚尊俊『日本の憑きもの』などの民俗学の著作を見ると，犬神は小さな犬やネズミのような姿をした一種の動物霊で，「犬神筋」などと呼ばれる家筋に代々伝わり，先に述べたように，その家筋の者に恨まれたり，妬まれたりすると，犬神に取り憑かれて病気になったり，精神に異常をきたして犬のように振る舞ったりする，というような話が記されている［石塚1959］．また，犬を首だけ残して地面に生き埋めにし，限界まで飢えさせたうえで目の前に食物を置き，犬がそれに食いつこうとした瞬間にその首をはね，怨念のこもったその霊を呪いに用いたのが犬神の始まりであるという，実におどろおどろしい起源伝承まで存在する．

だが，調査に入ってみると，書物を通じて知った「犬神」と，実際に調査地の中で語り伝えられている「犬神」のあいだには，大きな隔たりがあることがわかってきた．犬神は，民俗学の著作，そして漫画などのエンターテインメントの中ではたいてい「動物霊」として描かれているが，私が調査地で聞いた限りでは，そのような語りに一度として出会うことはなかった．犬神とは人の生霊のようなもので，犬とはまったく関係がない（なぜ「犬神」と呼ぶのかという問いに関しては，「わからない」という答え以上のものは引き出せなかった）．したがって，犬神の「姿かたち」といったものももちろん，ない．「それはどのような姿をしていますか？」とあえて聞いてみたところで，「何言ってんだ，コイツ」とでも言いたげな顔で曖昧な返答をされるだけである．

ある時，実際に息子が犬神に憑かれたという老人に話をうかがうことができた．犬神に憑かれるとどうなるのか，と問うてみたところ，返ってきた答えは

「学校行かんようになる」だった．つまり，不登校が「犬神」のしわざとされていたのだ．われわれは「犬神」の祟りと聞くと，つい想像を絶するような異常な現象が起こったのだと考えてしまいがちであるが，現実には，子どもの不登校や非行，DV，鬱病など，むしろ現代社会にありふれた問題が「犬神」のしわざとされることのほうが多いようなのである［香川1995］．

　こうした妖怪のイメージと実際とのズレは，現代の妖怪イメージがマスメディアの中で，地域社会における口頭伝承とは乖離した独自の生成・発展を遂げていった結果であろうと考えられる．つまり，実際の民間伝承のなかで語られる妖怪と，メディアのなかで流通する妖怪イメージとは，注意深く選り分ける必要があるのだ．

　奥能登での調査と徳島県での調査を経て私が実感したのは，「妖怪」としてカテゴライズされる民俗概念——「ミズシ」「犬神」など——が，いかに整合性に欠ける，矛盾に満ちた概念であるかということであった．他の民俗概念も多かれ少なかれそうした側面はあるが，殊に「妖怪」はそうなのだ．身も蓋もない言い方をすれば，それは結局のところ「妖怪」が実在しないからである．参照するべき客観的現実が存在しない「妖怪」は，それゆえに行き当たりばったりの，急場しのぎ的な概念として蓄積されていくほかない．

　また，文化人類学者の浜本満は，ある概念「によって」何事かを語ることと，その概念「について」何事かを語ることは，しばしばまったく別のことであることを指摘している［浜本1989：61］．このことは，「妖怪」においてとりわけ顕著に当てはまる．

　たとえば，私の調査地の人びとは，「キュウリやスイカを食べて海に入ると，ミズシに取られる」こと，どのようなことをすれば「犬神」に憑かれるのか，「犬神」に憑かれるとどのようになるのか，ということに関しては雄弁に語ることができる．ところが，「ミズシ」とは何か，「犬神」とはどのようなものか，という質問に対しては，曖昧な答えしか返すことができない．というより，それら「について」聞かれることをまったく想定していないように見えるのである．人びとがそのようなものと捉えている妖怪の「姿かたち」について問うことの空しさを想像してみてほしい．

　結局，妖怪とは何なのだろうか？　それはどうにも不可解な出来事を，「物

語」として理解し，納得し得るものとするための特異な概念であったと考えるべきであろう．人は自らの印象深い経験を「物語」——すなわち，出来事を時系列や因果関係に沿って並べ直したものとして再構成し，理解している．だが，時に日常的な思考では「物語」化することのできない経験が生じることがある．不可解な現象，いわゆる「怪異」がそうであり，また不幸や災いの経験がそうである．不幸や災いは，「これが，なぜ自分に起こったのか？」「なぜ自分が苦しまねばならないのか？」との問いを生み出し，人はそれに対し自分を納得させるための「物語」を求めるが，多くの場合，不幸や災いは偶然によるものであるため，日常的な考え方では「なぜ」の問いに答えることができない．そのような「怪異」や不幸・災厄などを「物語」化するために必要とされたのが，非日常的な概念——妖怪だったのである．

　息子が不登校になったという老人（仮に「小山さん」と呼ぶことにしよう）にとっては，自らが経験した出来事を理解し，納得し得るものとするために「犬神」が必要だったのである．小山さんの息子は頭の良い子だったが，中学2年生の2学期から突然学校に行かなくなった．そこで大学病院で診察してもらったが，「医学上はどこも悪くない」と言われてしまった．結局，不登校になってから8年ほど経って，ギョウジャサン（祈祷師）に見てもらうと，息子の同級生の母親（「犬神筋」の女性）が，成績のよかった息子を妬んで取り憑いたということがわかったのだという．

　成績のよかった息子が，突然不登校になる．それは子どもに期待していた親にしてみれば，どうにも納得のいかない出来事だったろう．小山さんはそれを「病気」と考え，まずは医学による治療を試みる．しかしその結果返ってきたのは，「医学上はどこも悪くない」という無情な回答だった．いわば宙吊り状態に置かれていた小山さんを救ったのが，祈祷師が与えた「犬神の憑依によるもの」という説明だったのである．

　ただし，小山さんの息子は家に引きこもったまま，若くして亡くなってしまう．それでも小山さんは「格別驚きはしなかった」という．易者から，この子は生まれた時間の運勢が悪く，長生きはできないと告げられていたからだと言うが，「犬神」の憑依という「物語」を獲得したことによって「納得」することができたから，という面も多分にあるだろう．その意味で，妖怪とは「病名」

に似たものだと言える．体には明らかに病気の徴候が出ているのに，「何の病気かわからない」（「医学上はどこも悪くない」）と言われてしまうと人はたまらなく不安になる．だが，「これは○○という病気だ」と明言されれば，とりあえずの納得は得ることができる．それによって，病気そのものが軽減されるわけではないにしても．

つまり，妖怪が伝承として生きている社会の人びとにとって重要なのは，妖怪「によって」何を理解することができるか，何を語ることができるか，なのだ．そして妖怪は，往々にして，そうした理解や語りを通じてのみ伝えられていく概念なのである．妖怪「について」よく理解していなくても，妖怪「によって」語ることはできる．だとすれば，妖怪「について」問いかける民俗学者のあり方は，実に異質なものであると言えよう．いや，民俗学者ばかりではない．同じように妖怪「について」の知識を求める人びと，すなわちエンターテインメントとして「妖怪」を消費する現代の多くの人びともまた，同じ錯誤に陥っていると見るべきなのだ．

4 ▎「好きな妖怪は特にありません」

もっとも当時，学部生に過ぎなかった私の思考はあまりにも未熟で，「について」考えることと「によって」考えることの間の埋めがたい違和に気づいてはいたものの，そこから新しい憑きもの信仰論，妖怪論を展開することはできなかった．この時の体験が生きてくるのはそれから何年も後，「娯楽の中の妖怪」に注目した時だった．

1998（平成10）年，すでに大学院のオーバードクターとなっていた私は，『講座　日本の民俗学』（雄山閣）のうちの1冊『芸術と娯楽の民俗』に，「遊びと娯楽」というテーマで書くことになった．その中で，私は江戸時代の「からくり的」をケーススタディとして取り上げた．「からくり的」とは，弓矢や吹矢で的を射当てると，妖怪などの人形が飛び出してくるという，お化け屋敷と射的を足して2で割ったような遊戯施設である（図1）．この「からくり的」の妖怪は，その異様な姿かたちによって一瞬の驚きと恐怖を呼び起こすが，あくまで人為的に作られた無害なものであるため，恐怖はすぐさま笑いへと転化する

図1　からくり的
出所)「東海道中栗毛弥次馬　水口」1860 (万延元) 年　歌川芳
幾画，筆者蔵．

(これについては，お化け屋敷から出た時の解放感を思い出してもらえばいいだろう)．つまりここでは，妖怪は「快楽」を生み出す道具として用いられているのだ [香川1999]．

　こうした妖怪のあり方は，私がフィールドワークの中で巡りあった民間伝承としての妖怪とはまったくかけ離れたものであった．先に述べたように，民間伝承としての妖怪は，不可解な出来事を理解し，納得し得るものとするための概念であるため，姿かたちなどはほとんど意味を持たない．一方，「からくり的」のような娯楽の中で用いられる妖怪にとっては，視覚的形象こそが最も重要な要素なのである．妖怪たちの異様な姿かたちは，相反する強い感情，恐怖と快楽を人の心に呼び起こす．その特性が，娯楽という領域においては実に効果的に働くのである．

　やがて私は，「民間伝承の中の妖怪」と「娯楽の中の妖怪」という2つの相の間には，何らかの歴史的な転換が存在しているのではないか，との仮説を抱くに至った．そこから構想を進めていき，書き上げたのが，最初の著書となる『江戸の妖怪革命』だった．私がその中で問うたのは，「キャラクターとしての妖怪」という現在に繋がる妖怪観の歴史性であった．妖怪を固有の名前や姿かたちを持った存在───一種のキャラクターと捉える妖怪観は，本来の民間伝承の中にあったものではなく，ある歴史的な背景のもとで生み出されたものであ

34 第 II 部 見えない世界を視る

ることを，この著作の中で解き明かそうとしたのである．

　江戸時代，とりわけ18世紀後半を画期として，キャラクター的な特性を持っ
た妖怪が，フィクションや娯楽の題材に用いられるようになっていく．そうし
たキャラクター的な妖怪は，江戸時代には「化物」と呼ばれていたが，「野暮
と化物は箱根から先」「ないものは金と化物」「下戸と化物は世の中になし」な
ど，当時のことわざの中では，「化物」は「ないもの」の代表として引き合い
に出されている．少なくとも江戸のような大都市の人びとは，「化物」をリア
ルなものとしてではなく，あくまで虚構の存在として捉えていたのである．

　その背景としては，第1に「自然」に対する畏怖の喪失というものを考える
ことができる．妖怪とは，山や川，海といった「自然」の恐ろしさを象徴化し
たものと捉えられる（たとえば天狗は山，河童は川の持つ恐ろしい側面を象徴している）．
そうした「自然」とじかに向き合いながら，なおかつそこからさまざまな恩恵
を受けて生きている農山漁村の人びとと異なり，**都市**に住まう人びとは，「自
然」の恐ろしさからも，またその恩恵からも遠ざかっている．そのような環境
の中では，「自然」の象徴である妖怪もリアリティを喪失していく．もはやリ
アルな恐怖を生み出すものではなくなった妖怪は，むしろ人間の快楽に寄与す
るものとして人為的に作られ，自在に操られるようになったのである．

　第2に，一種の科学である博物学的な思考が，18世紀後半を画期として都市
の人びとの間に広がっていったことが挙げられる．八代将軍徳川吉宗によって
進められた「享保の改革」の中で，殖産興業を目的として日本各地の産物の調
査が行なわれ，そのための学問として本草学が盛んになる．本草学とは，本来
は薬として使える自然物を見極めることを目的とした学問であったが，やがて
薬品としての利用に限らず，ありとあらゆる自然物を弁別し，その特徴を記述
する，西洋の博物学（natural history）に相当する学問へと変容していった．さ
らには，「数多くのものを集めて分類し，目に見える形で列挙する」という博
物学的な情報処理の方法は，単に学問の中だけにとどまらず，都市に生きる人
びとの思考や欲望のあり方となっていったのである．それが妖怪に対して向け
られた結果，生み出されたのが「妖怪図鑑」である．江戸時代の妖怪図鑑の代
表とされる鳥山石燕の『画図百鬼夜行』が刊行されたのは1776（安永5）年，
まさに18世紀後半のことであった．

『画図百鬼夜行』の中で，妖怪たちは1頁に1種類ずつ，その名前と姿かたちを記すという形で列挙されている．民間伝承として伝えられる妖怪が，不可解な出来事を「語り得るもの」とするために用いられる概念であったことを思い起こしてみれば，語りから切り離され，名前と姿かたちのみの存在となっている『画図百鬼夜行』の妖怪がいかに不自然なものであるかがわかるだろう．しかし，この「名前と姿かたちのみの存在」こそが，まさに現在言うところの「キャラクター」なのだ．この新しい妖怪観は，それ以前の妖怪のあり方について思考することを困難にしてしまった．その延長線上に，私たちの現在がある．

能登や徳島でのフィールドワーク，そして近世の妖怪文化の研究を経た後では，妖怪をキャラクターとして捉える考え方はもはや私の中にはない．以前，あるFMラジオの番組に妖怪の研究者として出演した際に，「好きな妖怪は何ですか？」と聞かれて，反射的に「特にありません」と答えてしまったことがある．後でラジオを聞いた妻の妹から「あれはないと思う！」と言われてはじめて，空気を読まない発言だったと反省したが，それは結局，私の中で妖怪がもはやキャラクターではなくなったことの表れだと思うのである．

5 ▍「ベトベトサンを研究したいんです」

どうやら多くの人は，民俗学は妖怪を研究する学問だと思っているようで，妖怪研究を夢見て民俗学を志す学生が多いと聞く．ただ気になるのは，志望する学生が多いにもかかわらず，民俗学的妖怪研究がいまだに低調なのはなぜか，ということである．民俗学会で妖怪に関する発表を聞くことはめったになく，学会誌に論文が載ることも稀である．妖怪研究を志した学生は，どこかの時点で脱落してしまっているとしか思えない．それは「妖怪はキャラクターである」という幻想を捨てきれないからではないだろうか．

「ベトベトサンが好きで，ベトベトサンを研究したいんです」という学生に出会ったことがある．ベトベトサンとは，夜道を歩いていると後ろから足音だけがついてくるという奈良県宇陀郡に伝わる怪異である．水木しげるが図像化していることでよく知られており，おそらくその学生はそこからベトベトサン

が好きになったのだろう．だが，ベトベトサン「だけ」を研究しても，展開は
望めない．他の地域の足音の怪の事例や，夜道を歩く際の習俗など，それ以外
のさまざまな周辺の事象を視野に入れることで，はじめて可能性が拓けてくる
のだ．

　さらに付け加えれば，ベトベトサンという「モノ」の伝承が存在した証拠は
どこにもない．最初にベトベトサンについて報告した記事の原文は次のように
なっている．

> 独り道を行く時不図誰かが後をつけて来る人がある如く足音を覚えること
> がある．此の様な時は，自分が路の側に立つて「ベト〜さん先にお越し」
> と詞をかけて歩けば其の足音は聞えなくなる［伊達1930］．

　ここには，後ろから聞こえてくる足音の正体が「ベトベトサン」という「モ
ノ」であるとは書かれていない．足音の怪を避けるための唱えごとの中に「ベ
トベトサン」という言葉が登場するだけだ．「ベトベトサン」という「モノ」
がいるからそのように声をかけるのではないか，と言うなら，「痛いの痛いの
飛んでいけ」という唱えごとは「痛いの」という名前の「モノ」に声をかけて
いることになる．結局，それはいわゆる言語表現としての「擬人化」以上のも
のであるという明確な証拠にはなっていない．

　また，兵庫県の但馬地方の俗信として，次のような事例が報告されている．

> 雪道で後から人の来る気配のする時には，オ先ニといへばよい［井上1937］．

　これは先の宇陀郡のものとほぼ同様の伝承である．唯一異なるのは，ここに
は「ベトベトサン」のような名前を思わせるものが何も出てこないという点で
ある．逆に言えば，名前のようなものが出てくるだけでそれは「妖怪」の伝承
となり，出てこなければ「俗信」（たとえば「カラスが鳴く時は死人が出る」といった
ような，ごく短く表現される民俗知識）の1つとして分類されるというわけである．
そう考えると，「妖怪」というカテゴリーが実にあやふやな，恣意性に基づい
たものであることがわかるだろう．

　このように，妖怪をキャラクターとして捉える見方を少しやめてみるだけで，
これまで「妖怪」の事例とされてきたものはまったく異なる様相を見せはじめ

るのである．おそらく民俗学の対象となってきたもので，およそ妖怪ほど多くの勘違いをされてきたものはない．しかし——だからこそ，妖怪は魅力的な研究対象なのだと言える．

6 ▌ お わ り に

　現代において，妖怪に関するリアルな伝承をフィールドワークによって聞き取ることはますます困難になっているという．確かに，柳田國男が民俗学の収集対象とすべき妖怪の事例を列挙した「妖怪名彙」［柳田2013：243—301］に紹介されているような，伝統的な妖怪（コナキジジ，スナカケババ，ベトベトサンなど）の伝承をいま聞くことは難しい．さらにカッパやザシキワラシなど，名の知られた妖怪の伝承はすでにマスメディアによる情報が上書きされていて，一体どこまでが元々の伝承なのか判然としなくなっており，情報の腑分けを慎重に行なう必要がある．

　しかし，現代でも「幽霊」の話はいまだになまなましい恐怖とともに語り継がれているし，インターネット上に「電承」［伊藤2016］されているさまざまな怪談・都市伝説のたぐいの中には，得体の知れないモノが登場する話が数多く見られる．それらはやはり現代の「妖怪」と捉えられるのではないだろうか．

　それらを分析する上では，これまでの妖怪に関する議論を踏まえた上で，インターネット・SNSの時代に合わせてアップデートされた新たなフレームが必要になってくるだろう．物心ついた時からインターネットが存在する環境で育った若い方がただからこそ理解できる感覚と，逆にそれゆえにこそ「あたりまえ」となりすぎていて見えなくなるものの両方があると思われるが，その2つを自覚的に見据えた上で，どのような新しい理論や視点が構築できるのか．是非とも挑戦してもらいたい．

参考文献

石塚尊俊［1959］『日本の憑きもの』未来社.
伊藤龍平［2016］『ネットロア　ウェブ時代の「ハナシ」の伝承』青弓社.
井上一男［1937］「但馬の禁厭（続）」『民間伝承』第3巻第11号.

38　第Ⅱ部　見えない世界を視る

香川雅信［1995］「登校拒否と憑きもの信仰―現代に生きる『犬神憑き』」桜井徳太郎監修・
　　木曜会責任編集『民俗宗教』第 5 集（小松和彦責任編集『怪異の民俗学 1　憑きもの』
　　河出書房新社，2000年に採録）．
――――［1999］「遊びと娯楽」小松和彦・野本寛一（編）『講座日本の民俗学 8　芸術と
　　娯楽の民俗』雄山閣．
――――［2005］『江戸の妖怪革命』河出書房新社（角川ソフィア文庫，2013年）．
小松和彦［1982］『憑霊信仰論』伝統と現代社（講談社学術文庫，1994年）．
伊達市太郎［1930］「大和宇陀郡地方俗信」『民俗学』第 2 巻第 5 号．
浜本満［1989］「不幸の出来事―不幸の語りにおける『原因』と『非・原因』」吉田禎吾（編）
　　『異文化の解読』平河出版社．
柳田國男［2013］小松和彦（校注）『新訂　妖怪談義』角川学芸出版（元版は，柳田國男
　　［1956］『妖怪談義』修道社）．

「桃太郎」と伝説の「語り直し」

孫　嘉寧

1 ▋「私」を分析する ──自己紹介に代えて──

　私は中国の北京で生まれ育ったが，民俗学に対する私の関心のルーツを探求すれば，およそ中学生から高校生頃にまでさかのぼる．その当時から筋金入りのアニメ・漫画オタクで，総じて超常現象や幻想的な存在に関するもの，どこか神秘的な要素があるものが好きだった．その中でも，どちらかといえば，SFなど未来志向の話よりは，歴史ものや懐古的な物語がお気に入りだった．『蟲師』，『XXXHOLiC』，『夏目友人帳』などの作品は何度も読み返している．多分私は，現実っぽさもあるけれど現実ではない，言葉は悪いが「胡散臭い」物語を特に面白く感じたのである．

　アニメや漫画から小説に趣味が移り，京極夏彦の**妖怪**推理小説，『百鬼夜行シリーズ』[1]に出会った．それらは「豆腐本」とも呼ばれるほどの分厚い奇妙な小説で，事件を解決するだけにとどまらず，妖怪独自の妖しい雰囲気と疑わしさを残しつつ，妖怪の存在そのものを解体する小説だが，私の民俗学への興味をかきたててくれるものであった．「妖怪」から民俗学なんて言うと「ベタ」すぎるかも知れないけれど，今ではそれもいいのではないかと開き直っている．もっとも，妖怪といったら，小学生の頃から熱愛した「ポケモン」も，お化けの系譜を継いでいるので，それが最初のきっかけと言えなくもない．

　京極夏彦による「啓蒙」を経て，北京大学に進み，読書三昧の日々となってからは，柳田國男の『妖怪談義』など民俗学の本に手を出した．同氏の『遠野物語』『日本の伝説』[2]その他，藤澤衛彦の『日本伝説研究』[3]，宮田登の著作等々[4]，そこからは芋づる式に数多くの民俗学の本を読んでいった．明治や大正時代などの古い時代の書き言葉に不慣れなせいもあって，学術ワールド初心者の私に

とって難解な本が多かったが，そのしんどさ以上の甘美をもって報われた．こうして，私は日本に古くから**伝承**されてきた「説話」に興味を持ち始めるようになった．その適度な妖しさは魅惑的で，現実性と非現実性を同時に示す物語に私は惹きつけられたのである．

　その後，北海道大学大学院の修士課程に進学したため，アイヌの人びとの生活文化に触れる機会を多く持つこととなり，アイヌの口承文芸を研究しようと考えるようになった．アイヌの物語には，私が好んで読んできた物語には見られない独自のロジックやアイヌの伝統的な世界観が色濃く表現されており，いままで読んできた「和人」，つまりアイヌではない日本人のものとはまったく異なったものであった．ただ，「和人」の物語と共通するのは，その現実的な表現や内容と，非現実的なそれらが混在して，古くから伝わってきたという深く沈殿した時間を感じさせ，読む者をアイヌの世界に引きずり込む凄まじいまでの引力である．その素晴らしさを詳しく説明したいところだが，残念ながらそのスペースはないので，結果だけを申し上げよう．私はアイヌの「夢」にまつわる口承文芸から，互酬性に基づいた彼らの伝統的な世界の見方や思考様式，日常的関係性を築くルールを見いだし，それを修士論文としてまとめ上げたのである．

　この修士論文のテーマからは，「桃太郎」と伝説の「語り直し」という本章のテーマとはどのようなつながりがあるのかと訝しく思われるだろうし，どうしてこうもまったく異なる方向に舵を切ったのだろうと思われるかも知れない．

　その原因をごく簡単に説明するならば，私は何よりも伝説などの伝承に強い興味を抱いているため，いつの時代の，どの地域のものであっても，私にとって興味深い伝承であれば研究のテーマにしたいという考え方を持っているからだと自己分析している．そして，次に私の目の前に現れた伝説は，みなさんがよくご存知の「桃太郎」であった．

2 ▌「ひねくれ者」の問題発見

　大学院での私の指導教員は，岡山県の農村をフィールドとして，長年に渡り

調査を行なってきている．数年前のある日，先生がチームでフィールドワークすることを提案し，「孫さんも一緒に岡山に来てみてはどうか」と誘われた．

　まだ修士課程の学生だった私には，修士論文で構想していたテーマとはまったく関係のない場所だったが，フィールドワークの練習になればと思い，「のこのこ」と先生や先輩たちについて行った．北海道から飛行機と電車を乗り継ぎ，私たちを案内してくれる方とJR岡山駅前の桃太郎像の前で待ち合わせた．その方は先生の知人で，地元愛に溢れており，会ってすぐに，岡山は桃太郎の町であり，温羅伝説という歴史伝承が桃太郎のもともとの話なんだという話をしてくれた．

　私は最初，日本人なら誰でも知っている桃太郎という昔話，あるいは「おとぎ話」から何らかの歴史的事実や，その話がどの場所で生み出されたのかを見い出したりすることに対して懐疑的だった．しかし，懐疑的になるということは，その考え方を端から拒絶するということではなく，「どうして，どのように，そうなったのだろうか？」と，好奇心を強くくすぐるものなのである．

　では，「温羅伝説」の概略を見てみよう．

　　はるか昔，天皇が日本各地を治めるために四道将軍を四方に派遣し，西海道に派遣された第七代孝霊天皇の皇子である吉備津彦は吉備の地を平定したという．この吉備津彦は桃太郎の原型と言われ，吉備の地で平定された温羅という大陸・朝鮮から渡来した統治者が鬼とされる．温羅とは製鉄技術を携えて移住してきた集団で，鬼城山に居城の鬼ノ城を築き一帯を治めていたという．

なるほど，頷ける説明だと思ったのだが，そのことよりも全国版の「みんなの話」である桃太郎と，岡山限定のローカルな「私たち（私から見れば「彼ら」）」の話である温羅伝説が接続されて語られることに興味を持ち始めたのである．

　現地で配布されている観光客向けガイドブックを兼ねた絵本には，古代日本の中心部に住む皇子吉備津彦は岡山地方の桃が大好物だったなど，桃太郎と地元の伝説との対応関係を示すシーンが可愛らしく描かれている．それを見た時，「ひねくれ者」の私は「何というフィクション化か！」と引っかかりを覚えたが，温羅伝説を桃太郎の物語として包み込み，また，桃太郎の鬼退治を温羅伝

説で説明するという解釈のあり方に強く惹かれるようにもなったのである.

すぐに言語化できなくとも，頭の中に何か引っかかることがあれば，問題発見につながることが多い．私のように，自分の中にすべての物事を懐疑的な目で見る「ひねくれ者」を1人置いておくことも，不健全に聞こえるかもしれないが，お勧めだと思う．なぜなら，懐疑的な「ひねくれ者」こそ，引っかかりと違和感を指摘してくれるからである.

こうして私は，これは桃太郎の説話と地域伝説を結びつけた伝説の「語り直し」として捉えることができるのではないかと考え，自分の研究テーマの1つに設定することにした.

3 ▎ テクストもフィールドワークの手がかり

これまで述べてきたように，岡山では，全国版の「桃太郎」と地域限定の「温羅伝説」を相互に関連づけて語り直されている．そこで，まず温羅伝説を研究しなければならないだろう.

ただここで，本題に入る前に，フィールドワークの方法に関して話しておきたいと思う.

私はフィールドワークだけでなく，文献を利用した研究も重視している．特に日本の伝説を研究対象とする場合，伝説集などのように，たんに文字化されたと見るだけではなく，口頭伝承にも文字資料の影響が大きく及んでいることに細心の注意を払わなければならない．むしろ，日本では中央政権によって記された歴史文献などの文字資料に自ら（＝ローカル）の「歴史」や伝承を事寄せて解釈する傾向があるように思える.

岡山の温羅伝説は，地域の歴史との関連で説明され，古くから伝承されてきたという．伝承の媒体としてさまざまな古文献があり，伝承がどのように変遷してきたのかがわかる．こうしたように，伝説研究においては文献を検討することは必要であり，実に有効な手段である.

また，フィールドワークにおいても，私は文字資料を重視している．チラシ，フライヤー，パンフレット，ガイドブック，地図など現地の文字資料＝文字が書いてあるものなら何でも（タダでもらえるものは言うまでもなく）入手する．そ

して，展示，ポスター，看板，案内などのテクスト（書かれた内容・表記の仕方）に注意を払い，写真またはメモとして保存しておく．これら文字資料はフィールドノートと同様に，後でなるべく繰り返し読み直すようにするのである．

　模範的なフィールドワークはいわゆる参与観察を中心とするので，この意味では，私は正統派ではないかも知れない．だが，研究テーマに合うやり方＝方法論を選ぶこともフィールドワークを「やりやすい」ものにするために大切なことなのだ．何よりも一番重要なのは，自分に合うやり方を見つけることである．大切なのはどれだけ苦労したかではなく，フィールドワークひいては研究を楽しく続けられるかどうかに尽きると思う．フィールドに入ってからはつくづくと痛感する，私の先生からの助言（その助言はまた先生の先生から伝授されたものである）を披露させてもらうと，「自分自身が“comfortable”なやり方でフィールドワークすること」だ．

4 ▎ 岡山の温羅伝説

　伝説には，地域固有な「もの」や，特定の人物や場所が描き込まれており，フィールドワークの道標になってくれる．とにかく，まず伝説に登場する土地を訪ねるのである．私はそれらの場所を伝説の「依り代」と呼んでいる．温羅伝説の場合，吉備津神社と鬼ノ城がその「依り代」である．

　温羅伝説は，吉備津神社（写真1）と名前や御祭神以外にも密接に関連しており，神社名物の鳴釜神事の起源と結びつけて伝承されている．この伝説をもう少し詳しく見てみよう．

　桃太郎＝吉備津彦と鬼＝温羅の戦いの後に，吉備津彦は温羅の頭を切り落としたが，その頭はほえ続ける．そこで，釜殿の釜の下深くに埋めたが，それでも鳴りやまない．ある夜，温羅の魂が吉備津彦の夢に現れて，温羅の妻である阿曽女に神饌を炊かせる．つまり吉備津神社の巫女になるように要求するわけだ．「さすれば我は命の使者となり，幸あらば裕に鳴り，禍あらば荒らかに鳴り，民に賞罰を加える」と告げた．これが吉備津神社の御釜殿釜鳴神事の起源である．

　このように，温羅伝説は鳴釜神事や吉備津神社の縁起の一部として記載され

写真1　吉備津神社

出所）筆者撮影．

てきた．古文献を紐解けば，『多聞院日記』永禄11（1568）年に記述が見られる．そこで，歴史文献の中の温羅伝説を集めてみようと考え，岡山県立図書館や岡山市立中央図書館に通い詰め，また，歴史に詳しい文化人類学・民俗学の先生に勧められた『備中誌』6)などを手がかりにして，古い記録と，私が苦手とする古い文体と格闘することになった．佐々木亨の研究によれば，それらの記述は大ざっぱに言うと，次のように2つの系統に分けることができる．

　もともと「吉備冠者（きびのかじゃ）」という名前であった温羅が敗れて吉備津彦に名を譲ったという，勝者の立場から記された縁起と，阿曽女と鳴釜神事との伝承が結末に登場する，敗者の立場からの縁起の2つである．そして，勝者の立場から記述した温羅伝説は神社に由来すると考えられるのに対して，敗者の立場からのものは民間に由来すると考えられる7)．つまり，温羅伝説には，吉備津彦の正統性を支持する神社由来の要素と，温羅は破れてもなお力を持つという敗者を「救済」して取り込む民間由来の要素があるということなのだ．

　当たり前のことではあるが，資料を読む，話を聞く時には，書き手・語り手の目線と立場を意識してその話を読む・聞くことが大事である．たとえば，神社由来の伝説の表現や内容は，神社・神職の意向に左右されるところが大きく，また，神職という立場は多くの場合，社会的背景や政治的権力の影響を強く受ける．

写真2　鬼ノ城

出所）筆者撮影．

　そうしたことを踏まえて，これら歴史物語としての温羅伝説を，それぞれの立場の記述者の思惑と重ね合わせて考えてみると，「温羅」は古代国家の中央政府にとって討伐されるべき存在であるが，その一方で地方の有力者または統治者として位置付けることができる．もっと「ひねくれて」考えれば，地元に製鉄技術をもたらした一種の文化英雄としてみることさえできる．討伐される温羅は決して従来の鬼という役目，つまり退治される悪役だけでは収まりきれない人物像を示しているというわけである．

　次に，温羅の牙城と言われる鬼ノ城（きのじょう）（写真2）を訪ねてみよう．阿曽地区の鬼城山にある鬼ノ城は，城門（西門）や角楼（かくろう）が復元されており，山道を「ぜえぜえ」と喘ぎながら登り，時には鬱蒼とした茂みを掻き分けて，建物跡や鍛冶炉などの遺構を見てまわることができる．伝説の「依り代」の雰囲気を体感することは大切で，発見と気づきに導いてくれることが多い．だが，鬼ノ城の場合，入り口にあるビジターセンターが私に重要な示唆を与えてくれることになった．ビジターセンターの資料と展示で紹介された，考古学的研究に裏付けられた説では，鬼ノ城は日本中央政権によって建てられた防御用の山城とされている．

　一方，地元で語られる温羅伝説は，鬼ノ城が朝鮮・大陸からの温羅・渡来民集団の牙城とされており，こちらもその証拠として鬼ノ城の東麓に残っている製鉄遺跡は日本において最も古いものの1つと考えられることを挙げている．

46 第Ⅱ部 見えない世界を視る

つまり，鬼ノ城の位置付けに揺らぎが見られるわけである．

遺跡発掘などに基づく研究では，大和政権が唐や新羅の軍隊が攻めてくるのを恐れて築城した「山城」の1つであるとの説があるが，伝説の語り直しの場では，鬼ノ城は製鉄技術をもたらした豪族の温羅が吉備津を統治した際の要塞と説明される．こうした相反する言説から，発掘調査に基づく学説と並行して，桃太郎・温羅伝説の語り直しの一環として鬼ノ城を組み入れようとする意図があることが明確に浮かび上がってくるだろう．こうしたように，鬼ノ城の位置づけは実に「曖昧」であり，その曖昧さこそ桃太郎・温羅伝説の「要」であると思われるのだ．

また，「伝説」と言説としての「歴史」は，ある意味では地続きのもので，鬼ノ城と温羅を語り直すことは，地域の歴史の再構築にもつながる．語りの中における鬼ノ城と温羅の位置づけは，温羅を代表とする吉備国という，地方豪族による有力な政権がこの地にあったのだという歴史を暗に提示している．鬼ノ城と温羅はその他の諸要素とともに，現状とはまったく異なる古代からの連帯と権威を含意する吉備国という構想の象徴となる．温羅伝説の語り直しをめぐるさまざまな動きには，それらの象徴の地域解釈と語り直しを通して，吉備津地域の独自性と共同性を確立する試みという側面もある．つまりは，過去を遡上して再定義することにより，現在を構築し直すことでもあるわけだ．

さて，現在の温羅伝説を見てみよう．観光地化は桃太郎伝説＝温羅伝説の語り直しにとって1つの要因であり，観光という文脈で温羅伝説を捉える必要がある．吉備津神社，吉備津彦神社，鬼ノ城，岡山観光センターなど，さまざまな「温羅伝説関係者」からは，微妙に異なるストーリーを持つ温羅伝説が記された配布物が出されている．これら語り直しの集合体は，現代の桃太郎・温羅伝説コンプレックス（複合体）とも言える類話群を構成している．その一部として，たとえば『岡山県大百科事典』の記事は，前述した古文献の温羅伝説に見られる2種類の要素を両方引き継いで記されている．他にも，さらに一歩進んだ語り直しのバージョンも広く流布しており，たとえば，観光ガイドブックの絵本では，最後に天にいる温羅に暖かく見守られる吉備津彦一家の絵が掲載されており，ある意味では桃太郎の吉備津彦と鬼の温羅が和解した結末が語られている．

また，伝説の研究だからといって，「話」やその中に言及される場所しか目を向けないということはない．温羅伝説の語り直しと緊密に関係する**祭りやイベント**もある．岡山市で開催される，もっとも大規模な「おかやま桃太郎祭り」では，温羅を中心的な要素とする「うらじゃ」が行なわれる．この心躍るようなイベントに参加したことのある読者も少なからずいるのではないだろうか．

この「うらじゃ」は，高知市や札幌市のよさこい祭りのように，100以上のチームが，それぞれ振り付けと演出を工夫して，踊りながらパレードしたり演舞場で披露したりするイベントである．踊り子はチームの個性を端的に示すコスチュームを身に纏い，温羅化粧という油彩のタトゥーを顔に描いたり，そのシールを顔に貼りつけたりして，観覧者にも温羅化粧をしてくれる．私もこのディズニーランドっぽいサービスには，いつもうきうきする．

そして，「うらじゃ」の演舞場では，朝の開場の際に司会者は「温羅に舞いを捧げる」という趣旨の献辞を読み上げ，祭りの幕開けを告げる．「桃太郎のお祭りと言いながら，温羅がメインになっているじゃないか！」と，周囲の人びとと一緒に拍手をしながら，私はワクワクしてしまうのだ．暑さに弱い私も，馴染みやすい旋律と鮮やかな踊り子の姿に魅入ってしまい，汗だくになって観客たちの人波と押しつ押されつつ，さらに，近くの屋台から漂ってくる美味しそうな匂いを吸い込み，視覚・聴覚・嗅覚・触覚がすべてこの場の雰囲気に呑み込まれ，「うらじゃ」の踊りを前に，祭りを通して他者と「融合」することを実感するのである．温羅＝鬼は，実はこんなにも明るくエネルギッシュな存在なんだと，素直に心底から実感したわけである．

古文献や鬼ノ城で温羅伝説の由来と歴史を探って困惑したり，現在の桃太郎伝説＝温羅伝説を分析したり，そうした伝承に基づく祭りに参加したりするうちに，私はますます桃太郎伝説＝温羅伝説における鬼の存在感に関心を持つようになり，この伝承で登場する「鬼」は，本当に鬼なのだろうか？　と考え込むようになったのである．

こうしたように，地元の人びとが温羅伝説を桃太郎の話として語り直すプロセスを追っていくと，「ひねくれ者」の私は，複数の伝承の中にいくつもの「ねじれ」や不一致を見いだすことになった．私にとってもっとも興味深く思えたのは，桃太郎・吉備津彦と鬼・温羅の関係と，桃太郎・吉備津彦と鬼・温羅の

表象に見られる「ねじれ」や反転である.

　確かに，駅前にある桃太郎の彫像，マンホールの蓋に描かれる桃太郎，桃太郎おかやま祭りやJR吉備線の愛称「桃太郎線」，桃太郎線を走る列車の車体に描かれたアニメキャラクターのような桃太郎たちのイラスト等々，今では観光の場を主な舞台に，メディアミックスされた「桃太郎」は，まさに地域のヒーローであり象徴である．桃太郎＝吉備津彦の伝説が語り直される中，「桃太郎」が岡山人の誇りになり，地域のシンボル，表側のアイドルとして脚光を浴びてきたのだ.

　その一方では，表側の主人公桃太郎に対して，温羅は（文字通りに）裏側の主人公と言えるほどの力を蓄えてきている．ガイドブックやうらじゃ祭りなどからも感じられるように,現在の温羅伝説表象に見られる鬼の温羅への目線には，温羅に寄せられる温かい視点もあり，両義性を持つ温羅＝鬼は脱悪役化して主役となりつつある．これからきっと鬼＝温羅の「逆襲」が期待できるぞ！　と，私も温羅を贔屓してしまう気持ちを抑えることができない.

　伝説の語り直しを通して，公的には桃太郎の「正」の性質が確立されるとともに，「負」の性質を背負わされてきた鬼＝温羅は，地域の愛着と解釈を受けて変容し続けているのである.

5 ┃ 香川の桃太郎伝説

　もう1つ別の事例を見てみよう．桃太郎説話の語り直しは，実は香川県でも起きているのだ.

　香川の桃太郎伝説では，桃太郎の原型は第七代孝霊天皇の皇子吉備津彦（岡山の桃太郎伝説の主人公）の弟にあたる稚武彦とされ，鬼は現在の高松港沖合にある「女木島」を根城としていた海賊とされている．伝説は次のような内容である.

　桃太郎＝稚武彦は地方開拓のために鬼無に立ち寄り，川辺で洗濯していた美しい娘に一目惚れした．女木島の鬼＝海賊がこのあたりに来て悪事を働いているということを知ると，早速鬼を退治しようと犬・猿・雉の勇士を募り，鬼無に住んでいたお婆さんとお爺さんの養子となり，お婆さんが作ってくれたキビ

団子を持って女木島を目指した．島での戦いで桃太郎は大勝利を収めて凱旋したが，鬼は軍勢を整え直して鬼無まで攻めてきた．しかし，桃太郎は鬼を返り討ちにして滅ぼした．そこで，この里を「鬼無」と呼ぶようになった．

いつものように，私はまず伝説の「証拠」，「依り代」になる場所を訪ねることにした．日に晒され色褪せした「盆栽の町」という看板に歓迎されるように駅を出ると，地元の高校生グループと2，3回すれ違ったことを除いて，観光客どころか，出歩く人さえもほとんど見かけなかったように記憶している．静かな町で，穏やかに流れる本津川を眺め，水鳥を珍しがったりして，ゆったりと散策しているような気分になる．

伝説に記された重要な場所である桃太郎神社（写真3）に向かうと，樹木や盆栽を道路沿いに陳列しているいくつかの店舗を過ぎて，桃太郎神社について説明する看板を見かけた．そこには，以下のように大切な情報が記されていた．

もともと　桃太郎神社は熊野神社だったが，1988（昭和63）年に御祭神を増祀して，熊野権現桃太郎神社と名を改めたという．

古くに『全讃史』などの地誌に記録されたような，熊野権現によって鬼が退治されて鬼無となったという地名に対する説明は，そのまま，桃太郎によって鬼が退治されて鬼無となったと語られるように取って代わられたのである．[10]

桃太郎神社は本当に桃太郎のためのものだったのか，どのようにして桃太郎

写真3　桃太郎神社　本殿
出所）筆者撮影．

神社になったのかという疑問がいよいよ強くなり，「これは語り直しのパターンだな」と，私はひねくれた喜びと少々の不安を抑えて鳥居をくぐり，写真を撮影しながら神社の前に到着した．桃太郎と家来たちが彫刻された立派な石碑と桃太郎伝説のあらすじを書いた石碑が置いてあり，桃太郎神社と大きく扁額に書かれている．また，観光地によくある桃太郎の顔の部分が開けられた顔ハメ看板が本殿の側に立てられていて，熊野神社の桃太郎神社への徹底した変身ぶりに感嘆したほどだった．さらによく見ると本殿の隣に，桃太郎と犬・猿・雉の墓という表示が刻まれた石碑が鎮座しており，いつくか小さな祠のようなものが横一列に並んでいる．これらの小さな祠は，もともと熊野神社に付属している摂末社だったと思われるが，こうして地域の桃太郎伝説に対する語り直しの一部に取り込まれて読み替えられ，新たな意味付けをされているのだ．神社を出ると，本津川のほとりにある洗濯場など伝説と結びつくスポットがひっそりと点在する．こうしたように一見する限りにおいては，「桃太郎」のいくつかの「依り代」に織り込まれており，語り直しが「順調」なようにも思える．

　ただ，香川の鬼無―女木島桃太郎伝説は香川県という枠組みで語り直され，鬼無に桃太郎を振り分け，鬼を女木島に帰属させている．つまり，鬼無の桃太郎伝説を鬼無のものとするには，鬼に頼らず，桃太郎およびお爺さん・お婆さん・家来など桃太郎を中心とする原型人物の地域性に依拠する必要があると思われる．その点を考えると，鬼無―女木島桃太郎伝説の地域色を示すはずの側面は，鬼無では実際にはそれほどポテンシャルを発揮しておらず，どこか語り直しが空回りしているように感じられた．

　確かに，熊野権現桃太郎神社の神職の家系では，桃太郎の原形とされる稚武彦やその兄の吉備津彦に自らの系譜をさかのぼる住民もいるが，そうしたごく限定的な伝承を除けば，ここには桃太郎という名前しか伝わっていないのではないかとも思えたわけである．桃太郎伝説と関連があるという家の方に話をうかがっても，この辺りの「鬼」を討伐したのが，自分たちの先祖である「桃太郎」であったと漠然とした説明をされるだけである．たとえば，地元のK家は，自分の家が桃太郎の後裔と言われており，昔K家の娘が本津川のほとりで洗濯をしていると，立ち寄った桃太郎に一目惚れされて結婚したという．加えて，稚武彦など原型人物に関する地域の古い文献記録も見つけることができ

ない．地名の対応によって桃太郎の説話と地域の伝説は連結されているが，肝心の桃太郎自体からは具体性と地域色が淡白なのである．

　岡山の温羅伝説では，桃太郎にあたる吉備津彦は語り直しにおいて，個性と歴史的具体性が強調され，それらが古文献によって担保されているだけでなく，温羅という鬼の存在が大きく，その独自性によって桃太郎伝説を吉備地域のものとして主張している．それに比べて，香川県という枠組みで語り直されるために女木島＝鬼，鬼無＝桃太郎と振り分けられた鬼無の場合では，「鬼」を頼りにできない上に，「桃太郎」も全国版の「みんなの話」の桃太郎のままで，その原型という稚武彦の証左や地域との関連性が脆弱である．

　伝説の語り直しがあったことが認められたし，それをテーマに研究を進めている私には「万歳！」となるはずなのだが，その語り直しの「作為」が何となく気になった．岡山でも時々感じた「作為」からくる引っかかりが，桃太郎神社ではより一層明確になったのである．さらに，あまり観光地化されていないこともあり，語り直す相手と語り直す場に恵まれないからか，鬼無の桃太郎伝説に関する資料も発信量も少ない．多少でもパンフレットやフライヤーの類を手に入れられるだろうというつもりで鬼無に赴いた私には，心残りな結果に終わった．

　桃太郎神社に違和感を覚え，頭と心にモヤモヤを抱えたまま，私は女木島に行ってみることにした．女木島は瀬戸内海に浮かぶ小さな島で，高松港から高速船で20分ほどのところにある．ここは，2010（平成22）年の初回から瀬戸内国際芸術祭の舞台の１つになっている．現在は，芸術祭は３年に１回，１回を春・夏・秋の３つの会期に分けて開催される．

　そのような事情もあり，女木島には特に，各時期に短期間の滞在によるフィールドワークが適していると思われた．なぜならば，研究テーマや対象，さらにはスケジュールや懐具合にもよるが，現在，主に観光の文脈で行なわれる伝説の語り直しにまつわる事象を探求するというこのフィールドワークの目的を考えれば，長期間の滞在よりは，異なる季節，地域の行事に合わせて繰り返し訪ねることが有効な場合があり，その地域や研究対象の異なる側面がより見えやすくなるからである．そして，時間をおいてフィールドワークを繰り返すことにより，いったん普段の生活に戻り思考や身体感覚を「リセット」することが

できるため,フィールドに入るたびに新たに気づくことや閃きが増えると考えられるのである.

　女木島の話を続けよう.なかなか船に乗る機会のない私にとって,短時間であっても船旅は愉快なものである.高速船であるため,船に揺られて,というような情緒はあまりないが,島に到着すると,境界を越えて別な世界にやって来た気がする.春の季節だと,鬼の大洞窟（写真4）がある山には桜が満開で,なんで自分がここにいるのかという目的を一瞬忘れさせられ,ただただこのまま遠足を満喫したい気持ちに甘えてしまいそうになるほどだ.

　さて,一番の目当ての鬼の大洞窟は,島の穏やかな風景を失念させるほどの貫禄を有している.入り口にたどり着くまでは,島をブラブラと回り道して,街並み,神社,小さな古墳,芸術祭の一風変わったオブジェ,カラフルな鬼の像など一通り目に収めてきたが,特に大きいインパクトを受けなかった,と言っては失礼だけれども,私にとって鬼の大洞窟に比較できるようなものはなかったのである.

　いざ鬼の大洞窟に入ってみると,入り口が狭いため,外からはまったくわか

写真4　女木島　鬼の大洞窟入り口
出所）筆者撮影.

らないのだが，中は「要塞」と言っても過言ではないほどの空間である．視力の弱い私は，洞窟に設置された薄暗い照明とスマホのライトで何とか転ばず，時折雫が体にかかるのを感じつつ，洞窟の「間取り」の解説を兼ねた道案内を頼りに歩を進めた．

　解説の輝にはいつも半信半疑だったが，この輪郭の不明瞭な小宇宙では，すべてが説得力に満ちているように思えた．燦々と輝く太陽の下では，キャラクター風で少し浮いているように思えるはずの鬼の像も，この薄暗さの中にあってはまさにピッタリのように見える．そうした雰囲気もあり，怪物じみた芸術祭のオブジェと，桃太郎伝説関連と思しき派手な鬼の造形物と，真面目な解説が付されている鬼ヶ島天満宮や大洞窟各部位の案内が入り混じった大洞窟では，まるでいくつもの異世界を行き来しているような感じを抱く．初めてここを訪れた時は，素直に驚嘆したものである．

　島を訪れる回数が増すにつれて，鬼の大洞窟に圧倒されつつも，いつもどこか斜に構えている「ひねくれ者」の声が聞こえてくるようになった．「ここは，いかにも鬼のモチーフに事寄せよう，鬼っぽさを出そうとする努力を感じてしまう」と．芸術祭の余韻もあってか，現代アートを用いて「鬼」を遺憾なく表現した人工物があったり，青鬼・赤鬼を念頭に置いたと思わせるキャラクター像があったりする女木島では，香川という枠組みで行なわれた桃太郎伝説の語り直しによる意味付けと体系化を受け入れた上で，「鬼」が一人歩きしているように思える．

　香川の桃太郎伝説をめぐるこれらのフィールドにおいて，懐疑的な目には語り直しと思われる事象が多数映り，ある意味では収穫が大きいと言える．その反面，ひねくれた私には，語り直しの色が強く，場合によっては語り直された後のものしか残っていないからこそ，ますますその起源が気になってくる．

　そこで，桃太郎神社へ続く道端に立つ，鬼無—女木島桃太郎伝説に関する説明が記された案内板や，鬼の大洞窟の暗い蛍光灯に照らされるパネルなどに，「橋本仙太郎」という名前が何度も出ていたことを思い出し，「そうだ，それを手がかりに語り直しの起点を探ってみよう」と考えることにした．

6 ┃ 語り直しの起こり

　何事もその起こり（始まり）が重要である．前述のように，現在の桃太郎伝説が両地域で語り直されるのは，どのような経緯からだろうかと，私は疑問を持って調べ始めた．もちろん，伝説の語り直しは，伝説の継承の過程において何度も起こっていると思われる．そのため，ここでいう「起こり」とは，現在の伝説バージョンの由来を求めるということである．

　では，何から調べたらよいかというと，先ほども言及したが，フィールドで色々と集めた文字資料（といえば格式ばったもののように聞こえるが，チラシ，フライヤー，パンフレットなどがメインとなる），各種の看板と案内板（できる限り写真などにして保存しておく），関係組織・団体や施設の公式ウェブサイト（ただし，ネット情報には慎重に慎重を重ねるべきである．これは，非公式サイトなど見てはダメ，見ても無駄とかではなく，見ても簡単には信じたり使ったりするべきではないということである）などからヒントやキーワードを見つけ出すのである．伝説と何らかの関係を持つ人物，団体，書物・文献，年月日を見つけることができればなおよい．岡山と香川の事例の場合，両方ともにすぐに人物名，しかもそれが「初めてこの地域の桃太郎伝説を唱えた人」という説明つきで出てきたのは実に「ついている！」と，当時は大いに感激したものである．この２人のキーパーソンのプロフィールを少し確認してみよう．

　　岡山の温羅伝説桃太郎＝吉備津彦説は，岡山の彫塑・鋳金家の難波金之助によって初めて提唱されたのである．難波氏は1930年に『桃太郎の史實』を著し，歴史文献や地元の口伝などの考察から，全国的に有名な桃太郎の鬼退治という説話の原型が岡山の温羅伝説であると提起した[11]．

　　香川の鬼無―女木島桃太郎伝説は，香川の小学校校長の橋本仙太郎によって最初に体系立てて提唱されたのである．橋本氏は1930年に新聞『四国民報』（後の『四国新聞』）に「童話『桃太郎』の発祥地は讃岐の鬼無」という記事を連載し，地名と桃太郎の内容を関連付けて鬼無とその周辺を桃太郎の舞台と説いた[12]．

年を同じくして，瀬戸内海を隔てて隣り合う両県において，吉備津彦と稚武彦という皇子兄弟をそれぞれの主人公に見立てて，桃太郎の説話はそれぞれの地域の伝説と結び付けられたのである．「この世に偶然なんてない」という言葉があるが，このように，異なる地域の知識人がほぼ同時に桃太郎説話の「所有権」を主張したのはまったくの偶然とは考えにくい．そこで，私は1930（昭和5）年当時における両県の，そして日本全国の社会的・歴史的背景に目を向けてみることにした．

岡山では，1930年秋，昭和天皇の行幸と陸軍特別大演習が控えており，郷土意識が格別に高まったと思われる．岡山の伝説を桃太郎の説話に結びつけた語りは，当時の歴史観（皇国史観）にも適合しており，地域をアピールするにはちょうど良いタイミングと内容だった．

さらに，1930年代から日本は国際観光局を設立し，観光事業を国策レベルで推進するようになった．鉄道省（現・JR）などによる鉄道網が全国に張り巡らされ，各地で海運業者が増え，瀬戸内海でも客船による観光が進められ，観光客誘致の競争が繰り広げられていた．つまり，異様なほどシンクロナイズしている岡山と香川における桃太郎伝説の語り直しの起こりの背景には，国家政策のもとで展開される観光事業などが認められるわけである．

残念ながら，はっきりとした確証はまだ手にしていないが，こうした背景から，両県での語り直しの起こりには，もしかすると岡山と香川の観光地化や郷土イメージにおける対抗意識が垣間見られるのではないかと密かに考えている．

こうして20世紀前半の観光競争を皮切りに，桃太郎は岡山と香川地方で，それぞれの地域と関連付けられて新たに語り直され，難波・橋本両氏の「説」を契機に始まった地域伝説の語り直しは，今日の観光の文脈においても続けられているということだったのである．伝説は常に語り直されていくものである．したがって，これからも，新たな時代とコンテクスト（＝社会的な文脈）の中で，生まれ変わり，あるいは，もしかするとすっかり寂れ果てて，歴史の彼方へと続いていくことになるだろう．

7 ┃ 伝説の生命力

伝説は古くて新しい．既存の「素材」を用いながら，常に新たなコンテクスト（社会的文脈）で象徴的な力を持つものと接続しようとする．そうすることで，伝承は姿形を変えつつ，語り続けられるのである．これはまさに伝説の「生命力」と呼べるのではないかと私は思う．

「語り直し」という言葉が持つ創作・操作的な意味合いは，ネガティブな印象を持たれやすいが，伝説の継承には常に従来の伝承を引き継ぎ，周囲の語りと同調するという構造的で受動的な一面と，その逆に，創造力を反映した能動的な一面がある．

人びとは伝説を語り，伝説は人びとに自らを語らせるのである．いったん伝説が語り直しの動きを通して生き延び，栄えるような契機と巡り合うと，その地域の人びと，語り直しの相手となる観光客や次世代の住民たちは伝説を新たに形作るプロセスに巻き込まれ，そのプロセスをまた促進させることになる．そして，時代に合った新しい意味を賦与された伝説の「依り代」は，新たな「エージェンシー」を発揮することができる．

その結果，伝説を語り直し伝承していく過程で地域のシンボルとアイデンティティも変容していく．時には，岡山の温羅のように，逆転する動きが見られるのである．そうした自己同一性（アイデンティティ）は，矛盾とねじれを包摂したもので，伝説が辿った道と同じように．

注
1 ）講談社で出版されている「百鬼夜行シリーズ」には，［京極1994，1995a，1995b，1996a，1996b，1998a，1998b，2003，2006］がある．
2 ）［柳田1956，1910，1929］
3 ）［藤澤1922-1925，1931-1932，1929-1930］
4 ）宮田登の業績の集大成として，［宮田2006-2007］がある．
5 ）簡潔に説明すると，贈与と返礼からなるギブ・アンド・テイクの原則および，その制度である．互酬性に関する基礎文献には，［Mauss, M 1923］，［Sahlins, M 1972］などがある．

6）「紙の本」としてアクセスする以外に，国立国会図書館デジタルコレクションや，地方によってはデジタル化プロジェクトがあり，写真として電子化され公開されている古い記録も多い．『備中誌』（江戸末期嘉永年間または以降に編集されたと推定されており，1902〜1904年に岡山県で刊行され，1962年と1972年に日本文教出版社によって復刻されている）もその1つである．

7）鳴釜神事と関連した温羅伝説の古文献記録については，［佐々木1998］を参照．

8）『岡山県大百科事典』によれば，温羅伝説の概略は次のようになっている．「垂仁天皇（一説には崇神天皇）の時，百済の王子で名を温羅または吉備冠者という鬼神が飛来して，備中国の鬼ノ城に住みつき悪事を働く．朝廷から派遣された五十狭芹彦命が吉備中山に布陣して矢を射るが，温羅の射る矢と途中で食い合い落ちてしまう．そこで一度に二矢を放つと，一矢の方が温羅の左眼に当たり，血がふき出，とうとう流れた．温羅は鯉になって，川から海に逃げようとしたが，命は鵜になって捕え，噛み上げた．温羅は降伏し『吉備』の名を奉ると言い，これで命は吉備津彦命となる．温羅の頭は串にさして首村にさらすが大声でほえ続ける．そこで釜殿のかまの下深く埋めたが，それでも鳴りやまない．ある夜，温羅の魂が命の夢に現れ『わが妻を召して命の神饌を炊がしめよ．さすれば我は命の使者となり，幸あらば裕に，禍あらば荒らかに鳴り，民に賞罰を加える』と告げた．これが現在も行われている吉備津神社の釜殿の釜鳴神事の起源という」［岡山県大百科事典編集委員会1980：263］．

9）この過程については加原奈穂子の研究がある［加原2010］．

10）また，『香西記』には鬼無地名の由来について，八幡宮悪鬼を戮（ころす）という記録が残っている．

11）これは，［難波1930a, b］に［山陽新聞社編集局（編）1995］や［おかやま桃太郎研究会2005］の内容などを加えて，筆者がまとめたものである．

12）これは，［橋本2014］に，現地で収集した情報を加えて，筆者がまとめたものである．

参考文献

〈邦文献〉

岡山県大百科事典編集委員会［1980］『岡山県大百科事典』山陽新聞社．

おかやま桃太郎研究会［2005］『桃太郎は今も元気だ』吉備人出版．

加原奈穂子［2010］「昔話の主人公から国家の象徴へ——『桃太郎パラダイム』の形成——」『東京芸術大学音楽学部紀要』第36号．

京極夏彦［1994］『姑獲鳥の夏』

———［1995a］『魍魎の匣』

———［1995b］『狂骨の夢』

———［1996a］『鉄鼠の檻』

58　第Ⅱ部　見えない世界を視る

────［1996b］『絡新婦の理』

────［1998a］『塗仏の宴　宴の支度』

────［1998b］『塗仏の宴　宴の始末』

────［2003］『陰摩羅鬼の瑕』

────［2006］『邪魅の雫』，いずれも講談社より刊行．

佐々木亨［1998］「吉備津の釜と温羅伝説──鬼ノ城縁起をめぐって──」国文学研究（124）

山陽新聞社編集局（編）［1995］『おかやま桃太郎伝説の謎』山陽新聞社．

難波金之助［1930a］『桃太郎の史實』（私家版）．

────［1930b］『續稿　桃太郎の史實』（私家版）．

橋本仙太郎［2014］『童話「桃太郎」の発祥は讃岐の鬼無：四國民報夕刊復刻』第13回桃
　　太郎サミット高松大会実行委員会．

藤澤衛彦［1922–1925］『日本伝説研究』第1・第2巻，大鎧閣（国立国会図書館デジタル
　　コレクションにて公開）．

────［1931–1932］『日本伝説研究』第3～第5巻，六文館．

────編［1929–1930］『妖怪画談全集　日本篇上・下』中央美術社．

宮田登［2006–2007］『宮田登　日本を語る』全16巻，吉川弘文館．

柳田國男［1910］『遠野物語』自費出版（『柳田國男集』第4巻，筑摩書房，ちくま文庫）．

────［1929］『日本の伝説』アルス（『柳田國男集』第25巻，筑摩書房，ちくま文庫）．

────［1956］『妖怪談義』修道社（『柳田國男集』第6巻，筑摩書房，ちくま文庫）．

〈欧文献〉

Mauss, Marcel.［1923–1924］*Essai sur le don Forme et raison de l'échange dans les sociétés archaïques, l'Année Sociologique*, pp. 30–186, N.s. tome 1（吉田禎吾・江川純一訳『贈与論』筑摩書房，ちくま学芸文庫，2009年）．

Sahlins, Marshall.［1972］*Stone Age Economics*, Aldine Publishing Co.（山内昶訳『石器時代の経済学』法政大学出版局，1984年）．

民俗調査には，大きく分けて2つの方法がある．1つはインタビュー，聞き取り調査であり，もう1つは参与観察である．後者の参与観察は，英語の participant obserbation の訳語である．研究者としての専門的な視点に基づいた観察による理解とともに，現地の人びとの立場に立ち，その価値観や行動様式を体得することを目的としている．ただし日本の民俗調査では，聞き取り調査に偏重し，参与観察を怠ってきたきらいがある．しかし，さまざまな技能（技術）の伝承過程や儀礼の実践に際しては，聞き取りだけでなく，実際にそれらを見聞し，記録することを省略すべきではない．語られたことと行なわれたことのズレを検証することも，フィールドワークの重要な工程である．

　近年では，デジタルカメラやデジタルビデオカメラの発達によって，現場の様子を非常に詳細に記録できるようになった．これらの画像や映像記録のアーカイブ化の確立も，今後，民俗調査を体系的に行なう際の重要な要素になるだろう．

川村清志

コラム② 民俗調査

第Ⅲ部

南島への旅立ち

フィールドワークの愉悦と焦燥
——宮古島での３か月半——

島 村 恭 則

1 ┃ 沖縄との出会い

　筆者は，大学生のころ，文学部国文学科に在籍しながら，民俗学に強い関心を持ち，民俗学研究会に所属して民俗学を学び始めていた．はじめての民俗調査は，１年生の夏休みに研究会の仲間と行なった岐阜県の山間部の村（郡上郡高鷲村）でのもので，以後，岩手県九戸郡九戸村，群馬県甘楽郡南牧村，鹿児島県志布志市などあちこちに行ったが，そうした中で，３年生になる直前，1988（昭和63）年の２月に１人で訪れた沖縄は，その後の私の人生に決定的な影響を与えた．那覇や糸満の迷路のような古い街並み，久高島の海岸から見た水平線，石垣島で出会った神役（かみやく）の女性たち，いずれも強烈な印象で，この旅を機に，卒業論文は，**南島**——南西諸島——をフィールドに書こうと決意した．

　３年生になってからは，沖縄研究の著作や論文を読み漁った．谷川健一，小島櫻禮，伊藤幹治，村武精一，渡邊欣雄といった大家たちの著作を熟読したが，その中で，とくに憧れを抱いて読んだのが，山下欣一『奄美説話の研究』［山下1979］と野口武徳『沖縄池間島民俗誌』［野口1972］であった．

　前者は，奄美における民間**説話**の**伝承**過程にユタと呼ばれる民間巫者（シャーマン）の介在が認められることを膨大な資料を駆使して実証したもので，民俗学を学びつつ，国文学科に所属し，とりわけ伝説や神話に関心の強かった当時の私にとって，研究上の大きな指針となるものであった．

　後者は，大学院生だった著者が宮古群島の一島嶼である池間島に長期滞在して執筆したエスノグラフィであるが，１冊のうちの３分の１近くが，若い著者が池間島に溶け込み，池間島の社会と文化を島の人びとから学びとってゆく過程を生き生きと描いた調査日誌ふうの記述となっている．これから本格的な

64 第Ⅲ部 南島への旅立ち

フィールドワークを行なおうとしていた私は，これを読んで，自分がしたいのは，まさにそこに書かれているような体験だと強く思った．

2 ▎宮 古 島 へ

　3年生も終わりに近づき，いよいよ卒業論文に取り組む時期となった．あれこれ考えた末，私は，研究対象を，その頃の私にとって「座右の書」のような存在となっていた『奄美説話の研究』の影響もあり，「民間神話」（古代の文献に記録された神話ではなく，村落社会などで実際に語られている神話）とした．そして，山下欣一氏の奄美諸島に対して，私は宮古島をフィールドにしようと考えた．宮古島を選んだのは，『沖縄池間島民俗誌』の影響である．そして，具体的には，宮古島の中でも，創世神話が生きて語られていることが知られていた狩俣を調査地とすることにした．狩俣は，池間島の対岸にある集落である．

　調査は，夏に3か月半ほど住み込んで行なうこととしたが，その前に，まずは予備調査を実施することにした．予備調査を行なったのは，4年生になる直前の3月で，このときは宮古島の市街地にある旅館に宿泊し，5日間，毎日バスで狩俣まで通った．この調査で最初に行なったことは，自治会長さんへの挨拶である．泡盛の一升瓶を持参し，自分は本土の大学生で，これから狩俣で神話や伝説の調査をしたいこと，集落の中の空き家を借りてそこに住み込みたいこと，などをお願いした．突然訪れた大学生に対し，自治会長の根間平行さんは，とても親切に対応して下さり，ご自身の親戚の方が那覇に移住されて空き家となっている家を貸して下さることになった．その家は，集落入口の門（写真1）を入ってすぐのところにあった．家賃は，1か月1万円という破格の安さだった．その後，村落祭祀を司る神役（狩俣在住の女性たちから公的に選出された司祭者．以下，本稿でいう神役は，すべてこの公的司祭者のことをさす）の女性たちへはもちろんのこと，集落内を歩いていて出会った人にはほぼすべて自己紹介を含めた挨拶をし，夏へ向けての準備を進めていった．

写真1　集落入口の門

出所）2013年，筆者撮影．

3 ▎フィールドワークの愉悦

　本調査は，7月1日から10月15日までの間に行なうことにした．7月1日，予定どおり，狩俣に着き，借りた家に荷物を置いた後，自治会長さんをはじめ何人かの方への挨拶をすませ，夕方に家に戻った．20時過ぎだったろうか，畳の上で横になっていると，天井から何かがバタンと落ちてきた．古い家だから何か落ちてきたのかな，と思って目をやると，相当に長いニョロニョロしたものが座敷のすみのほうを這っている．蛇である．悲鳴は出なかったものの，即座に家を飛び出した．どうしてよいか混乱したが，とりあえず，集落の中央にある購買店（共同売店）（写真2）に駆け込んだ．購買店では，店先に椅子を出して酒盛りをしている30代の人たちが何人かおり，私は彼らにいま起こったことを話した．すると，その中のある人が，「それは大変だね．きょうは，うちに泊まればいい．まあ，とりあえずここで一緒に飲もう」と言ってくれ，ひとしきり飲んだ後，大急ぎで蛇のいる家から荷物をとりだし，その人のお宅に向かった．

　お宅にお邪魔して家族のみなさんに挨拶をし，蛇が落ちてきた話をすると，70代のお父さんから，「その蛇の目は片目だったか，両眼だったか」と質問され

写真2　購買店（狩俣購買組合）
出所）2013年，筆者撮影．

た．私は，仰天していて蛇の目は見ていなかったため，わからないと答えたが，お父さんは，「もしも片目だったら，その蛇は神である．両目だったらふつうの蛇である」と言い，狩俣の創世神話を語ってくれた．それはつぎのような話だ．

　狩俣では，太陽の神様を「ンマティダ」という．「ンマ」というのはお母さんで，「ティダ」というのは太陽の意味だ．大昔，まだ人間がいないころ，「ンマティダ」が，天から狩俣のフンムイ（大森）という森に降りてきた．そして，住むのにふさわしいところを見つけようと歩き始めた．しばらくすると，羽が濡れたカラスが飛び立つのが見えたので，そこに行ってみた．すると，そこには泉があった．水は生きていくために欠かせないので，ンマティダはそのすぐそばに住むことした．
　そうして暮らしていると，ある晩，若い武士が娘のもとにやって来て，以後，毎晩，通ってくるようになった．やがて，ンマティダは妊娠した．ンマティダは，「いったいあの武士はどこからやってくるのだろう」と疑問に思い，ある日，麻の糸を針に付けて，それを相手の武士の髪の毛に刺した．武士が帰ったあと，その糸をずっとたどっていくと，ンマティダが発見した泉の中に続いている．そこで中を見てみると，そこにはヘビがい

て，そのヘビは片方の目を糸のついた針で刺されていた．こうして武士は実は蛇であったということがわかった．

その後，ンマティダはこの蛇との間の子を出産した．この子が狩俣の人びとの先祖であり，したがって，片目の蛇は，狩俣の人びとを生んだ父神（アサティダ．アサは父，ティダは太陽の意）である．

さきに，狩俣は，創世神話が生きて語られていることで知られていたと述べたが，お父さんによって語られた物語は，まさにその創世神話と同一の内容であった．私と蛇との遭遇は，お父さんによって狩俣の創世神話と関係づけられたということになる．私は，調査初日に，創世神話がまさに生きて語られている状況を，身を以て体験したのである．[1]

蛇との遭遇が私にとって気持ちの悪いものであることに違いはなく，翌日，自治会長さんに頼みこんで，もう少し新しい空き家を紹介していただき，そこに住むこととなった（写真3）．いよいよ調査開始である．まずは狩俣の人びとと仲良くなることからはじめた．当時，狩俣では，拝所（村落祭祀で用いる祭祀施設）（写真4）で毎日のように儀礼が行なわれていた．祭祀を取り仕切るのは女性の神役たちである．私は，そこに通い，儀礼の観察と聞き取りを進めていくことにした．神役たちは，快く私を受け入れてくれ，私は拝所の隅でともに儀礼に参加するようになった（写真5）．

写真3　狩俣滞在中に筆者が住んでいた家
出所）写真は，2013年に狩俣を再訪したときのもの．筆者撮影．

写真4 狩俣の拝所（ウプグフムトゥ）
出所）2013年，筆者撮影．

写真5 狩俣の神役たち
出所）1989年，筆者撮影．

　同時に，宗教的世界以外の日常の暮らしについても把握する必要があると考え，集落内のいろいろな人と知り合いになっていった．昼間に家にいるのはお年寄りが多いため，話を聞かせてもらうのはどちらかというと比較的高齢の方たちであったが，とはいえそればかりではない．集落センターで行なわれる自治会の集会や，青年会の活動にも顔を出し，老若男女さまざまな立場の人と親

しくなっていった．とりわけ，青年会のメンバーとは毎晩のように酒を飲んだ．
夕方から行なわれる青年会の活動——行事の準備やバスケットボールの練習
——とその後に必ず行なわれる酒盛りには必ず参加した．満月のもと，小学校
の校庭にある朝礼台の上で車座になって泡盛を飲んだりしたのは，忘れられな
い思い出である．彼らは，私を，「タラバリ」という，借りていた家の屋号で
呼んでいた．

　調査は順調に進んで行っているように感じられた．『沖縄池間島民俗誌』と
同じようなフィールドワークの日々．充実したフィールドノートがつくられて
いった．このときの私の心境は，愉悦というにふさわしいものであった．

4 ┃ 焦　燥

　狩俣に到着してからの愉悦の 2 か月が経過し 9 月になった．このときには，
狩俣の「民俗」についてのたくさんの観察，聞き取り成果も集まっていた．し
かし，この頃から，大きな焦燥を感じるようになった．それは，大量のフィー
ルドノートはあるものの，問題と分析と結論からなる論文の骨組みがまったく
思い描けていないという焦りである．たとえば，「年中行事」「人生儀礼」「祭
祀組織」といった項目で，単に事例を記述するのであれば，すでにそれが可能
なくらいのフィールドデータは手元にある．しかし，そのような記述だけでは，
論文とはいえない．論文というからには，オリジナルな問題設定が行なわれ，
それに対して論理的かつ実証的な論述がなされ，その結果，オリジナルな結論
が示されなければならない．それがまったく思いつかないのである．学部生の
卒論なのだから，単なる調査報告でも十分なのではないかという考え方がある
かもしれないが，当時，私は大学院に進学して研究者になろうと決心していた
ため，その程度のものでよしとするわけには到底いかなかった．

　考えても，考えても，よい論文ストーリーが思いつかない．フィールドノー
ト，狩俣に関する先行調査報告のコピーの束や，テーマに関連する先行研究の
コピーの山をひっくり返し，何度もそれらの間を行ったり来たりするが，アイ
ディアが浮かばない．何か思いついて書きだしてみても，ストーリーとしての
組み立てには至らない．9 月に入ってからは，このような状況が毎日続いた．

この頃，夢の中で「神歌の起源を調べるな」という声（おそらく「神の声」）を聞いた．「起源」はもとよりテーマとしてはいなかったものの，「起源」「変遷」「機能」「**構造**」「**動態**」……いろいろな概念をこねくり回していたことが，この夢に反映したのだろう．

　9月の中旬，旧暦8月15日にあたる日の夕刻，狩俣集落をあげての綱引き行事が行なわれた．綱引きの綱作りは青年会が担当しており，何日も前から毎晩綱作りを行なった．もちろん，私もそれに参加し，そして綱引き当日，私も綱を引いたが，その晩，家に帰ってから，なぜか1人で泣き出してしまった．集落の人びとと一緒に綱を引いた喜び，あと1か月くらいしかこの集落にいられないという寂しさ，そして，論文ストーリーがまったく見出せない焦り．こうしたものが絡まり合っての涙だった．

　泣いたからといって，アイディアが浮かぶわけではない．翌日からも焦燥の日々が続く．そうしているうちについに10月になってしまった．もうあと2週間しか時間がない．3か月半も現地に住み込んで，論文が書けないという結果に終わるのか．完璧に私は追い込まれていた．ただ，それでも歯を食いしばって，考え続けた．

5 ▌ 打　開

　論文が書けないかもしれないという焦りは，しかし，自分の内側の問題であり，狩俣の人びとにとってはそんなことは関係ない．青年会とのつきあいは，もちろんこれまでどおり行なったし，また拝所での儀礼の参与観察も継続していた．そうした中で，ついに転機が訪れた．

　10月2日のことだ．ウプグフムトゥという集落の中心的な拝所で，私はいつものように儀礼に参加していたが，拝みの最中に神を祀る祭壇を見つめていたところ，ふと，あれ？　おかしいな，という疑問が生じた．いま，この祭壇には，神を祀る香炉が3つ置かれている．狩俣では，香炉1体ごとに対応する祭神が決まっていて，左から，アサティダ（父太陽．創世神話における蛇神），ンマティダ（母太陽．アサティダとの間の子を産んだ神），ヤマトカン（大和．すなわち日本本土の神）がそれぞれ祀られている（写真6）．

写真6　ウプグフムトゥの祭壇

香炉が3つ置かれており，それぞれ，左から，アサティダ（父太陽．創世神話における蛇神），ンマティダ（母太陽．アサティダとの間の子を産んだ神），ヤマトカン（大和，すなわち日本本土の神）を祀る．

出所）1989年．筆者撮影．

　しかし，たしか，狩俣についてのいくつかの先行調査報告では，同じ祭壇について，置かれている香炉は2つであると書かれていたような気がする．これはなぜだろう．儀礼終了後，家に帰って資料をめくってみると，どの資料にも，ウプグフムトゥの祭神は二神で，香炉も2つ，と記載されていた．そしてその二神のうちの一方については，いずれの資料でも，ンマティダであるとされ，もう一方は，資料によって，リューグーヌカム（竜宮の神）となっていたり，大和カン（大和神．ヤマトカン）となっていたりした．そして，不思議なことに，私の目の前で祀られているアサティダの名が，先行報告ではまったく登場していないのであった（図1，2）．

　これは何か事情があるに違いないと考えた私は，翌日，拝所に行って，神役たちに尋ねてみた．「この香炉は昔から3つあったのですか？　2つしかなかったということはありませんか？」．すると，神役たちは，口をそろえて，「昔から3つに決まっている．神に関することは，ネダティママ（根立てたまま．始原のまま），ンキャヌママ（昔のまま）にしなければならないことになっている．勝手に増やしたり，減らしたりすることなど，ありえるはずがない」と答えてくれた．私は，この答えを聞き，神役たちの前で，香炉の数についてこれ以上，話題にするべきではないと直感し，次のように考えた．「先行資料では，たし

第Ⅲ部　南島への旅立ち

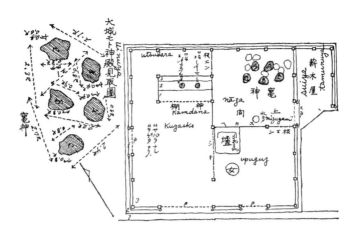

図1　1922年当時の香炉配置
出所）鎌倉芳太郎の調査によるもの．[鎌倉1982] より．

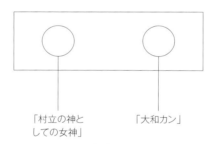

図2　1966年当時の香炉配置
出所）琉球大学民俗研究クラブの調査によるもの．『沖縄民俗』12，琉球大学民俗研究クラブ，1966年の記述をもとに筆者作図．

かに香炉は2つとある．しかし，現在は3つである．そして，先行資料では，アサティダの名が見出せない．これは，おそらく，ある時期に，アサティダの香炉が増設されたということではないのか．この経緯を知るためには，すでに現役を引退した先代，先々代の神役たちの話を聞く必要がある」．

　調査当時，狩俣の神役は，集落に暮らす50〜60代の女性たちの中から一定の

方法で選出され，5〜10年つとめると引退することになっていた．したがって，集落内には，引退した70〜80代の元神役たちがたくさん住んでおり，私はその人たちから，香炉についての話を聞いて回ることにした．

元神役たちに会って，ウプグフムトゥの香炉について尋ねてみた結果，およそつぎのようなことがわかった．

・1967（昭和42）年まで，香炉は2つしか置かれておらず，左がンマティダの香炉，右がヤマトカンの香炉であった．

・ところが同年，神役の1人であり，かつ村落の公的祭祀とは別に，個人的な活動として私的な神願いも行なっていたSC氏（1916年生まれ）が，ンマティダの夫であるアサティダから「自分の香炉が置かれていないので，ンマティダの香炉の横に置いて自分を祀ってほしい」という言葉を聞いた（託宣があった）として，香炉の増設を提案してきた．

・これに対して，神役たちは，神に関することは，昔から伝わっているとおり行なわなければならないので香炉の増設は認められないとしてこの提案を拒絶した．

・しかし，拒絶されたSC氏側は，神の命令にそむくことはできないとして再三にわたり香炉増設を要求した．これにより，神役たちとSC氏との間には大きな対立・葛藤状態が発生した．

・そして，そのような対立・葛藤状態が続く中，ついに，SC氏は，夫とともに夜間に拝所に行き，アサティダの香炉を設置した．翌朝，神役たちはSC氏による強行突破を知り，大騒ぎとなるが，一たび香炉が置かれてしまうと，これを撤去した場合，アサティダの怒りを買うかもしれないという恐怖心が神役たちの間に芽生え，香炉の撤去はいったん保留となった．そして，第三者的な立場にあるムヌス（物知り，民間巫者）のもとを訪れ，香炉増設が神意にかなっているか否かについて尋ねることとし，神役の代表者2名が，市街地に居住するムヌスのもとで伺いを立てたところ，香炉の増設は神意にかなっているとの判示が出された．この結果を受けて，アサティダの香炉は，祭壇に置かれ続けることとなった．

さて，ここにはSC氏の名があがっているが，実は，SC氏は，私の狩俣滞

写真7　SC氏

出所）1989年．筆者撮影．

在時も存命で，それどころか，SC氏は，調査の合間に私がよく遊びに行っていた近所のおばあ（おばあさん）の幼いころからの親友で，そのおばあの家で，私は何度も彼女に出会っていた（写真7）．そこで，私は，さっそくSC氏に，香炉増設について尋ねてみた．

　すると，SC氏は，よくぞ聞いてくれたと言わんばかりに，香炉増設の顛末について語ってくれた．その内容は，元神役たちから聞いた話と大筋で合致し，かつよりリアルで詳細なものであった．またSC氏は，アサティダの香炉増設以外にも，神々からさまざまな託宣を受けており，それにしたがって集落内のあちこちに独自の聖地を創出していることもわかった．

　以上の一連の聞き取りから，私はウプグフムトゥの香炉の数をめぐる謎を解くことができたのだが，ここで注目すべきことは，これらの経緯は神役の世代交替の際には伝えられておらず，先に触れたように，現役の神役たちは，香炉の数は昔から変わることなく3つだったと信じている点である．

　私は，このことも含めて，ウプグフムトゥの香炉をめぐる一連の状況について頭の中を整理してみた．そして，つぎのような見通しを得るに至った．

　　（1）狩俣には，村落祭祀を司る公的神役と，SC氏のように私的な宗教的世界を構築する民間巫者がいる．

　　（2）公的神役においては，神霊との直接交流は行なわれず，神役たち

は，「神に関することは始原（昔）から伝わっているとおり行なわれるべきだ」，あるいは，「行なわれているに違いない」と考えている．このような志向性は，神役たちの間で，かなり強く共有されており，それは，神役たちが祭祀の中で歌う神歌の歌詞にもうかがうことができる．すなわち，神歌には，「ンキャヌ　タヤ　トゥタむミョー」（昔から伝わったとおり歌いあげました），「ネダティ　ママ　ユタむミョー」（村立てのころから伝わったとおり，歌いあげました）という歌詞が頻出するのである．こうした「始原のまま」への志向性は，「始原遵守理念」と名付けることができる．

（3）一方，民間巫者のほうは，神霊の声を直接聞くこと，すなわち神霊との直接交流が可能であるとされており，そこでは，神から民間巫者に下された託宣こそが優先されるべきであると考えられている．こうした志向性は，「神意遵守理念」と名付けることができる．

（4）両者は，それぞれ異なる価値観とそれにもとづく行動様式を持っていることになり，それゆえに，民間巫者が託宣にもとづいて村落祭祀のあり方を改変しようする場合には，両者の間に激しい対立・葛藤状態が発生する．

（5）そうした対立・葛藤状態の中で，民間巫者による改変が強行され，その結果が集落外の第三者的な立場の巫者が下す神示によって承認されると，改変内容は受容される．

（6）そして，一たび受容がなされると，以後，神役の世代交替の際に，改変のいきさつそのものについては伝承されず，その結果，次の世代の神役たちは，神役たちが共有する「始原遵守理念」にもとづいて，改変後の状況を「始原のまま」だと認識するに至る．改変結果は，このようにして「始原」の中へと溶解し，伝承されてゆくことになるのである．

（7）こうした「伝承のメカニズム」は，ウプグフムトゥの香炉に限らず，さまざまな「伝承」について見出されるものなのではないだろうか．

以上の見通しが，私の卒業論文の論旨となった．長い苦悩の末にこのストー

76　第Ⅲ部　南島への旅立ち

リーを見出すことができたのは，10月10日のことだった．狩俣を離れる5日前のことである．

　卒論のめどがついた私は，狩俣を離れる準備をはじめた．集落内のあちこちに挨拶をして回り，いよいよ旅立ちの日となった．飛行機は午後の便だったので，午前中は家にいたのだが，驚いたことに，神役をはじめとする狩俣のおばあたちが次々とやってきた．おばあたちは，みな，のし袋を持参していた．いずれののし袋にも，少ない年金の中から出したに違いない千円札が数枚入っていた．旅立つ私への餞別であった．

　おばあたちが帰った後，私は号泣した．タオル3本がびしょびしょになった．あれだけ泣いたことは，私の人生で，先にも後にも一度もない．

6 ▎ 卒論完成

　本土に帰ってからは，卒論の執筆に専念した．2か月後の12月中旬が提出日であった．論文ストーリーができていたので，目次は明確なものを立てることができた．当時の卒論は，原稿用紙に手書きであったため，万年筆で一字一字，着実に枡を埋めていった．写真や図も貼り付け，最終的に400字詰め原稿用紙260枚の大作が完成した．

　その後，大学院を受験し，合格．修士課程では，沖縄の新宗教教団を対象としたフィールドワークに取り組むとともに，卒業論文の内容を学会で発表し，また学術雑誌に掲載する活字論文へリライトする作業を進めた．そのようにして刊行されたのが，日本民俗学会の機関誌『日本民俗学』第194号に掲載された「民間巫者の神話的世界と村落祭祀体系の改変──宮古島狩俣の事例──」[島村1993]である．

　最後に，これから民俗学のフィールドワークをはじめようとするみなさんへ次のことを伝えたい．

　フィールドワークが，十分な時間をかけ，深く現地に溶け込んで行なわれるべきものであることは常識だ．だが，そのようなフィールドワークを始めたとしても，すぐにはオリジナルな発見は訪れないだろう．しかし，絶対にあきらめてはいけない．粘り強く，歯を食いしばって考え続けなければならない．先

行する調査報告や先行研究を何度もひっくり返しては，試行錯誤を繰り返す．
私のように，２か月以上かかることさえあるだろう．

　その後．ふとした疑問が生じる瞬間がきっとやってくる．その疑問を大切に，
追究を開始せよ．そして，その追究を通して，現象の背後にある現地の価値観
といったものに到達できれば出口は近い．あとは，一連の追究の結果を整理し，
それを１つのモデルとして構築すれば，論文の構想は自ずと浮かび上がってく
る．みなさんの発見を楽しみに待っている．

注
　1）たとえば，狩俣を扱った先行研究として，本永清［1973］があり，狩俣の創世神話が
　　　分析されている．
　2）修士論文（のちに［島村1995］として刊行）で扱った新宗教教団は，狩俣滞在中に，
　　　近所の人が入信していたものである．狩俣での見聞が修士論文につながったのだが，
　　　修論調査をめぐる「愉悦と焦燥」については，また別の機会に述べてみたい．

参考文献
鎌倉芳太郎［1982］『沖縄文化の遺宝』岩波書店．
島村恭則［1993］「民間巫者の神話的世界と村落祭祀体系の改変──宮古島狩俣の事例
　　　──」『日本民俗学』194.
────［1995］「沖縄の民俗宗教と新宗教──龍泉の事例から──」『日本民俗学』204.
野口武徳［1972］『沖縄池間島民俗誌』未来社．
本永清［1973］「三分観の一考察」『琉大史学』４.
山下欣一［1979］『奄美説話の研究』法政大学出版局．

長生きと向き合う

後 藤 晴 子

1 ▌ 私と年寄り

「あんたは若いのに，なんでそんな昔のことばかり知りたがるのか？　自分は長男だからここに残っているが，本当は（農業なんて）やりたくなかった」．

大学院博士課程進学前の春休み，五ヶ山ダム水没予定地区の共同民俗調査に参加した際に，担当地区で最も年配だった80代後半の男性に言われた言葉である．それまで言葉少なに質問に答えてくれていた男性の強い言葉に一瞬面喰ったが，年寄りだから昔のことを知っているだろう，興味があるだろうという思い込みを持って話を聞いていたことに気づかされた．

私の母方の曽祖父も，農家の長男だったが農業が嫌いで，下の弟に家や財産を譲り，福岡市内の紡績工場で働いていたと母から聞いたことがあった．私が中学生の頃に亡くなった曽祖父との生前の付き合いは盆正月の年2回とわずかだったが，それでも暇さえあれば畑にいる人だった．そのため，農家が嫌いで都会に出た人だとは思いもしなかった．話を聞いておけばよかったと今更ながらに思う．

子どもの頃から年寄りにはあまり縁がなかった．一番身近な年寄りであるはずの祖父母を思い出すとき，葬儀場の幕や火葬場の煙，焼骨のなんともいえない臭いを一緒に思い出す．私の**家族**はいわゆる**核家族**で，1歳の頃から家族4人で，福岡市内の**公営団地**住まいだった．父方の祖父母は戦時中に**満洲**で出会い結婚したが，帰国後ほどなく別居し，そのまま離婚している．法事などで数回しか顔を合わせていない祖父については，おぼろげな記憶しかない．晩年はアメリカにいる叔父夫婦のところに身を寄せていたため，日本にいなかった．

祖母は50代で癌を患い，その後入退院を繰り返していた．祖母の世話のため，

母は毎週末私と1つ下の弟を連れて病院に通った．そのためだろう．祖母が家で元気にしていた頃にも関わりはあったのに，なぜか薄暗い病室のベッドの上で力なく横たわっていた姿のほうが印象強い．祖母は昔気質の勝気な人で，子ども心に怖い人だと思っていた．とはいえ，孫にそんなに関心がある人でもなかったらしい．親しく話した思い出はほとんどない．祖父は私が中学3年の時に70歳前後で，祖母は小学6年生の頃に62歳で亡くなった．

　一方，母方の祖父母ともあまり縁がない．祖母は母が高校生のときに38歳で他界している．心臓病だったという．そのため祖母の顔は，仏壇の横に飾られている白黒の遺影と，母の部屋に飾られている白黒写真でしか知らない．母は，祖母の亡くなった年齢を迎えるのが怖かったとよく話した．また，祖父とは，盆と正月に顔を合わせる程度だった．そして私が小学1年生の頃に，脳梗塞で「ぽっくり」亡くなった．62歳だった．祖父が亡くなった時，当時同居していた小学2年生だった従兄弟は祖父が寝ていると思い，それと知らずに横でしばらく添い寝をしていたらしい．この母方の祖父の葬式が，私の覚えている最初の葬式である．

　私が家を出るまで20年近く住んでいた団地は，**高度成長**期に建設されたもので，一人暮らしのお年寄りは沢山いたが，子どもの頃は学校の行き帰りに挨拶をするだけの関係で，あまり関わりのない人たちだった．その当時は，知らない人と何を話せばいいのか，まったくわからなかったからだ．

　このような環境で育ったせいか，子どもの頃はなんとなく自分も長生きはしないのではないかと思っていた．もっとはっきりと言ってしまえば，もし自分だけ長生きしてしまったら「怖い」と思っていた．幼い頃のこの思いは，今も変わらず心のなかにある（ちなみに冒頭に挙げた曽祖父は92歳まで健在だったため，血縁者がすべて早死にしているわけでもない）．

2 ┃ テーマとの出会い

　「年寄り」と縁のなかった私が老いの研究に携わるようになった最も大きな理由は，大学2年への進級時に選んだゼミナールの指導教員の影響である．その先生は「老年人類学」のパイオニアだったため，同級生のなかには高齢者問

題に関心を持ってゼミナールを選択した者もいたが，私は初めから関心をもっていたわけではなく，面白そうだな，と単純に思っただけだった．

その後，３年の後期から４年の前期のとき初めて民俗調査に参加した．それは福岡県糸島市の「川祭り」で，毎年７月の第１日曜日の海開きの際に，水神に水難除けや子どもの健やかな成長を祈る安全祈願祭である．子どもたちは前日から公民館等に籠り，神事で使う竹の切り出しや短冊，お守りづくりを行なう．当日は夜明け前から地区ごとに決まった場所（浜辺や川沿い）で切り出した竹に「八大 竜 王川之神」と記した紙を結び付け，それを四方に立てて祭壇を作って神職による神事が行なわれる．神事が終了すると大竹は倒され，海に流される．この実習をきっかけに，それまで縁のなかった民俗行事に具体的に関心を持つようになった．

福岡市内の団地住まいだった私にとって，「行事」といえば学校行事か団地の自治会主催の盆踊りや校区の体育大会にすぎず，地縁や血縁で結ばれた地域で行なわれる伝統的な行事は初めて接するものだった．こんな行事がすぐ近くにあったのかと驚いた．思い出すと，高校の同級生のなかにはこの地域から通って来ている友人たちも多かった．単に関心がなかったから知らなかったのだと気づいた．機会があれば九州圏内の民俗行事を見てまわるようになったのはそれからである．

研究のテーマを具体的に模索するようになったのは，大学院への進学を決めた大学３年の後期の終り頃である．当初，一体何を基準にテーマを決めていいのかさっぱり見当もつかなかった．乱暴に言ってしまえば「入口」は何でもいい気もしていた．真っ白の研究計画書を前に迷っていたとき，ゼミナールの先生が「君には，できれば私と同じことをして欲しい」とふと漏らされたことがあった．それまでそのようなことを一度も言われたことがなかったので，一瞬面食らったが，せっかく老年人類学のパイオニアの先生のもとで勉強できるのなら，それもいいかもしれないと，大学院修士課程での研究テーマにすることにした．

ただ，当時，老年学の中心課題として，盛んに研究されていた社会問題としての高齢者研究にはあまり興味を持てなかった．正直に言えば，豊かな研究成果を前に，私がこれ以上何をしたらいいのかわからないという消極的な思いも

あった．そこでテーマについて改めて考えてみると，それまでの私の人生のなかで，そもそもほとんどお年寄りと縁がなかったことに気づかされた．それならば高齢者問題よりもむしろ，私が想像もできないほど長生きしている人びと（老いる人びと）の日常そのものに目を向けてみたいと思うようになった．博士論文はこの答えを1つの形にしたものである［後藤2017］．

3 ▎ フィールドとの縁 ──沖縄を中心に──

　フィールドとの出会いは単なる偶然だった．修士論文で取り組んだ福岡市郊外の農村は，面白い年齢組があると別の先生に教えてもらった場所だった．博士課程進学後，博士論文の作成のため，新たに沖縄をフィールドとして選んだ．
　日本で調査をするならと何人かの先生方に勧められてもいたし，（1）昔から世界有数の長寿地域として知られ，（2）「カジマヤー」などの独特の長寿文化を持ち，（3）都市部を除けばどこも過疎化と高齢化が進んだ地域である，といったような研究上の理由はある．だが，一番のきっかけは，学部時代の学芸員課程の実習メンバーたちと行った卒業旅行にあったように思える．初めて訪れた沖縄独特の文化には圧倒させられた．神の降りる聖地である「斎場（セーファー）御嶽」の木々の生い茂った独特のどこか神秘的な雰囲気や，内地では見かけない規模のとても大きな「亀甲墓（カミヌクーバカ）」や「破風墓」の印象は強かった．一緒に行った先生から，かつては墓内に遺体を安置し，白骨化させて洗骨をしたのだと聞いたときはそんな弔いの仕方があるのかととても驚いた．沖縄本島で予備調査を実施して調査地をあれこれと探したがなかなか決まらず，結局，学会で話した沖縄研究者の言葉をきっかけに，ある島を調査地と決めた．
　その島に初めて調査に行ったときは9月の台風シーズンで，すぐ近くまで台風が来ていた．フェリーはまだ出航していたが，那覇のフェリー乗り場のおじさんに「帰れなくなるから，やめた方がいいよ」と声をかけられた．一瞬躊躇したものの，諦めきれずそのままフェリーに乗った．実は船は好きではない．調査地に島を選んだのだから，船は得意なのだろうと言われるが，調査に行くたびに船に酔い，同乗していた島の人に笑われた．そのため一旦島に渡ってし

まうと，帰りにまたフェリーに乗るのかと憂鬱になってしまった．小型飛行機も当時1日3便就航していたが，フェリーに比べるまでもなく高価だったので，嫌でもフェリーに頼らざるをえなかったのだ．

　当然初めての調査行でも「しっかり船酔い」し，島に着くころにはフラフラだった．初日は民宿で一休みしたあと，なんとか島を見てまわることもできた．しかしフェリー乗り場のおじさんの言ったとおり，翌日台風が上陸した．波の高さが4mを超えるとフェリーは出航できない．2日ほどで台風本体は過ぎ去ったものの波は高いままで，1日に1便しかないフェリーはそのまま4日間欠航になった．また，その台風で，滞在先の民宿の電話線は切れ（当時使用していた携帯電話の電波は圏外だった），さらには島内の発電所の電線が切れたために一時停電にもなった．台風の上陸する頃からほとんど出歩けず，民宿に足止めされた．仕方なく福岡に戻る飛行機の出発時刻に間に合うよう，先に運航が復旧していた小型機で那覇に戻った．調査としては散々だったが，何もできなかったという後悔とそこでお世話になった民宿の奥さんとの出会いがなければ，その後何度となく台風や時化，船酔いに悩まされながら島に通うこともなかったと思う．その後，島に滞在する時は，民宿の手伝いをさせてもらいながら泊まり，調査を重ねた．

4 ┃ フィールドで考える ——沖縄離島を中心に——

　調査に行くときは，もちろん，地域に関係する資料や先行研究を読みこみ，整理することは欠かせない．だが，博士論文の作成に関してはテーマとフィールドだけ決めていたものの，「老いる人びとの日常」をどういう切り口で調査をすればいいのかは，まったく見当もつかず，結局，沖縄離島には曖昧なままに調査に出かけることになった（写真1）．

　当たり前のものとして繰り返す，ありふれた日常生活をあえて言葉で表現するのは本当に難しい．だから，別の切り口もいる．日々繰り返される生活のどこに焦点を当てて参与観察をしたらよいのか，話を聞くならばどういったテーマを中心に聞き書きをすればよいのか．それに気づいたのは調査を始めてからずいぶんたってからのことで，通い始めてすぐの頃は，たいしたアイディアも

写真1　島内の風景
出所）2005年8月12日，筆者撮影．

なく，ただ黙々と島を歩き，たまたま知り合った人から話を聞き，海に行くと言えば一緒におぼつかない足でサザエやタコを獲りに行くなど，誘われたことは，とりあえずやってみることから始めた．残念ながら，タコのほうが私より素早く動き，結局タコは獲れず仕舞いであった．また，これから畑に行くと言う人がいれば，仕事の手伝いに行ったりもした．何回か話して，親しくなったあと，旧暦12月の大みそかに，字ごとに結成された一団が家々を踊りながら回る民俗行事や，旧暦6月に村の豊穣を願って民間の宗教的職能者（シャーマン）である「ノロ」が行なう儀礼の準備をすぐ傍で手伝わせてもらったこともあった．

　そうしたことを繰り返していると，徐々に何を聞けばいいのか，何を観察すればいいのか，少しずつわかるようになった．老人の衰え続ける身体の変化との向きあい方，お年寄りと家族を含めた周囲の人たちとの関わり方，自らの人生の語り口，死者儀礼や死者との関わりからありふれた日常を議論する切り口を得ることが出来た［後藤2011a］．

　いろいろと調査を行なってきたが，私は私自身の人づきあいの延長でしか調査もできないことに気づかされた．それが私の調査の方法であり，スタイルなのだと自覚するようになったのだ．

　もちろん，何度も失敗した．誤解を受ける言い方をして怒られたこともあっ

たし，書いた論文の解釈が違うと叱責されたこともあった．自分の未熟さ故だと反省しきりだが，幸いにも，励ましてもらったことも沢山ある．沖縄の島で調査をしていた時に受けた注意のうち，とくに印象的だったものを紹介しておきたい．

　「気軽に一人暮らししている男性の家に行ってはダメ．（相手が）年いっててもダメさ」

　いつも手作りの衣装を着ていた80代の女性の言葉だ．調査では，否応なく一人暮らしの高齢男性の家にうかがうこともある．それが，どうも彼女には，私が何ら警戒心を持たずに行っているように見えたらしく，いつになく厳しい顔でそう言われたのだ．

　また，あるとき，ミニスカート姿の観光客の話が話題にのぼり，高齢の女性のなかには眉を顰める人もいた．こうしたことは，都市ではほとんど経験しない出来事だった．場合によっては厚意で調査させてもらっている相手にとんでもない迷惑をかける．訪問する時間帯，服装などに，より気をつけるようになった．

　「（祭なんだから）暗い色はねぇ（よくない），もう少し華やかな色を着なさい」

　村の豊穣を願って旧暦6月に行なわれる祭りに参加したときに，60代の女性に言われた言葉である．調査にはいつも動きやすい服装で出かける．そのときは紺色のTシャツにジーンズをはいていたと記憶している．しかし，祭は島では昔から一張羅で参加するものだった．「華やかな色の服を着ろ」と言われ，慌てて滞在先に戻り，手持ちの服のなかで一番明るい色のシャツを身に着けた．おそらく，単なる一見の観光客だったらそう言われていなかったはずだ．持参する服のなかに，フォーマルなシャツやスカート，明るい色のワンピースなど「きちんとした」服を入れるようになったのはそれ以降である．

　「下着に自分で洗ってる？　洗濯機にそのまま入れてはダメ．下着は先に自分で洗いなさい．他人に洗わせたら恥かしいよ」

　この言葉は調査に直接関わるものではない．このようなことを他人に言われ

るのはなんとなく気恥ずかしい気もしたが，自分が見ている以上に，周囲の人びとから見られていることに気づき，すっと背筋が伸びる気もした．実際彼女は身のまわりのことはすべて自分で行なう人だった．自分にとってはひと時を過ごすフィールドであっても，フィールドの人びとにとっては生活の場所である．頭では理解していたが，本当にはわかっていなかったのではないかと思う．より丁寧なお付き合いをすることを心がけるようになった．

　島にはいろいろな暮らし方をするお年寄りがいた．家族や友人との関わりの深い人も多かったが，その逆に，積極的な人づき合いを好まない人もいた．毎日畑に行くことを日課にしている人もいれば，日がな一日海を眺めてすごす人もいた．毎月のように那覇と行き来している人もいたが，船や飛行機は苦手だからとほとんど島から出ない人もいた．診療所通いを欠かさない人もいれば，医者にかかることを好まない人もいた．身体が不自由になってからも亡夫への思いから島に残っている人もいれば，定年を機に，より良い医療環境を求めて沖縄本島に移る人もいた．

写真2　御願所の御願のあと
出所）2005年3月8日，筆者撮影．

なかにはその矜持から島内ではなかなか弱みを見せられない人もいた．ある80代の女性は足腰を悪くして寝たきりになった後も，介護ヘルパーであっても他人が家の中に入ることをよしとしなかった．そのため，家族の負担が増していた．結局家族の説得で，沖縄本島の特別養護老人ホームに移ることになったらしい．あとから聞いた話では，知らない土地だからこそ抵抗なく他人の援助も受けることが出来ているとのことである．

「年寄り」という言葉では一括できない，個人としてのいろいろな生き方があることを実感した．そして，そこに正解といえるようなものはないことに，どこかほっとした．

また，その島に通うことで，**民俗宗教**にも関心を持つようになった．「ノロ」や「ユタ」と呼ばれる民間の宗教的職能者の人びとの宗教者になるきっかけや，カミをめぐる話はとても興味深かったし，宗教者だけでなく生活のなかに宗教的なものが生きている状況はそれまで書籍のなかでしか触れたことのない世界だった．こうした興味はその後，老いのテーマと融合させた議論にもつながり［後藤2009b］，新たなトピックの議論にもつながった［後藤2009c］（写真2）．

5 ┃ さまざまなフィールドから学ぶ

沖縄の離島以外にも，地元の行政調査（民俗調査のアルバイト）や長崎県対馬，福岡県篠栗町の真言宗寺院などでも調査を行なった．博士論文執筆を前に複数の調査地に出かけたのは，沖縄離島という限られた地域に関する議論として論じるのではなく，現代日本における老いをめぐる「超域的」な議論の可能性を探るという理由もある．だが，当初はこれも縁だと思って，あまり深く考えることもなくただ声がかかったのを機に始めただけだった．しかし結果的に自身の「老い」という問いを深めることになったと思う．なぜならそこで沖縄離島とはまた違った議論のきっかけを得たからである．そのため今では参加の機会を与えてもらったことにはとても感謝をしている．

たとえば，対馬の半農半漁の村は，大学院研究室の共同調査のフィールドであったため，調査に参加した．この地域にはかつて長男が結婚すると次三男以下を連れて，家の敷地内にある「ヨマ」と呼ばれる隠居屋に隠居する慣習があっ

88　第Ⅲ部　南島への旅立ち

た．調査当時は高齢化と少子化のため隠居せずとも「お年寄りと猫ばかり」の地域になっている一方で，「（ヨマに）隠居する」ことは，調査時点で人びとの話のなかで当たり前に使われていた．「長男が結婚しないから，早く隠居しないとね」と笑う80代の男性の話には，隠居慣習としてはとっくに形骸化しながらも「隠居する」という表現が生きていることに気付かされた．そこには慣習が日常生活にいまだ深く根ざしていた沖縄離島とはまた違ったお年寄りと慣習との向き合い方を見て取ることが出来た．

　また，福岡市のベッドタウンである福岡県篠栗町のある真言宗寺院の調査はもともと他大学の共同調査プロジェクトの一環で後輩と**年中行事**を調査した．そこで出会った人びとの多くは高齢の女性が多く彼女たちは家族や亡くなった夫のために祈禱寺院に足しげく通っていた．宗教に傾倒しているとは思われたくないため「家族には知らせずこっそり通っている」と語る70代の女性は，毎月の月例護摩供養で一心に願っていた．真言宗寺院という既成宗教と都市部で生活するお年寄りの関わりは，民俗宗教が根付いて既成宗教の影響をほとんど受けてはいない沖縄離島ではみられなかった事例であった．

　これらの調査を通して，それぞれお年寄りと慣習（対馬）や宗教（真言宗寺院）との関わりを具体的に考えるきっかけになった［後藤2008，2009a，2013］．

　高齢者向けの新たなサービスを検討していた地元の中小企業のマーケティング事業に参加したこともあった．利益を出さなくてはならないビジネス的なものの考え方は，いわゆる「学問」とは相いれない気もして悪戦苦闘したが，自分の研究がビジネスに関係することもあるのかと，それまでまったく考えたこともなかった学問の広がりも実感した［後藤2011b］．こうした経験から現在も，調査をしないかと声をかけられたら，なるべく参加するようにしており，その成果も出し続けている［後藤・田辺・谷2012，後藤2015，2018a，2018b］．

　とはいえ，これまでの私の研究で明らかにできたことは，ほんのわずかにすぎない．フィールドで長生きしている老人との会話を数え切れないほど重ねた今でも，長生きすることがまったく怖くなくなったわけではない．私が彼／彼女たちのように生きていけるのかも自信はない．私には確固たる地縁も血縁の基盤も，なにか確固たる信仰があるわけでもない．ただほんの少しだけ，「長生きもそんなに悪くないかもしれない」，そう思えるようになったのは，研究

という実践を続けているおかげなのだと思う.

　「私は長生きも怖いが，死も怖い．長生きを考えることは，結局生きることと死にゆくことを考えることにもつながっている．さて，皆さんの怖いものはなんだろうか．」

参考文献

後藤晴子［2007］「『切り取られた』記憶の所有――民俗学における『老人の経験知』の問題について――」関一敏（編）『共生社会学論叢Ⅱ「所有」』九州大学人間環境学府共生社会学講座.

―――［2008］「『法』と『慣習　のハザマで――民俗の総体としての隠居制度――』関一敏（編）『共生社会学論叢Ⅲ「慣習」』九州大学人間環境学府共生社会学講座.

―――［2009a］「生活実践としての仏教――高齢女性と寺院の親密性に関する一考察――」『宗教研究』360, 日本宗教学会.

―――［2009b］「老いと『宗教的なもの』に関する一考察――沖縄離島の事例から――」『沖縄文化』105.

―――［2009c］「民俗の思考法――『とわかっている, でもやはり』を端緒に――」『日本民俗学』第260号, 日本民俗学会.

―――［2011a］「老いの安寧と死の関わり」『九州人類学』第38号, 九州人類学研究会.

―――［2011b］「老年学と人類学――『高齢者事業』への参与から隣接他領域との関係を考える――」『九州人類学』第38号, 九州人類学研究会.

―――［2013］「第二の人生」民俗学事典編集委員会（編）『民俗学事典』丸善出版.

―――［2015］「行楽地――『私』の場合――」福岡市史編集委員会（編）『福岡市史民俗編2　ひとと人々』福岡市史編さん室.

―――［2017］『老いる経験の民族誌――南島で生きる〈トシヨリ〉の日常実践と物語――』九州大学出版会（2013年に九州大学に提出した博士論文を改稿した著作）.

―――［2018a］「組織と行事――『博多松ばやし』現況――」福岡市文化財課（編）『福岡市文化財叢書第六集　博多松ばやし調査報告書』福岡市（文化財課）.

―――［2018b］「戦後の松ばやし――復興と博多どんたく港まつりとの関わり――」福岡市文化財課（編）『福岡市文化財叢書第六集　博多松ばやし調査報告書』福岡市（文化財課）.

後藤晴子・田辺隆男・谷知子［2012］「起居往来」『福岡市史　民俗編1春夏秋冬・起居往来』福岡市史編さん室（福岡市内の小祠・モニュメント資料）.

90　第Ⅲ部　南島への旅立ち

コラム③　本の読みかた

　学部学生のときは，専攻する民俗学と文化人類学だけに限らず，興味が
あるものを数多く読んだ．大学院修士課程の夏休みの期間は大学図書館に
こもり，「エイジング」に関する20年分の和文・英文の学術論文をピック
アップしてリスト化し，順に読み，研究の概要を把握することに努めた．

　しかし，他大学の大学院博士課程に進学してみると，明らかに読書量が
不足していることを痛感した．大学院のゼミナールは，修士課程・博士課
程の大学院生，博士論文執筆中の先輩や，オーバードクター，研究生など
当時20人ほどのメンバーに加え，30人の学部生が所属しているという大所
帯で，調査実習などを通して，学部生との関わりも密接だった．

　こうした大所帯での議論に遅れず，ついていくために，哲学まで含めて
幅広く人文科学，社会科学の書籍を手に取るようになった．また単に内容
を理解し，整理するだけではまったく足りないことにも気づいた．私自身
の疑問点を解決する議論は，誰かがすでに書いているのではないか，私が
集めたデータは，どのように使え，分析することができるのかを考えて読
むようになった．

　学部生時代から愛読している書籍の1つに，宮本常一の『忘れられた日
本人』［宮本1960］という本がある．学部の頃は純粋に読み物としてその
内容を楽しむだけだったが，修士の頃は書かれている内容を整理して読む
ようになり，博士課程に進学してからは，聞き書きの手法や自分の事例と
の共通点や相違点を探るようになった．学部生時代には『先祖の話』［柳
田1946］や『遠野物語』［柳田1910］など一部の著作を除けば，文語調が
読みづらく面白さもほとんどわからなかった柳田國男の議論も，フィール
ドで見聞きした事例に引き付けて読み直すと興味深いキーワードやアイ
ディアが沢山含まれていることに気づいた．

　読書ノートもマメにつけるようになった．初めはノートに書き留めてい
たが，検索しやすいよう，ノートにまとめたものをパソコンでデータ化す
るようになった．私の方法は，書籍や論文ごとに分けて項目をつくる．気
になる文章は，後から検索できるようそのままコピーして，書名，出版社

名，出版年，著者名，ページ数を記す（それらを書き忘れて，論文作成時に慌てて書棚すべてを大捜索するはめになったことは何度もある）．そのうえで，自分の疑問点等も書き留めている．パソコンソフトは先輩から教えてもらった「紙」というソフトを主に使用している．論文を書く際，この読書メモは欠かせない．

後藤晴子

参考文献

宮本常一［1960］『忘れられた日本人』岩波書店（岩波文庫），1984年．

柳田国男［1910］『新版・遠野物語——付・遠野物語拾遺——』KADOKAWA（角川ソフィア文庫），2004年．

————［1946］『先祖の話』KADOKAWA（角川ソフィア文庫），2013年．

第 IV 部

信仰と実践

祭りをやりながら考えたこと
──フィードバックする現場と理論──

川 村 清 志

1 ▍ は じ め に

　最初の現地調査が**祭り**だった．その祭りと30年近く付き合うことになるとは，さすがに思いもしなかった．特に祭りが好きだからというわけではない．たまたま，大学のゼミナールで割り当てられたのが，祭りを調査する**年中行事**の班だった．実は，それだけのことである．

　しかし，長く調査を続けていると学生や新聞記者，周囲の研究者からも，同じような質問を受けることがある．そんなに長く関わるからには，何か特別な祭りなのですか？　他にはない珍しい行事や信仰があるのですか？　とても古い歴史や由緒を持っているのですか？　国の文化財にも，指定されているのでしょうね？

　ちなみに私が関わってきた祭りは，皆月日吉神社の山王祭という．石川県輪島市門前町の皆月という集落で，毎年8月10日，11日の2日間にかけて行なわれる．行事の中心は，村落内をめぐる曳山引きと神輿の行列である．特に10日の宵祭りの夜，船形の曳山に300近い提灯を点灯した姿や（写真1），4m近いタカヤマ（2層になっている曳山の上段）の最前部に白装束の**青年会**員たちが出張り，「ヤッサーヤッサー」と声をあげながら，曳山を揺らす場面が見せ場となっている（写真2）．

　もっとも能登の他の夏祭りと比べても，その規模ははるかに小さい．世帯数が150軒ほどの集落にしては立派な祭り，という程度である．歴史的にも文献で遡れる限りで200年ほどだろうか．指定や選択を含め国の文化財になっているわけでもない．多分，そういった表面上の特徴を列挙していっても，これほど長く調査をする理由は見あたらない気がする．では，なぜ，私はこんなにこ

写真1　宵祭りの夜，曳山に提灯を点灯した様子
出所）筆者撮影.

写真2　曳山の上であばれる青年会員
出所）筆者撮影.

の山王祭にこだわってしまったのだろうか．

2 ▎フィールドワークの始まり

　祭りの調査を始めた頃の楽しい記憶は，あまりない．1990（平成2）年，まだ学部生で，フィールドワークのイロハも知らなかった．研究室にあった（性能の割にあまりに重い）ビデオカメラを背負って，曳山の一行をひたすら追いかけた．
　曳山は，普通に歩けば1時間もかからないコースを，2日間かけて移動する．

それはなんともいえず，間延びした歩みに見えた．少し進んだかと思えば，あっ
という間に曳山は立ち往生する．若い衆がひとしきり，方向転換のために「オ
オテブリ」という道具を使う．再び曳山が動き出したかと思えば，10mもお
かずに，また止まる．お神酒の時間である．若い衆は当たり前のようにお神酒
をあおり，頭から浴びたり，浴びせたりしている．頭に白いものが目立つ男た
ちが，顔を真っ赤にして言い合いしたり，取っ組み合いになったりすることも
ある（写真2）．

　祭りが一段落し，神主や氏子総代といった人たち，あるいは青年会の会長に
もインタビューを行なった．ただ聞き取りからわかることは，調査前から予想
のつく答えが多い．そこから示される山王祭の姿は，これまでの研究で説明で
きることばかりだった．もしここで調査をやめていたなら，皆月の山王祭は，
全国に何百，何千とある祭りの一事例として，民俗学や人類学的な説明を添え
た報告で終わっていただろう．

　しかし，いくつかの偶然が重なって，私はまったく異なる祭りの景色を見る
ことになった．それは私自身が祭りに「参加」し，祭りを内側から眺めること
で見えてきた景色である．初めて祭りに参加したのは，1994（平成6）年だっ
た．調査を始めてから4年目のことである．白装束と呼ばれるワイシャツに白
のトレパン，そしてワラジにゲートル（脚絆ともいう）をはいた姿で曳山に加わっ
た．私は若い衆とともに曳山を引っ張り，お神酒を呷り，「タカヤマ」にあがっ
て暴れた．青年会員からは祭りへの断片的だが，力強い思いやこだわりが聞か
されることもあった．

　祭りの内側に立つことで，これまでの祭り研究の視点が，いかに表面的で一
面的な見方であったかがよくわかった．研究者の理論的な枠組みや解釈の多く
は，結局のところ，観察者の視点でまとめられたものにすぎない．たとえば研
究者は，祭りを論理的に把握するために，その熱狂的な場面と形式的な場面を
区分して理解しようとする．あるいは，各々の場面で中心的な役割を果たす者
が，世代や立場によって分けられている面を強調し，それらの関係を図式化し
たり，説明したりすることで満足している．

　しかし，祭りの中にいると行事の一つ一つに，さまざまな人が各々の思いで
のめり込んでいることが実感できる．外からは派手に見える場面も，それをお

98　第IV部　信仰と実践

膳立てするためにさまざまな工夫や仕掛けを行なう裏方がいる．怒号の応酬で行なわれるやりとりが，長年の経験と**知識**に基づいており，2〜3分の盛り上がりのために，その何十倍もの時間が費やされることもある．一見するとバラバラで矛盾するかのような行動や価値観が，祭りのさまざまな場面で共有されること，そのこと自体が大事なのではないだろうか．

　他方で，そのような面とは異なる側面も見えてきた．祭りに参加する人びとは，皆が同じ思いと同じテンションで参加しているわけではない．なかには祭りの熱狂から距離をおき，醒めた眼差しを送る者もいる．祭りの運営に文句をつけ，否定的な評価をくだす者もいる．人が集団として何かをする際に生じる軋轢や対立，あるいはその集団のなかでの個々の温度差さえ抱え込みながら，祭りは執行されている．

3 ▌祭り研究への違和感

　私が山王祭りの調査を始めた1990年代，日本の祭りや**祭礼研究**の中心は，**都市**部で行なわれる大規模な祭礼の研究［有末1983，米山1986，森田1990，和崎1996］を経て，**イベント**研究にシフトしつつあった［松平1990，日本生活学会（編）2000，中野2003，内田（編）2003］．

　イベント研究が注目するのは，行事に参加する個々人の意志や嗜好のあり方である．それまでの研究では，集団が運営する祭りにおいて，個人に目を向けることはほとんどなかった．たとえば民俗学では，なぜ，人は祭りを行なうのかという理由をカミへの信仰に求めた．言い換えれば信仰を同じくする集団が祭りを行なうというわけである．集団の中で個々人が何を信じているのか，本当は何を求めているのかといったことは問題にはならない．社会学や文化人類学における機能主義的な研究では，祭りは集団内の一体感（アイデンティティー）を高め，社会的な紐帯を維持するために執行されると考えられた．象徴主義や文化記号論的な研究でも，祭りを行なう背景に，集団が共有する宗教的な世界観を炙りだすことが目的とされていた．いずれの立場でも個人の意思や感情，動機が省みられることはなかった．

　しかし，本当にそうなのだろうか．実際に祭りを含めたさまざまな行事に参

加するのは，主体的な意志を持った個々人のはずである．祭りに参与する個々の行為者こそが，祭りを下から支え，場合によっては新たに創り出していくと捉えることもできる．そのような視点から参加者のふるまいに重きをおくのが，イベント研究に特徴的に見られる立場だった．この視点に立つ研究者の多くは，歴史的な背景を持たないイベントを対象とした．高知のよさこい祭りや東京で行なわれる阿波踊りなどのイベントは，伝統的な形式や権威の表象から脱し，個々人の自由な参加に対して開かれた解放の場所と考えられている［松平1990，内田（編）2003］．さらに研究者たちは，スポーツや盛り場へと「祭り研究」のフィールドを拡張していった［小松（編）1997］．

　さて，以上の研究史の流れからいえば，今さら，村落部の祭りを調査することにあまり意味はないといわれかねない．**過疎化**で消滅しつつある祭りより，経済的にも影響力のある発展途上のイベントを研究する方が，社会的な関心も引きやすいはずである．しかし，イベント研究に追随することにも，少なからず違和感があった．まだぼんやりではあったけれど，自分が経験した祭りの姿から，これまでの議論とは異なる側面が見えてくる気がした．

　祭りを行なう個々人に関心が向かうことは賛成する．確かに皆月の祭りでも，個々人が目立とうとする場面は見られた．とりわけ曳山の運行では，目立とうとするあまり，円滑な運行を妨げる若い衆の姿があった．けれども，祭り全体としては，一定の形式にのっとり，定められたルールで行事が反復的に行なわれている．ある立場や世代の者が逸脱し，別の立場や世代の者がルールを遵守する，とも限らない．むしろ興味深かったのは，先ほどまで曳山の上で暴れていた若い衆が，次の瞬間には，進んでその運行に協力していたことである．社会的な役割を遵守する側面と，個人的なふるまいを重視する側面が，1つの祭りの中だけでなく，1人の個人の中にさえ同居していたのである．こういった特質をうまく捉えることはできないのだろうか．

　私はその答えを求めて，調査地では祭りの当日以外にも注意を払うようになっていった．そこで出会ったのが，祭りの1週間前から始まる準備期間で活躍する子どもたちだった．彼らとの出会いを通じて，私は祭りで感じたいくつかの疑問に対する自分なりの答えが見つかる気がし始めていた．

4 ┃ 祭りの子どもたち

　……そう，そこをもっとぴんと張って，あっ，切れないように気をつけてください．そうです．で，そこから川村さん，これまで回していたのとは反対に「バチ」を回してください．あっ，反対，反対，そう，そっちですわ．で，ひたすらぐるぐる，あっ，だけど，同じペースで，時々，紐を軽く引っ張りながらまわしてください．でないと「ダマ」ができて，後で引っ張った時に「ヌイゴ」(紐のこと) が切れるので……．

　約20年前の映像からは，当時の「タイショウ」の声が聞こえてくる．「1998年8月5日〜8日，皆月山王祭準備」と8ミリビデオのテープの帯に記されている．その前日の8月4日から，小学4年生から中学3年生までの皆月の男子たちは，日吉神社の境内に集合する．特に中学3年生はタイショウと呼ばれ，子どもたちを指揮して準備を進める立場にある．青年会員を含めた大人たちが顔を見せることもあるが，彼らが指導することはほとんどない．

　作業の手順は子どもたちが前年を思い出しながら，お互いに意見を出して決めていた．私が教えてもらったのは，祭りで使う「ミツナワ」を編む作業の工程である (写真3)．ミツナワは長さが1m半程で，曳山の「ヒヨコダシ」という木製の飾り板を本体と結びつけるときに用いる．ミツナワを作るためには，まず市販の7mmの紐を一定の長さに切りそろえる．次に2つ折りにした紐をぐるぐると巻いてから，もう一度，2つ折りにする．二重にした紐をさらに巻き込むことで強度をあげる．太くなった紐を3本揃えて，3つ編みにしていき，両端を結べばミツナワのできあがりである．

　「言うに易し，するに難し」である．実際，私はタイショウに教えられても，ダマを作ってしまい，試しに紐を引っ張ってみたところ，見事に紐は2つに引きちぎれてしまった．

　それでも子どもたちの作業に参与することで，たくさんのことがわかってきた．彼らは年齢に応じて段階的に作業内容を習得していく．最初は単純で無難な作業から始まり，徐々に複雑で技能が必要な作業を覚えていく．だから，小

写真3　ミツナワ
出所）筆者撮影．

学4，5年生に任される仕事は限られている．私が学んでいたミツナワの「モト」を結う工程は，その1つである．他にも提灯の砂入れと修繕，「ヤマ」に飾る申子（さるこ）の点検，吹き流しや「ハタ」の竹への結びつけなどがある．小学6年から中学生になると，刃物を使った作業や少し技能を必要とする作業を担当する．「オリナワ」の切りそろえ，竹の枝切りなど，鎌やナタ，ノコギリを使った作業の他，ミツナワの仕上げ，「ナットウ」と呼ばれる縄を巻く過程も，先輩の作業を見よう見まねで覚える．

　刃物を用いる作業の1つに竹の枝きりがある．この作業は8月9日の午前から始まる．まず，境内に持ち込まれた100本以上の竹の選別を行なう．葉振りの良し悪しや幹の大小を基準に分け，飾りに使えない葉が落ちた竹や途中で曲がった竹も判別する．竹はヤマでの飾り方で「ダシダケ」と「ハタダケ」に分けられる．

　ハタダケは，「タカヤマ」の両側にまっすぐに立てて飾るタケである．ハタダケは最初にタケの先を切り落とす．地域では，枝を落とすことを「ハツル」という．先をハツったうえで根元を揃えてノコギリで切り落とす．さらに，下

第IV部　信仰と実践

枝の3節から4節をナタで切り落としていく．枝の下側にナタで切れ目を入れ，次に枝の上から幹に沿って，ナタの背で叩くと綺麗に落とせる．ダシダケは幹が太く，葉振りの良い竹が選ばれる．飾りつけの際に，タカヤマの前後に斜めに据えるタケである．ダシダケは枝先を切り落とさない．太さが一目瞭然のものはよいが，なかには判断に迷う竹もある．そんなとき子どもたちは竹の下部を握り，その感触でダシダケかハタダケかを決める．ときには倒していた竹を起こし，その全体的な重量感から判断することもあった．このようにタケを切り揃える作業でも，彼らは自分たちの身体的な感覚と経験的な知識を共有することで作業をこなしていく．

　子どもたちの準備の中で最大のイベントは，曳山を組み立てる「ヤマタテ」の作業である．タイショウを中心としたヤマタテの作業には，準備作業の重要な要素がすべて詰め込まれている．ただしその説明をするための誌面は残されていないので，私がこれまでにまとめた「祭りの習得と実践——子どもによる準備過程を中心に——」［川村2010］や『輪島市皆月日吉神社山王祭フォトエスノグラフィー　準備編』［川村・倉本（編）2018］を参照してもらいたい．

　準備期間に学ぶことは，祭りの知識や技能だけではない．子どもたちが祭りの楽しみ方を学ぶ場でもあることがわかってきた．彼らが準備で気合を入れるときには，しばしば「エイヤーエイヤー」と曳山を引く掛け声を用いる．倉庫の中のお神酒が発酵した匂いで，「おお，祭りの匂いやわいね」と興奮する中学生もいた．また，準備期間中の午後5時から子どもたちは，「バンナラシ」といって小太鼓と鉦を叩きながら祭りのルートを1周する．祭り当日の曳山で若い衆がタカヤマであばれる場所では，太鼓のリズムも臨場感のある早打ちになる．

　他方でこの境内を中心とする準備の場は，子ども集団にとっての選別の場にもなっていた．1週間にわたる準備期間で，積極的に参加する者とそうでない者がどうしても出てくる．参加の度合いが少ないと，作業の手順や知識が周りよりも疎かになり，人間関係も怪しくなる．この時期を共有できないと，祭り当日のさまざまな作業からも取り残されることが多くなる．集団の無言の圧力が働く場合もあれば，本人に技能や知識が不足していることもあるからである．このような立場の子どもは結果的に祭りからも距離を置くことが多い．祭りの

準備の場に，集団の中での選別と排除に向かう可能性も有していると言える．

　このような身体を通して祭りの技能を習得する過程を対象化するためには，祭りやイベントに関する研究を追いかけていても，新たな見通しは得られない．文化と社会を広い視野から捉え直す必要があった．そうやってたどりついたのが，ハビトゥスと実践共同体についての理論である．

5 ｜ ハビトゥスと実践共同体

　フランスの社会学者，ピエール＝ブルデューは，「ハビトゥス」という概念を提唱する［Bourdieu, P 1980］．本来は「性質」や「習慣」を意味するラテン語である．ハビトゥスは，人間の文化的な実践には，当事者が自由で主体的に振る舞う面と，形式やルールにのっとって行動する面の両面があることを示している．文化的な実践とそれを統べるルールは別々に存在するのではなく，まるでコインの裏表のように分かちがたく結びついている．

　もっとも身近な事例で言えば「言葉」がある．すべての言葉にはそれを用いる際の諸々のルール，つまり，文法が決まっている．私たちは文法に従って会話し，文章を記している．もっとも，母語として用いる言葉について，文法をいちいち考えながら話す人はいない．私たちは文法を意識しないけれど，それらに従っている．他方で私たちは文法に従いながらも，日々，自分たちが話したいことについて話し，書きたいことについて書く．そのことは友人たちとの会話やチャットを思い浮かべれば十分だろう．言葉を用いるということは，社会的に決められたルールに従うと同時に，その枠組みのなかで自由な振る舞いが営まれるということなのである．

　私たちが幼い頃から学習し，身につけるのは言葉だけではない．箸の持ち方から野球の仕方，携帯の使い方から車の運転まで，自らが属する文化全般を身につけなければならない．この「身につける」ということがポイントである．文化を身につけるとは，自らの身体を通じてさまざまなルールを習得し，それらを駆使して主体的に振る舞うことを意味する．

　このハビトゥスが，各々の文化において習得される過程を捉え直そうとしたときに参照されるのが，「実践共同体」という概念である．アメリカの心理学

者のジーン・レイブと人類学者のウェンガーは，伝統的な社会に見られる徒弟
制のモデルから，この概念を析出する．徒弟制度にはマニュアルや教科書はな
い．弟子入りした徒弟は親方や兄弟子の行なう作業を見ながら，徐々に学んで
いく．彼らはあまり知識や経験を必要としない，周辺的な単純作業から出発す
る．そこで共同体に暗黙のうちに共有されている知識や情報を，状況に合わせ
た自らの実践を通して獲得していき，徐々に共同体の中心的な位置に移行して
いく [Lave, J・Wenger, E 1991]．ここでいう状況とは，共同体を構成する人間
だけではない．徒弟が手にとって使い方を学ぶ道具や，その道具によって加工
される素材など，彼らを取り巻くさまざまな環境のすべてが含まれる．このよ
うな学習の習得を基盤として，技能に長けた熟練者とさまざまな段階の学習者
によって構成された集団が「実践共同体」である．

　文化人類学者の田辺繁治は，「実践共同体」の議論を「行為者の相互行為か
ら組み立てられたモデル」[田辺2003：104] と捉える．田辺は「ハビトゥスの概
念では，行為者がモノや言葉をいかに操作しながら実践をうみだすかという，
いわば能動的な関係は説明はされない」[田辺2003：119] と述べ，その内実が明
らかにされないハビトゥス概念を補完するものとして，実践共同体論を提示し
ている．また，祭りに近い分野としてさまざまな**民俗芸能**の習得過程を，実践
共同体論を用いて検証する議論も行なわれている [福島（編）1995]．

　ハビトゥスや実践共同体についての説明を見てもらえば，祭りの中で感じた
疑問についても，ほぼ見通しがついてくるのではないだろうか．そもそも，私
が祭りの現場で問い直したかったこととは，なぜ人びとが祭りに熱中し，興奮
する一方で，各々の立場を守り，祭りの運営を遵守できるのか，ということだっ
た．皆が同じ信仰を持っているわけではないし，地域社会の紐帯を確認し，秩
序を守っているわけでもない．しかし，その一方で，皆が勝手気ままに振る舞っ
ているわけではない．全員ではないにせよ，祭りに参加する人たちの多くは，
自分の立場や役割を自覚し，それぞれの持ち場や状況に応じて行動している．

　実は，子どもたちの準備期間こそが，そのような自覚を促し，知識や技能を
習得する場所だったのではないか，というのが，私がこれまでの論文で示した
仮説である．

　準備期間は，子どもたちが自分の身体を駆使して，時には危険を伴う道具を

用いて，さまざまな作業を学び，実践し，やがて教える立場に成長する場である．1年に1度という制約もあるため，忘れてしまった技能や知識は，その都度，試行錯誤しながら思い出していく．実際，私が注目したのは，彼らがしばしば失敗を重ねるということだった．何度も作業をやり直し，お互いの仕事に文句を言いながら，彼らは自主的に学んでいく．むしろ，失敗することで彼らは創意を凝らし，自分たちならではのやり方を習得していくこともあった．先に示したミツナワのモトを作る際の工夫は，その1つである．子どもたちは，モトに捻りを入れる行程で，壊れた提灯の底の板を用いる．板の真ん中にキリで穴を開け，そこに紐を通し，さらに拝殿に置かれている太鼓のバチに固定する．そうすると片方の手で板を持ち，片方でバチを回していくと，能率的に紐をねじることができる．これは私が調査を行なった年の数年前から始められたという．それ以前の世代は，地道に手でねじりを入れていたとのことである．

　すでに記したように子どもの作業に基本的に大人はかかわらない．しかし，足りなくなった道具類や必要な材料の調達の際には，タイショウが青年会（皆月出身の高校生から37歳までの男子が加入する）の役員と相談することもあった．お金のかかることや青年会との連携が必要な作業がそこで話し合われる．祭りの運営の一環として準備作業を行なっていることを，タイショウたちも自覚することになる．祭りの準備は，切り離されているように見えて，個々の実践を通して人と人，集団と集団を結びつけている．

　さらに重要な結節点として，彼らが準備によって作り出す祭りに関わる「モノ」の存在がある．準備過程で作られたり，補修されたりするさまざまなモノは，当然のことだが，祭り当日に多くの人たちに共有される．言い換えれば，作業によって作られたモノを通じて，人びとは緩やかな絆で結びついている．たとえば先のミツナワは，ヒヨコダシという部材を曳山の柱に括りつけるために用いられる．このヒヨコダシは，若い衆がタカヤマの上で暴れる際には，相撲の土俵のような役割を果たしている．瞬間的にではあれ，複数の人間の体重を支える強度が，このミツナワに求められる．そんな重要なパーツを作ることの意味を，彼らは歳を重ね，祭りに参加していくなかで体感していくわけである（写真4）．

　さて，こうやって書いていくと，いいことずくめのように思われるかもしれ

写真4　曳山に取りつけられるヒヨコダシ
出所）筆者撮影.

ないが，残念ながらそういうわけにはいかない．すでに述べたように，祭りの準備の場では，諍いや喧嘩も起きるし，結果的に準備に来ない子どもも出てくる．同世代の集まりであるため，集団内で一度生じた葛藤や軋轢は是正されにくい．このような経験が，祭りの中の温度差や距離感となり，祭りの存続を考えるときに陰を落としている側面も否定できない．むしろ，私が祭りの内側に入った時に感じた温度差の遠因は，このような参加の過程，つまり，共同体としての祭り集団への参入のあり方のズレとして理解できると考えている．このことは，現実の祭りが抱える課題であるとともに，実践共同体論が示す熟練者への過程についてのモデルの限界を示すものでもある．それらは，現実をより包括的に捉えうる理論的な視座を構築する手がかりとなるかもしれない．

　子どもたちの準備作業についての調査は，私が祭りを通じて疑問に感じていたことを捉え直す機会を与えるだけでなく，研究史の流れを踏まえた議論も可能にしてくれたと言えるだろう．

6 ┃ おわりに

　最初に記したように祭りの調査を始めて30年近くになる．本当にそんなに長期にわたる調査が必要だったのだろうか．

確かに私が祭りに参加するのを認めてもらうまでにはかなりの時間がかかった．祭りの準備過程では，実際に作業の一つ一つを経験し，習得する必要があった．習得する内容が，必ずしも固定的なものではなく，状況に合わせて変化しうることも，長い時間かけて調査してきたから，理解することができた．ここでは紹介できなかったが，青年会や地域の大人たちが分担する祭りの準備作業についても少しずつ習得していった．これらの作業を経て改めて祭りに参加することで，祭りの状況ごとに行なわれる営みやそこで交わされる言葉の意味をより深く知ることができた．祭りの現場と理論的な作業の往還を繰り返すためにはどうしても多くの歳月が必要だったのだ．

　などと，もっともらしい理由をあげてみたが，正直にいってしまおう．私は，多分，この祭り，他のどれでもなくこの山王祭が，とんでもなく好きになってしまったのだ．もともと共同体の外にいた私は，祭の準備から携わることで山王祭の周辺から参加し，祭りの見せ場に加わり，青年会の役員の手伝いまでさせてもらった．まさに実践共同体論が示すような過程で，山王祭のハビトゥスを学んできたと言える．

　同時に準備期間で出会った子どもたちが祭りに参加し，徐々にその中心的な役割を担っていく姿が眩しくて，頼もしくて，少し羨ましくもあった．彼らの多くは，今，祭りを支える青年会の役員に名を連ねている．彼らが成長し，祭りの中で年齢ごとに異なったふるまいをみせる様子をつぶさに見ることができた．祭りの場だけではない．彼らの多くは結婚し，子どもたちに恵まれ，**家族**を育んでいる．各々のライフコースを辿りつつ，祭りの今を語ることは，現在の地域社会における「青年」の立場を考える重要なヒントを与えてくれる．彼らが祭りを存続させるために奮闘する姿は，ドキュメンタリー映像として記録することもできた．その成果は2017（平成29）年に発表した『明日に向かって曳け──輪島市皆月山王祭の現在──』［川村2017］に結実している．それは祭りにとどまらず，過疎化と**高齢化**に直面している日本の地域社会を捉えなおす試金石になるかもしれない．

　まあ，あまり大風呂敷を広げないほうがいいだろう．ただ私と祭りを含めた地域社会との関わり方は，彼らとの協働作業という側面を強くしていることは間違いない．民俗文化の継承と再創造に向けた応用的な取り組みは，私自身の

研究者としての立場や視点をさらに新しくしてくれるものかもしれない．いや，多分，そうならざるを得ないだろう．今までも，そして，これからも．

　最後に1つ，これは問いかけというより自分自身へのつぶやきを記しておきたい．残念ながらここで紹介した山王祭を含めて，日本の民俗文化の多くは，衰亡の瀬戸際にある．そのような文化が持続し，継承されるために民俗学は，どのような実践を試みるべきだろうか，その方途を模索するためには，どのような研究分野と協力し，連携していくべきだろうか．それとも民俗学は，あくまで冷静に文化の終焉を観察しているべきなのだろうか．

参考文献

有末賢［1983］「都市祭礼の重層的構造──佃・月島の祭祀組織の事例研究──」『社会学評論』第33巻4号.

内田忠賢（編）［2003］『よさこい／YOSAKOI学リーディングス』開成出版.

川村清志［2010］「祭りの習得と実践──子どもによる準備過程を中心に──」『比較文化論叢：札幌大学文化学部紀要』第25号.

川村清志（監督）［2017］『明日に向かって曳け──石川県輪島市皆月山王祭の現在──』国立歴史民俗博物館，民俗研究映像.

川村清志・倉本啓之［2018］『輪島市皆月日吉神社山王祭フォトエスノグラフィー　準備編』国立歴史民俗博物館.

小松和彦（編）［1997］『祭りとイベント』小学館.

田辺繁治［2003］『生き方の人類学──実践とは何か──』講談社.

中野紀和［2003］「民俗学におけるライフヒストリーの課題と意義」『日本民俗学』第234号，日本民俗学会.

日本生活学会（編）［2000］『祝祭の100年』ドメス出版.

福島正人（編）［1995］『身体の構築学──社会的学習過程としての身体技法──』ひつじ書房.

松平誠［1983］『祭りの文化──都市がつくる生活文化の形──』有斐閣.

───［1990］『都市祝祭の社会学』有斐閣.

森田三郎［1990］『祭りの文化人類学』世界思想社.

米山俊直［1986］『都市と祭りの文化人類学』河出書房新社.

和崎春日［1996］『左文字の都市人類学的研究──左大文字を中心として──』刀水書房

Pierre, Bourdieu［1980］*Le sens pratique*, Pavis：Éditious de Minuit（『実践感覚1』今村仁司，港道隆訳，みすず書房，1988年）.

Jean Lave, Etienne Wenger [1991] *Situated learning : legitimate peripheral participation*, Cambridge Universtity Press（『状況に埋め込まれた学習——正統的周辺参加——』佐伯胖訳，産業図書，1993年）.

「音」の文化を探る
——山伏に「なった」音楽学者——

大内　典

1 ▌はじめに

　「音」は，文字どおりつかみどころがない．しかし，どの文化集団にあって
も，「音」は大切な文化の構成要素である．私たちが発する声は，「ことば」と
なって意味を伝えるだけでなく，強弱，抑揚，色合いなどその響きの表情自体
が，情報を運ぶ．音の組み合わせで何らかの意味を伝える技法（時を告げる鐘，
モールス信号，軍隊の太鼓やラッパ音，サイレン，横断歩道の信号音など）も使われてき
た．王国の長い歴史を，一切文字を使わず太鼓の音だけで伝えてきたアフリカ
のモシ族のような例もある［川田1976］．そして人間あるところ，歌や楽器が生
まれ，美的に感情をゆさぶる「音楽」が育まれた．だが，音は私たちのもとに
とどまらない．言語的意味や感情のざわめきを残し，消え去ってしまう．

　このつかみどころのない「音」の文化を，ときにはフィールドワークによっ
て，ときには難解な仏教経典や理論書，歴史資料の読み込みによって，ものに
よっては音楽学的分析も加え，さらに文化研究や宗教学の理論的枠組みをも踏
まえながら解読する．それが，私が取り組んでいる研究である．「複領域的」
アプローチといえばかっこいいが，どこにも収まりきれない居心地の悪さが常
にある．でも，仕方がない．対象がそれを私に求めてくるのだから．

　研究テーマをもう少し具体的にいえば，日本の宗教文化，宗教儀礼における
「声」や「音」の具体像と意味を探ること．なんとも地味で，文字通り抹香臭
い．なぜこんなところにはまり込んだのか．目の前にある選択を重ねていたら，
いつのまにかたどり着いていた，というしかない．実は，大学（女子大学！）で
はピアノ実技を専攻していた．私が生まれ育ったのは東北の田舎町である．音
楽を専門的に学ぶとしたら，西洋音楽の実技を学ぶ以外に思いつかなかった．

112　第Ⅳ部　信仰と実践

ところが，大学で「音楽」を「文化」として「研究」するという領域に出会う．音楽史，民族音楽学，音楽社会学，音楽美学などなど．もともと，ものを考えることが好きだった．自分がとり組みたいのは演奏ではなく，音楽を「研究」することだったのだと気づいた．しかも，いわゆる「クラシック音楽」ではない領域の音楽．音楽から未知の文化を探る．なんとわくわくする作業だろう．しかし，それは夢のまた夢，と封印し，公立中学校の音楽教諭になった．が，どうしても違和感がつきまとう．教育現場で扱う「音楽」は，基本的に西洋芸術音楽をベースにしている．私が教えたい，教えるべき「音楽」はこれなのだろうか？　「音楽」って何なのだろうか？　そんな問い，答えなど簡単にでるわけがない．しかし，まだ若く，不器用でもあった私は，教壇に立ちながらその問いに向きあう，という方法をとれなかった．2年で教壇を去り，「音楽学」に専攻を変えて，大学院へ進学することにした．ただし，時間的にも経済的にも余裕はない．修士課程で「研究」なるものの基礎を習得したら，研究はライフラークとして取り組もう，という算段だった．出身地宮城県北部に伝わる修験芸能の一種「法印神楽」をテーマにしたのは，本当のところ，フィールドワークがしやすくて，ライフワークにも繋がりそう，という極めて現実的な理由からだった．堅実な選択をしたつもりだった．このときには．

2 ▎音楽学から宗教文化研究へ

　人生，どこでどう転ぶかわからない．私が大学院で指導を受けることになったのは，当時気鋭のJ. S. バッハ研究者として活躍されていたI先生だった．受験する時点では，民族音楽学の教授が在籍されていて，その方の下で勉強するつもりだった．ところが，私が入学するのと入れ違いに，他大学へ移籍されてしまったのだ．バッハ研究者，西洋美学研究者と法印神楽！　なんというミスマッチだろう．当然のことながら，フィールドワークの手法や民俗芸能についての基礎知識は，自力でなんとか獲得しなければならなかった．日本における民族音楽学の草分け的存在であった小泉文夫氏のゼミナールで受け継がれて来たフィールドワークのための覚え書きのようなものを人づてに入手し，採譜（演奏された音楽を楽譜に書き起こすこと）の原則やら，録音テープ（1980年代はまだ

「音」の文化を探る　113

カセットテープの時代だった）の冒頭には音叉で基準音を入れておく，録音前に録音日，録音対象についての情報などを吹き込んでおく，など，イロハ以前のことから身につけていった．その一方で民俗芸能関係の基本書を片っ端から読んだ．芸能に詳しい郷土史家の方のところへも飛び込んだ．あとは現場．ひたすら神楽を見てまわり，伝承団体のおじさんたちから話を伺った．今考えると，素人がいきなり素潜りしているようなもの．よくぞ溺れなかったと空恐ろしくなる．

八方破れもいいところのフィールドワーカー・デビューだったが，他方で，「民俗芸能研究」あるいは「民族音楽誌的研究」の常道にとらわれる必要がなかったことはプラスにも働いた．当時，Ｉ先生が関心をもたれていたバッハの作曲技法における数象徴の利用（作品と関連するキリスト教学上意味のある数字を音符の数や繰り返しの回数に使う）とか，バッハ研究に欠かせない教学研究の視点など，民俗芸能研究では思いもよらないような切り口を知り得た．そのような視座をももちながら法印神楽の囃子を分析してみると，これが実に面白い．音楽的には単純で，いくつかの旋律型やリズム型を繰り返す，民俗音楽によくある様式である．音楽だけみていれば，どうというところはない．ところが，伝書に現れる「教義」らしき記述，**祭礼**全体の宗教的機能と囃子との関係などを視野にいれてみると，ことはそう単純ではないと思えてきた．繰り返しの回数になにやら教義的意味をかぶせたり，旋律型を登場人物と結びつけ，それをさらに祭礼全体の中で機能させたり，思いのほか手が込んだ**構造**が現れてきたのである．

こうして修士論文を書き上げたとき，私は，「音楽」という音の構築物を，文化的バックグラウンドとともに分析考察する研究の面白さと，法印神楽の背後にある宗教文化そのものに捉えられていた．東北の片田舎で**伝承**されて来た芸能に，なぜこのような技が織り込まれたのだろう？「法印」とは修験者．もしかしたら「修験」の文化には，「音」を扱う特別な技があったのではないだろうか．「修験道」という未知の世界が手招きしていた．

3 ▎峰入り行の音を探る

　修験者は別名「山伏」ともいわれる．山に籠って修行するから「山伏」．「峰入り」と称される山中修行で特別な力＝験を身につけ，加持祈祷に代表されるさまざまな宗教活動を行なう．身につけた「験」を効果的にアピールする手段として，芸能に携わることもあった［神田1984］．「**山伏神楽**」と総称される神楽はその典型であり，法印神楽は山伏神楽の一種である．

　修験道の核になるのは，山中での修行，いわゆる「峰入り行」である．先行研究は口を揃えて，中世に各地の霊山で体系化された峰入り行の古い形態を残し，しかも「音」がその行のしくみに深く組み込まれているのは，羽黒修験が伝える「秋の峰」だと告げていた［宮家1985, Earhart, H. B. 1970］．定石どおり，ツテをたどって羽黒山修験本宗へ問い合わせると，一修行者として参加するのであれば，という回答がきた．つまり，傍観者としての随行調査は認められない．知りたいのであれば，完全なる参加をせよ，とのことだ．かくして私は，羽黒山の奥に籠り出羽三山を巡りながら仏としての生まれ変わりをめざす，「秋の峰」行の参与調査に飛び込んだ．

　1989（平成元）年8月24日．少し秋の気配がまじりはするものの，山形県の日本海側，庄内地方はまだまだ暑い．中世以来，西の熊野と肩を並べた羽黒修験の文化を受け継ぐ羽黒町手向．集落の中ほどに位置する羽黒山修験本宗の総本山荒澤寺正善院に着くと，異様な空気に気おされた．眼光鋭く体格のよい男性たち，その中に混じるいわくありげな佇まいの女性たち．100人を超える行者の集団が，名状しがたいオーラを放つ．「場違いなところに来てしまった……」羽黒修験の峰入り修行「秋の峰」の調査は，教科書どおりのカルチャーショックで始まった．

　「秋の峰」は「擬死再生」の儀礼とも言われる．A. V. ジェネップがいうところの典型的な「**通過儀礼**」である［Van Gennep, A. 1909］．山へ入る前に自らの葬式をして儀礼的な「死」を迎え，胎児として母胎とみなされる山に籠る．胎児となった行者は山中＝母胎のなかで育ち，仏に等しい身に生まれ変わって山を出る．その基盤にあるのは，山に対する原初的な信仰であり自然界と共鳴

するアニミズム的感覚である．行法には道教や陰陽道的な要素も取り入れられているが，「生まれ変わり」の理論づけには，主として仏教教義が援用されている．地獄から仏の世界まですべて自分自身の中にあるという「十界思想」を，身体感覚を通して体得していく．飲み水以外の水を断ち，風呂はおろか歯も磨かない「水断ち」．これは畜生の世界を味わうこと．「断食」は餓鬼の世界．刺激性の煙で燻され，呼吸できないくらい咳き込む苦しさを体験する「南蛮いぶし」は地獄の行など，十界のうちの六道になぞらえた苦行に加えて，**五体投地**を小一時間も繰り返す礼拝行．夜中の勤行による極端な睡眠不足．その状態での山駆け．こうした心身の負荷を通じてたどり着く心身の変容を，密教の用語を当てて「即身成仏」（生身のままで仏に等しい存在であること）を感得したものと意味づけている．なるほどよく仕組まれている．文化人類学，宗教学，民俗学などさまざまな領域の国内外の研究者が注目したわけである．

　「秋の峰」行は，ねらいどおり，「音」と「声」がつくる儀礼といってもよいものだった．音響がもたらすインパクトは，先行研究から仕入れていた文字での知識など一気に色あせる勢いで，心身に迫ってきた．ところが，フィールドワークの鉄則である「その日のうちにノートをまとめる！」も，「録音冒頭にクレジットを入れる」も，無理だった．いつなにが起きるかわからない．とりわけ，音や声が重要な役割をはたす勤行は，夜，突然法螺の音で叩き起こされて始まる．昼も夜もないカオスに放り込まれたような中を，新米行者としてヨタヨタついていくだけで精一杯．調査どころではない．ついには，疲労も極まった終盤近く，山駆けで転倒し，痛恨の肉離れを起こすという失態に至る．痛みと情けなさとショックで茫然自失の私を，先達のひとりが山伏の七つ道具の１つ「貝の緒」で自分の背中にくくりつけ，軽々と山を降りてくれた．参与調査は撃沈．しかし，この情けない自損事故のおかげで，周りの行者とも，行のリーダーである先達衆とも，一気に距離が縮まった．「通過儀礼は，ともに儀礼を経験する者同士に強い連帯感，仲間意識をもたせる」という理論を地で行く展開だった．

　こうして，フィールドワークとしてはお粗末な結果となった初めての「秋の峰」行だったが，日常世界での立場や約束事が帳消しにされたカオスの中を漂い，断食や極端な睡眠不足などによって身体が空っぽになるような体験を経て

写真1　修験装束の筆者
出所)「秋の峰」行にて撮影.

至った解放感と，それを可能にする文化的装置を生み出し継承してきた調査対象への深い共感は，大きな手応えとして残った．修験道という文化の基盤にあるものを自らの心身で体感し，その上で一段深い興味を抱くに至ったことは，振り返ってみれば，すぐに使える情報を集めることよりもずっと大切な一歩になったかもしれない．

4 ▌音を読みとく

その年から，私の峰入りは，十数年続くことになる．回を重ねるにつれ，フィールドでの情報も要領よく集められるようになっていった．修験道の峰入り修行には，山々を縦走するタイプと，山駈けもするが一か所に籠ることをより重視するタイプとがある．前者の典型は熊野・吉野を駆ける大峰行であり，羽黒修験の「秋の峰」は後者の典型である．夜2回行なわれる勤行が，「その身のままで成仏する行」を教理的に説明する上でも，行者が実感する体験上でも重きをなす．勤行は，天台宗から取り入れた『法華懺法(ほっけせんぼう)』と『例時作法(れいじさほう)』を中心に行なわれる．前者は，六根(ろっこん)（人間が外界の事象を受け止める六種——眼耳鼻舌身意——の器官）をもつがゆえに煩悩が働き，その結果重ねてきた罪を『法華経』の功徳によって浄化することを説く．後者は，罪を滅した上で，阿弥陀仏の浄土へ成仏することを願う．これらには独特な節回しがつく．天台流の「声明(しょうみょう)」（旋律をつけて音楽的に唱えられる経典読誦）がベースになっているが，羽黒独自の節回しに変容している．さらに，天台宗のオリジナルにはない羽黒固有の歌謡的な讃も加えられている．

この勤行に，さまざまな音響が伴う．独自の法具を使ったり，籠っている堂の戸や羽目板を打ったり，山の椿を爆ぜ(は)させたりして，多彩な音が生み出され

「音」の文化を探る　117

る．規則的な音響もあるし，まったく不規則なものもある．おだやかな音もあれば，飛び上がりそうになるくらい暴力的な音もある．儀礼の進行と照らし合わせてみると，どうやら意図的に使い分けられているように思われた．唱えられる経典も，儀礼の進行につれて変わる．「秋の峰」が参加者にもたらす「生まれ変わり」の経験には，音を聞くことによる効果，経文や唱えごとを声にする効果が大きく関わっているに違いない．そう確信したものの，手にした材料をどうやって分析し，考察を加え，論をたてていったものか．儀礼の中に組み込まれた音は，「音楽」として音楽学的な分析を加えられるタイプのものではない．読経には節がついている部分もあるから，それを採譜（五線譜などに書き取ること）して，音の組み立て方の仕組みを分析することはできる．だがそこから先へ進まない．私がちょうどこの難題に向き合っていた頃，「お水取り」で知られる東大寺修二会の儀礼実践そのものを徹底的に記録調査するプロジェクトが，東京文化財研究所芸能部によって進められていた．緻密な調査結果は逐次刊行されていたが，私が求める「修行者の体験に働きかけ，儀礼の目的遂行に関わる音の分析」の手がかりはなかった．そこで，現場で得られるものを，丁寧にたどってみることにした．

　いくつかの音響については口伝があった．たとえば，勤行中に籠もり堂の戸や羽目板が外から激しく打たれるのは「精義（しらべ）」といい，まだ弱々しく消え入りそうな胎児の魂を揺り動かすのだという．白膠木の枝で壇板を打つ「床散杖（とこさんじょう）」

写真2　小打木（こうちぎ）．浄化の儀礼に用いる法具
出所）関守ゲイノー氏提供．

写真3　床散杖(とこさんじょう)

出所）関守ゲイノー氏提供.

は，胎児の呼吸を整え，母胎を魔障から護る作法といわれる．そういった口伝をつき合わせてみると，儀礼的な音の使われ方に規則性があることに気づいた．音は，浄化や魂を鎮める目的で使われるものと，弱った生命力を揺り動かしたり魔障をふり払ったりする力を認められているものの二種に大別できる．そして，前者には一定の規則性をもった穏やかな音質の音が使われ，後者には不規則な乱打音や破裂音が使われている．さらに，前者は先達が特別な法具で出し，後者は行中の世話役が手近な枝などを使って発している．儀礼の進行につれて，鳴らされる音が変わり，それが勤行の場に異なった色合いを与えてゆく．峰入りした修行者が，浄化されながら胎児として育っていくことをリアルに体感させるものとして，儀礼的な音が巧みに使われているのである．音と儀礼構造との関わりを読み解くヒントがみえてきた．しかし，ゴールはここではない．文化理論や美学・哲学的分析が，このような現象の奥にあるものまで導いてくれ

た.

　歴史をたどると，儀礼が進むにつれて音響の変化によって勤行の場の雰囲気が塗り替えられていくような精緻な工夫は，明治時代以降に整えられたものであることがわかった．それ以前は，山中で籠る宿を次第に山の奥へと移動させることで，儀礼の進み具合を行者に体感させていた．音響の工夫は，明治政府が発した**神仏分離令**，修験道禁止令を経て，「秋の峰」を全行程 1 か所の宿で行なわなければならなくなったときに生まれと考えられる．ということは，かつて儀礼が進むごとに山の懐深く入っていったと同じ効果を，勤行の場の音響を変えることで実現しようとしていたことになる．O. F. ボルノウが論じたように，人間の精神状態は自らを包み込んでいる空間に強く影響される［Bollnow, O. F. 1963］．薄暗がりに置かれたとき，狭い空間に置かれたとき，心がどのような状態になるか想像してみればよい．行の完成が近づくにつれて山の奥へ，より深い異世界へ入っていったのは，そのような空間が人間に及ぼす力を知っていたからだろう．それができなくなったとき，音響の違いを活用しようとしたのであれば，それは，音響に包み込まれることに，空間の中でその空間のもつ性質に影響されるのと同じ力を認めていたからではないか．

　このように考察を進めると，個々の儀礼的音響の意味といった個別的で平面的な解釈から，人間そのものの探求に通じるもっと立体的な理解につながってゆく．音響は人間を包み込み，その内側へ染み通っていく．そして，聞く者の内的変化を引き起こす．歌や音楽が「心に染みる」と表現する．われわれは，視覚的な刺激よりも聴覚的な刺激の方が深く身の内に浸透し心を動かすことを体験的に知っている．音には聞く者を質的に変容させる変革力があるし，その前提として身の内に深く染み通る浸透力がある．「秋の峰」の儀礼は，そのような音の力を巧みに活用して，「生まれ変わる」という非現実的な体験にリアリティをもたらしているのである．こうして悪戦苦闘の末生まれた論考が，「『声』と『音』がつくる儀礼—修験道儀礼の音世界」［大内1990］である．

　しかし，ここで壁につきあたる．フィールドワークに基づく「儀礼」研究は，主観的な体験と客観的事実とのせめぎあいになる．しかも焦点が「音」という可視化できないものとなれば，分析も考察もどこまで客観化できるか．とはいえ，羽黒修験の音の文化はまだまだ掘り進められるはず．そこで，少なくとも

史料を足がかりにできる，歴史研究の手法をとることにした．

5 ▍音文化の歴史に分け入る

　羽黒修験が重んじる『法華懺法』は，天台宗からとり入れたものだが，先に触れたように，天台流とは異なる節回しで唱えられる．天台宗の旋律は，雅楽（平安時代の宮廷で成立した儀式音楽）や伝統的な仏教音楽で用いられる古代的で典雅な響きの音組織（律音階）にのっとり，技巧的な細かな動きをふんだんに使う．それに対して羽黒の唱え方は，近世に大流行した都市音楽から広がって行った情緒的な響きの音組織（都節音階）をとり，旋律線はずっとシンプルである．天台流の唱え方は，専門的な訓練をつんだ僧侶でなければこなせないが，羽黒流のものは素人でも少し練習すればついてゆくことができる．

　では，羽黒流の唱え方はいつ，どうやって生まれたのだろう．集団の財産として伝えられる音楽は，いつ，誰がつくったものか，つきとめようがない．また，たとえ実際には誰か音楽的な才のある者の創意で方向が定められたとしても，ここではそれはさして問題ではない．むしろ，それが集団に受け入れられ定着するに至った事情の方が重要である．そこに集団の意志と選択があるのだから．しかし音そのものは，その経緯を語ってはくれない．そこで，歴史社会的な背景に照らしてみた．

　江戸時代，羽黒修験は仏教宗派や他の修験集団との複雑な関係に向き合っていた．修験者とて人間であるから，食べていかなければならない．その経済的基盤は，修験者と地域の信者たちとの結びつきにあった．修験者は一定地域の信者の祈祷を担ったり御札をくばったり，出羽三山参詣に訪れる信者の案内をしたりして収入を得ていた．そこによその修験集団の力が及んでくれば，死活問題である．江戸時代には，権威ある寺院の支配下に入った他の修験集団との間で勢力争いが起きた．そこを生き抜くために羽黒修験がとった方策の1つが，天台宗との関係を強化することだった．『法華懺法』が羽黒に導入されたのも，そのような事情からである．しかし，そうであれば，なぜ節回しも天台流のままにしなかったのか．権威ある天台流で唱えた方が，天台宗の後ろ盾を強くアピールできたのではないか．にもかかわらず，羽黒修験は，独自の響きをもつ

唱え方を生み出し，継承した．なぜか．2つの理由が考えられた．羽黒山に残された記録をみると，当時羽黒修験は，「秋の峰」に入る修行者の減少に悩んでいた．修験道の核心ともいえる峰入り行は，本来専門の修験者向けのものだったが，この頃には一般信者にも積極的に峰入りを呼びかけるようになっていた．「たとえ居眠りしながらでも，法華懺法を聞いていれば六根の罪障が消え，幸いに恵まれる」という宣伝までしている．そのような事情を踏まえれば，シンプルで，しかも近世以降の一般人の情緒に訴えかける響きをもつ羽黒流の唱え方は，羽黒の峰入りへ人びとを誘う工夫の1つと考えることもできる．また，複雑な政治的かけ引きのために天台宗との結びつきを強めたとはいえ，羽黒修験の中にはそれをよしとしない思いもあった．そのような事情のなか，独自の節回しは，羽黒修験としてのアイデンティティーを確認し保つ手段として有用だったろう［大内1995］．

　こうした，複雑な社会情勢と音の文化とのからみは他にもある．明治初期のことである．江戸時代までの社会のシステムを一新する明治政府の政策は，宗教界にも及んだ．天皇中心の中央集権的な体制をつくるため，天皇の神格化を理論づける国家神道が重んじられることになる．仏教は退けられ，神仏分離令，修験道禁止令によって各地の修験集団は存続の危機に直面した．出羽三山でも神道化が押し進められた．修験者の一部は神道の神官に転じたが，神道化に強く抵抗し続けた者も多かった．そのとき神道推進派がとった方策が，いわば「替え歌」作戦だった．

　出羽三山には，修験者が日常の儀礼に用いたり，山中に祀られた神仏に詣でるときに唱えたりする独特の唱えごとが伝わっていた．「南無帰命頂礼慚愧懺悔　六根罪障　お注連に八　大金剛童子の一字に礼拝」．これを一音一音のばしながら，ゆったりと唱えていく．基本的な節回しは決まっているが，音をどのくらい長くのばすか，音をどのように飾るか，つまり「こぶし」をどうつけるかは，かなり自由だった．修験者が，出羽三山に参詣する信者たちを案内して山を巡るとき，山にはその声が朗々と響いた．信者たちにとってその修験者が唱える節は，自分たちと修験者，さらに彼を通して三山の神仏と自分たちをむすんでくれる響きだった．神道推進派は，この唱えごとを活用することを思いついた．唱えごとの旋律を簡略化し，それに国家神道的な歌詞をのせて，

122　第IV部　信仰と実践

神道式の儀式に仕立てたのである．唱えられる言葉は神道に基づくものだから，神道推進派の面目がたつ．他方，旋律には羽黒修験が唱えてきた節回しの骨格が踏まえられているから，修験道保持派の思いも反映される．なんとも巧みな妥協策だった［大内1997］．

　「音」に注目することで，それまで誰ものぞき見ることのなかった修験道文化の一面が現れた．著名な研究者たちが入れ替わり立ち替わり訪れ，研究対象にした羽黒山の修験文化．それでもなお立ち入ることができなかった領域に，かすかなものではあるが，自分の手で光を当てることができた．研究によって，目の前のある対象，大げさにいえば，対象を含む世界の見え方が変わる．研究とは事実を後追いする作業ではなく，きわめて創造的な活動であることを，私は知った．

6 ┃ 音の文化研究 ──境界を超えるフィールドワーク

　羽黒修験の音の文化を追うなかで，羽黒修験の行法に影響を与えた密教への関心が高まった．密教行法の中心には，仏の力をサンスクリットで述べた「真言（マントラ）」を繰り返しとなえる作法，真言念誦がある．その声の技法が，修験道の音理解にも影響していると思えた．密教行法の伝授は，密教僧にならなければ受けられない．修験者として一歩踏み込みたい思いと，研究者としての興味．その両方が重なり，1996（平成8）年，得度授戒し，密教僧となった．密教僧として必須の修行を修めたとき，密教が花開いた中世の声の文化を追いたいと思うようになった．中世には，華麗な仏教声楽「声明」，「南無阿弥陀仏」とひたすら唱える称名念仏，仏教の教えをわかりやすく印象的に語る「唱導」など，仏教からさまざまな声の技芸が生まれた．フィールドワークでの主観的な体験を，客観的に捉え直すには，中世仏教の教理の展開と実践された儀礼・行法の実像，両方から「声の技」の実態とそこに生まれた力を論じてみることが有益だろう．しかも，中世仏教の展開は，外国文化であった「仏教」が日本化していく中での節目である．仏教の日本化を音と声の文化から捉え直すという，まだ誰もチャレンジしていない研究テーマにもなりうる．従来，教理研究は教理研究，実践は実践，実践のなかでも声明は仏教声楽として，真言念誦は

密教の枠で，と個別に研究されていたが，修験道のフィールドワーク経験は，教理研究と実践の場で実際なにが起きているかの両方をふまえなければ，宗教儀礼の本質も教理の意義も捉えがたいことを告げていた．フィールドワークで得た研究手法が，新たな研究プロジェクトにつながった．日本中世に，声をつかったさまざまな表現を生み出す母胎となった天台宗の教学と宗教儀礼を「声」に着目して読み解いた．そこでは，密教僧としての行体験も生きた．プロジェクトは，最終的に『仏教の声の技─悟りの身体性』［大内2016］として世に出ることになった．

　私にとってのフィールドワークは，常に，既成の枠組みを超えて新たな研究を拓くスプリングボードだった．音楽学の枠を超え，山伏に「なり」，密教僧に「なって」，新たな研究領域に踏み込んだ．方法論は後からついてきた．歴史の流れを追う視点も必要となった．一修験者になっての研究は，インサイダーとアウトサイダーとの境界上を歩むようなものだが，そもそもその境界設定自体があいまいなのだ．理論と行実践との関係も，互いに影響しあい，支えあっている．音の文化の研究は，音だけみていても始まらない．音と絡む文化の網の目の中に入り込んでこそ，音と人間との生々しい関わりを読み解くことができる．フィールドワークが，生きた文化の姿に向き合う有効な手法であることは言うまでもない．しかしそれは，思考の材料を得る手段であるだけでなく，思考の枠組みを破り，研究者を新たな思考のフィールドと手法探しへとジャンプさせるものでもある．

【読者への問いかけ】

　音の文化を参与調査する上で，一番悩ましかったのは，研究者という立場そのものであった．研究者である以上，フィールドワークの成果はアウトプットしなくてはいけない．もちろん，調査対象が認めない情報は使わないし，外に出さない．修験集団はある種の「秘密結社」的組織であるから，普通以上に気をつかった．その上でアウトプットしたものでも，研究成果として公表した以上，ひとり歩きする．「秋の峰」行に関する私の解釈は，あくまで私の分析に基づく１つの見方にすぎない．しかし，「研究者」，とくに大学のセンセイの解釈が対象の集団にフィードバックされたときに，「本当はこういうことなのだ

そうだ」と，逆輸入され定着してしまう．自分の言葉が対象の文化をねじまげ
てしまうのではないかという葛藤がいつもあった．

　音楽が絡むと，ことはさらにややこしくなる．分析作業の便宜上，五線譜に
採譜することがしばしばある．口頭伝承で伝えられて来た旋律には，自由度が
ある．ここは押さえるべきというポイントはあるが，けっこう緩さもある．そ
れが，ある節回しが「五線譜」に固定されると，そこで「正統性」を獲得して
しまう．これが「本当の」唱え方だ，と．五線譜は，ある時代の西洋音楽の枠
組みにのっとって，音の高さと音の長さを示すしくみであるにすぎない．極め
て限定的な記録方法であって，そこに書き留めることができる要素はごく限ら
れている．にもかかわらず，「五線譜」信仰はむしろ伝承者の中に強くあった
りする．

　研究成果をどのように，どこまで対象集団へフィードバックすべきか．未解
決のままである．これはおそらく，フィールドワークという手法の根っこに関
わる問題だろう．もしかしたら，自己と他者という哲学的な問題でさえあるか
もしれない．創造的な作業としてのフィールドワーク．ぜひ考えて欲しい．音
の文化は，とりわけよい試金石になると思う．

参考文献

大内典［1990］「『声』と『音』がつくる儀礼——修験道儀礼の音空間」『美学』160，（島
　　津弘海・北村皆雄（編）『千年の修験——羽黒山伏の世界』新宿書房，2005年に再録）．

———［1995］「あらがう音——羽黒修験の法華懺法——」『群馬県立女子大学紀要』16．

———［1997］「『ことば』と『ふし』の政治学——出羽三山の神仏分離と唱えごと——」
　　『群馬県立女子大学紀要』19．

———［2016］『仏教の声の技——悟りの身体性——』法蔵館．

川田順造［1976］『無文字社会の歴史』岩波書店（岩波現代文庫，2001年）．

神田より子［1984］「早池峰の山伏神楽」，「下北の能舞」宮家準（編）『山の祭りと芸能
　　下』平河出版社．

宮家準［1985］『修験道儀礼の研究』春秋社．

Bollnow, O. F.［1963］*Mensch und Raum*, Stuttgart : Kohlhammer Verlag（大塚惠一，
　　池川健司・中村浩平訳『人間と空間』せりか書房，1988年）．

Earhart, H. B.［1970］*A Religious Study of the Mount Haguro Sect of Shugendō : An Ex-
　　ample of Japanese Mountain Religion*, Tokyo : Sophia University（鈴木正崇訳・宮

家準監訳『羽黒修験道』弘文堂，1985年）．

Van Gennep, A. [1909] *Les Rites de Passage : Etude systématique des rites de la porte et du seuil, l'hospitalité...*, Paris : Librairie critique Emile Nourry（秋山さと子・彌永信美訳『通過儀礼』思索社，1977年）．

糞掃衣の真実
──フィールドでの後悔──

松 村 薫 子

1 ┃ 素敵な僧侶と話をするために

　大学生活を謳歌していたある日，叔父が突然倒れ，そのまま帰らない人になった．叔父は当時まだ40歳，2週間前に我が家を訪れたばかりだったので，到底信じることができなかった．通夜の席に着いたが，悲しすぎて祭壇の遺影を見ながら涙があふれ出てくる．

　長い読経が終わって僧侶の説教が始まった．そのとき私は，悲しさのあまり，なかば逆切れのような感情になり，「お坊さんの説教なんて，悲しい私たちに何の役にも立たないよ」などと大変失礼なことを考えていた．その僧侶は，檀家となっているお寺の20代前半の若い僧侶で，大した話などできないだろうと思っていたからである．

　ところが，予想に反して僧侶の話はとても素晴らしいものであった．細かい内容は忘れてしまったが，浄土真宗の開祖である親鸞の話をした後に「今は突然のことで悲しいと思いますが，亡くなられた方はこれから皆さんを見守る仏となられ，これからは常に皆さんの側にいらっしゃるのです．ですからこれからはいつでも近くにいるのですよ」というような内容だったと思う．そのような話を聞いて悲しい気持ちがずいぶんと和らぎ「意外に仏教も役に立つんだなぁ」と考え直すと同時に，この僧侶は若いのになんと優れた話をするのだろうかと感心した．よく見れば見た目も爽やかで，肌が白いためかピカピカ輝いて見えた．「格好良くて素敵な人だな」と思い，若い女子大生だった私は，すっかりその僧侶の大ファンになってしまった．

　翌日，葬儀が行なわれた．若い僧侶を目で追いながら，ふと見ると，僧侶たちはみな金色に光る金襴の袈裟を身に着けていた．参列者が黒色の喪服を身に

着けているなかで，袈裟の金色がひときわ目立って見え，大きな違和感を覚えた．「なぜ葬儀の場で，僧侶は悲しみを示す黒色ではなく，めでたい色とされる金色の袈裟を身に着けているのだろう？　しかも，僧侶はさまざまな欲を起こさないようにするというのに，金襴の袈裟は高価なものじゃないか．なぜこのような華美な袈裟を身につけるのだろうか？」と思った．今思えばこの疑問を抱いたことが研究の出発点であった．

　葬儀を終えて自宅へ戻った私は，大学へ通う日常生活に戻った．通夜で会った若い僧侶のファンになった私は，「今度法事などで会えたら，少しは仏教の話などもして良い印象を持ってほしい」と考え，要するに，その憧れの僧侶とお近づきになりたいという目的のためだけに，仏教の本を読みはじめた．それまでファッション雑誌しか読んでいなかったにもかかわらず，人間というのは下心があれば勉強のモチベーションはこれほどまでに上がるのかというほど，『歎異抄』の解説本や親鸞の特集が組まれた雑誌などをむさぼるように読んだ．

　その後3回生になり，染織工芸史のゼミナールに入った私は，染織関係をテーマとした卒業論文の執筆を構想していた．大学で勉強する中で「物質文化研究」いわゆる「モノ」研究に関心を持ちはじめた私は，染織**技術**の研究よりも着物などの染織品いわゆる「モノ」を研究したいと考えていた．そこでふと，叔父の葬儀のときに目にした袈裟を思い出した．よく考えてみれば「袈裟」は仏教の染織の「モノ」で専門に合うし，なおかつ僧侶と親しくなる目的で始めた仏教の勉強も活かせるし，もしかすると袈裟の話で僧侶と盛り上がることができるかもしれないという，まさしく一石二鳥，三鳥ともいえる最良のテーマだったわけである．

　そこで，早速先生に袈裟を研究テーマにすると伝え，『袈裟の研究』［久馬（編）1967］を読み始めた．そこには葬儀で見た「金襴袈裟」が実は違法な衣で経典では身につけてはならない袈裟だとされていることや，「糞掃衣」（写真1）という初めて聞く袈裟のことが書かれていた．

　糞掃衣は，仏教の修行を行なう僧侶が衣服に対して執着心や欲心を起こさないために考えられた袈裟で，人が道端へ捨てた，牛やネズミの噛んだ衣や月経や出産の血で汚れた衣など，人が絶対身に着けたくない「俗世の人の執着心を離れた衣」を拾って，使えそうな部分を切り取って縫い合わせて1枚の袈裟に

写真1　糞掃衣(ふんぞうえ)

出所）筆者撮影.

仕立てて身に着けるものであるという．想像するだけでなんだか気持ちが悪そうな袈裟であったが，これは僧侶にとって最上の袈裟であり，袈裟のルーツであるらしい．

　仏教思想上，糞掃衣は極めて重要な意味がある「モノ」で実に興味深いものだったわけである．それならばと，糞掃衣を研究することに決めた．経典に書かれている糞掃衣の記述についての考察や現存遺品の分析を中心にしながら卒業論文を書いた．

　卒業論文の執筆中に叔父の初盆や一周忌等が行なわれた．その都度若い僧侶に会えるかと大きな期待をして臨んだものの，なぜかいつも，お父様のほうの僧侶が来られ，若い僧侶に会う機会には恵まれなかった．

　卒業後は**バブル崩壊**後の超氷河期で就職ができなかったこともあり，他大学の大学院修士課程に進学することにした．美学を専門とする先生に指導を仰ぎながら，現存遺品や絵画分析，経典分析をさらに深めた形での修士論文を書いた．

　修士論文までの文献からの研究で，袈裟という衣は身に着けるだけで解脱(悟りを得る)ができる功徳のある衣であることや，糞掃衣という袈裟が，出家修行者の修行の一環として身に着ける衣であることがわかってきた．さらに，糞掃衣の衣として使われるものは，経典により多少の違いはあるものの，牛の噛んだ衣，鼠の噛んだ衣，焼けた衣，月経の血で汚れた衣，出産の際の血で汚れた衣，亡くなった人にかけていた衣，鳥が運んできた衣，墓地に落ちていた衣，

王になる前日に捨てた衣，嫁入りなどの前日に捨てた衣，などの大半が不浄な衣や，身分が変わるなどの境目にかかわる「境界的」な意味のある衣を拾い集めてつくるものであることもわかってきた．また，糞掃衣などの袈裟は僧侶自らが縫うのが基本で，よほどの場合は他者に助けてもらって縫うこともあるが，原則は自分で縫うことなども明らかとなってきた．文献調査から見えてきた糞掃衣は，衣でありながら思想的な解釈も入ったいわば衣服という「モノ」に「思想」が入っているという非常に興味深い衣服であるとわかり，ますます研究が面白くなってきた．

　ここで通常なら博士後期課程への進学なども考えるのかもしれないが，その当時は，とにかく素敵な男性と結婚することしか頭になかった私は，研究者への道などまったく思いつくことさえなかった．しかし，ご縁に恵まれそうもなかったのでさすがに心配になり，占い師に占ってもらったところ，「あなたは晩婚だが結婚は必ずできる．仕事運もあるので博士課程に進学して研究をすると良い」と，結婚より進学を強く勧められた．こうして，占い師から強く後押しされる形で，さらに別の大学院の博士課程に進学することとなったわけである．

2 ┃ そしてフィールドワークへ

　博士課程では，仏教学・仏教美術史を専門とする先生の指導のもと，寺院所蔵の袈裟調査などに出かけるようになった．そんなある日，縁あって『袈裟の研究』の編著者である久馬慧忠先生にお手紙を送る機会がめぐってきた．久馬先生から「福田会という袈裟を縫う会をしているので参加しませんか．そこで会いましょう」との返事をいただき，早速，福田会にうかがうことを決めた．

　福田会は，5日間お寺に寝泊まりしながら袈裟を一日中縫う会だということ以外，詳しいことはまったくわからなかったが，とりあえず電話で申し込みをした．その際，「参加費などの金額はいくらでしょうか？」とたずねたところ，「お布施ということになっています」という．「どのくらい皆さん，お布施をされるのですか」と聞くと，「それはその方のお心次第なので1円でも100万円でも」という冗談交じりの返答をされ，余計に混乱することになった．通常，お

寺での美術調査では，菓子折を台にして，その上に「お布施」や「お供え」と書いた封筒に5000円や1万円を包んでお渡しするのが暗黙のしきたりのようになっているので，あまり安い金額を包むわけにもいかない．そこで5日間宿泊と食事の費用を考えた妥当だろうと思われる金額をとりあえず包み，福田会の開催場所であるお寺に出かけることにした．

　生まれて初めてのフィールドワークということもあり，緊張で胸をドキドキさせながらお寺に入り，挨拶をし，お布施を渡した．すでに昼食が始まる時間なので，空いている席に座るよう言われた．すでに，長いテーブルの上座から僧侶や尼僧たちがずらっと並んで座っている．さらに，多くの年配の女性も座っている．「目の前の人の作法を見よう見まねでやってください」と言われたかと思うと，曹洞宗独自の食事作法による食事のお経の大合唱が始まった．そして，テーブルの上の包みの布を一斉に開け始め，「応 量 器」という3つの黒い器を取り出し，棒のようなものやお箸を所定の位置に次々に置いていく．周囲の人の動きを見ながら大慌てでそれらを置いていると，大皿に載った食事が上座から順にまわってきて，全員が少しずつ取って器に入れている．とにかく見よう見まねで器に入れて次々にまわしていったが，この時点ですでに大汗をかいていた．

　そして，再びお経を唱え，食事開始となったが，全員無言で静かに食べる．おしゃべりな「関西人」気質の私にとって，食事のときに何も会話しないということが気詰りで，すでに耐え難い．しかし，そんなことを考えている暇もないほど，参加者全員がものすごい早さで食事をしているので，すでにいろいろなことでびっくりして遅れをとっている私は，懸命にスピードアップして食べるのみである．

　食べ終えると，今度はお茶がまわってきて，棒の先にガーゼの布をつけたもので器を清め，元の状態に戻し，包んで棚に置いて終了する．しかし，正座し続けた私の足はすでにしびれ，ヨロヨロと立ち上がり，ようやく棚に置くことができた．知らない人たちに囲まれた中で，まったく訳のわからない作業の連続で大汗をかき，まだフィールドワークが始まったばかりだというのに，心底疲れ果ててしまい，肝心の久馬先生がどの僧侶の方なのか確認することもできないほどであった．

132　第Ⅳ部　信仰と実践

　とりあえず台所で鍋や皿の後片付けを手伝った後，他の人とともに2階へ上
がった．そこは約20畳の畳敷きの部屋で，15人ほどの人が座って袈裟を縫って
いる．とりあえず空いている座布団に座ると，久馬先生とともに一宮福田会を
主宰している岡本光文先生が優しく「最初は五条を縫うといいよ．5日間で1
枚縫えるから」と言って，五条袈裟という小さな首から下げる袈裟を縫うため
の紺色の布と糸を持って来られた．岡本先生の指導のまま型紙を置いて裁断し，
縫い始めた．2階は基本的に女性が縫う部屋であったので，そこにいる全員が
和気藹々と楽しそうに話をしながら作業している．知り合いがいない私は，1
人黙々と縫い始めた．

　フィールドワーク調査に慣れている人ならば，ここですぐに周囲の人に溶け
込んで聞き取り調査を始めるところであろうが，そのときの私はフィールド
ワークの心得すらもよくわかっていなかったことと，初対面の人の前では緊張
する性格のため，縫いながら周りの様子を観察し，話の内容に耳をすますこと
にした．すると，「家でも縫えるけど，家で1人だと全然縫えないからここに
来るのよ」とか，「うちの主人はね……」など，さまざまな話が聞こえてきた．

　参加者は全体的に50代以上の方が多く，当時20代だった私は，若いのになぜ
来たのかと珍しく思われたようで，何人かに「なぜ来たのですか？」と聞かれ
た．それで，「実は大学院で袈裟を研究していまして」と少しずつ話をし始め
た．そうすると「袈裟の研究って珍しいわね」と興味を持って話をしてもらえ
るようになった．

　1階の本堂では男性の僧侶たちが袈裟を縫っており，時々，それらの僧侶が
2階に来て雑談をしたりした．どの僧侶も優しく親切な方ばかりで，私が初心
者であるのをさりげなく気遣い，話の輪に入れて下さったりした．

　ところが，ある若い僧侶は，私が袈裟を研究しているので来たという話しを
したとたん，少し表情が硬くなった．後から考えれば，福田会で僧侶が袈裟を
縫うということは，誠心誠意取り組む修行の1つであるので，研究目的といっ
た興味本位で来るとは許しがたいということだったのだろう．それで，早速，
「日本人が最初に身に着けた布はどんな布ですか？」といった，「あなた，ちゃ
んと勉強しているの？」的な，知識や学問への取り組みの度合いを試される質
問をされてしまうことになった．あやふやな知識しかなかった私は，そのよう

な質問を次々に浴びせかけられたことで胃が痛くなり，すぐにでも調査を終えて家に逃げ帰りたい気持ちになった．

このようにして，あっという間に風呂や夕食の時間となり，また先ほどの食事作法が行なわれた．2回目なので少し慣れたが，それでもすべての作法が難しく，まったく食べた心地がしなかった．

夕食後，ようやく今回来た最大の目的である久馬先生にお目にかかることができた．先生は，袈裟のことを何でも教えてくださった．今まで，袈裟の研究を単独で行なってきた私にとって，初めて袈裟の専門的な話が通じることが嬉しく，また，どのような質問にも詳しく教えてくださるので，心から楽しく，長い時間お話をさせていただいた．なぜこんなにたくさんの話が沸いてくるのかというぐらい袈裟の話をし続けた．専門的な話が通じる楽しさはこういうものなのだということがよくわかった．

久馬先生のお陰で，初めてのフィールドワークで心が折れかけていたのがすっかり払拭され，聞きたかった袈裟についての情報も多く聞き取ることができ，嬉しく幸せな気持ちで就寝することができた．福田会の就寝時刻は早く，9時半には寝る．普段不規則な生活をしている私は早すぎる時間でなかなか眠れず，最初の晩はほとんど眠れなかった．

しかし，曹洞宗寺院の朝は早く，4時45分には起床，身支度をする間もなく坐禅をするため本堂へ向かう．坐禅用の黒くて丸いクッションを使って坐禅するが，足が痛くて座ることすらままならない．目をつむり「無心，無心」と思っても雑念ばかり浮かび上がり，うっかりすると体が揺れそうになり，見張りの僧侶に棒でバシッとたたかれたらどうしようとヒヤヒヤしながら坐禅を組んだ．

そして朝食．さすがに3度目になるとずいぶん慣れ，粥やおかずがとても美味しいと思えるようになった．食事は**精進料理**なので肉や魚は一切ないが，常宿寺の食事は極めて美味しい．参加者の方がたが「ここの食事はいつも美味しくて福田会に来るたびに太るのよ」という発言に心から同意した．

午前中は寺の掃除などを行ない，久馬先生による講義を聞く．この講義は，経典を引用しながらの袈裟の専門的な話であり，大学で受けたどの講義よりも面白いものであった．講義が終わるとひたすら一日中袈裟を縫う．5日間がそ

の繰り返しであった.

　それまで文献でしか知り得なかった袈裟を実際に縫ったことにより，文献で見た「却刺(きゃくし)」という返し針で縫う縫い方が大変手間のかかる作業で袈裟を縫うのはとても時間がかかること，そして針目を乱さずまっすぐ縫うのは息を詰めて集中して縫わないとできないことなどが身をもって深く理解することができた．これもフィールドワークの良さであろう．

　さて，ようやく3日目に製作中の糞掃衣を間近に見る機会が訪れた．「糞掃衣が見られるから1階へおいで」と声をかけていただき，大慌てでカメラを片手に1階へ．すると製作中の糞掃衣が大きな座卓の上に並べられている（写真2）．袈裟は田んぼのような形で田んぼ一区分にあたる長方形の部分を「田相(でんそう)」というが（写真3），この田相どうしがまだ縫い合わさっておらず，所定の位置に置かれて，これからこれらを縫い合わせて1枚の糞掃衣にするぞ，という状態であった．「おぉ，これが本物の糞掃衣か」と糞掃衣との対面に，心躍らせてカメラを手にとり早速撮影を始めようとした．

　ところが，「あれ，これって……！？」と手が止まってしまった．なぜならば，その糞掃衣の裂(きれ)（一般的には布と呼び表すことが多い）はすべてきれいな着物の裂で作られていたからである．地の裂の上に山形に切られた小さめの裂の山が遠くに連なる姿で置かれ，裂の上からびっしりと刺子(さしこ)といわれる細かい雑巾刺しが刺されている（写真4）．私は，「これは，経典に書かれている裂ではない．拾い集めたものでもないし，きれいな着物の裂が使われている」というこ

写真2　制作中の糞掃衣

出所）筆者撮影．

写真3　糞掃衣の田相　　　　　　　写真4　糞掃衣部分
出所）筆者撮影．　　　　　　　　　出所）筆者撮影．

とに気づいたのだ．「この福田会では，経典通りに袈裟をつくるために裂や色に相当なこだわりをもって活動しているのに，なぜ糞掃衣の裂はこのようなまったく経典に説かれるのとは違うきれいな着物の裂を使っているのだろう」と思い，心底驚いて考え込んでしまった．

ところが，周囲の人びとは，「糞掃衣はやはり素晴らしいわね」と絶賛するだけで，批判する人は誰一人としていない．なぜそのように参加者が言うのだろうかと，私はますます混乱することになった．

とりあえず，周りの人に合わせて「本当に素晴らしいものですね」と言いながら撮影を始めたが，なぜ経典と違う裂でつくった糞掃衣を参加者たちが変だと思わないのかが不思議でならなかった．「経典どおりではない」と疑問を持っているのは，どうやら自分だけのようだった．

縫い方について聞くと，1つの田相を1人が担当する形で多くの人の手で縫い，最後に各田相を縫いあわせて裏裂と縁をつけて完成するという．この点についても，私の頭のなかではクエスチョンマークが手をつないで踊り出すことになった．袈裟は基本的に着用する僧侶自身が縫うことが原則で，僧侶が病気

など，なんらかの事情があるときは，助針といって周囲の僧侶が助けて縫うことは許されているが，この糞掃衣の縫い方は助針の範疇を完全に逸脱しており，これも経典どおりではないと思えたからである．

　その後，久馬先生のお持ちの糞掃衣を撮影させていただいたのだが，それも聞くところによれば，家庭から不要になってもらった着物の裂で作られているという．先生は「これが糞掃衣だよ」とおっしゃるのだが，私からみれば経典のように不浄な裂を拾い集めてつくるという大前提が異なっている，まったく別の袈裟にしか見えないのである．一宮福田会は袈裟の研究者である久馬先生が主宰されている会であるので，さすがに久馬先生になぜ経典とはまったく異なる裂で糞掃衣を縫っているのですかなどという失礼な質問はできない．とりあえず疑問は自分の胸の中だけにそっと納め，福田会の5日間が終了して自宅へ戻った．

3 ▎文献資料と現実との「ズレ」の発見

　私はフィールドワークを終え，自宅へ戻ったが，正直なところ頭のなかは混乱の極みの状態にあった．福田会で見た製作中の糞掃衣は，私がこれまで調べてきた経典に記述されている糞掃衣とはまるで異なるものだったからである．「経典通りの袈裟を作る」ことを目的として活動している福田会であるのに，福田会の糞掃衣は，拾った裂を使うわけでも，月経やお産の血液で汚れた裂でもなく，ただ家庭から不要になって集められた美しい着物の裂を使ってつくられており，私のこれまで長年調べてきたものとまったく異なる形態のものだったわけである．

　これを単純に捉えるならば，これまで調べてきた糞掃衣の理念は，歴史が経つにつれて完全に廃れてしまって変化したということなのかもしれないが，それでは納得できなかった．しかも，私の研究は「糞掃衣って面白そうだ」という「モノ」に対する興味からの出発であったために，糞掃衣そのものの定義が崩れてしまうと，何を目的に研究を行なっていいのかもわからなくなってしまうのである．そのため，糞掃衣という「モノ」を使って一体何を目指して研究をしたらよいのかと，毎日頭を抱えて悩むことになってしまった．「なんで私

は単なるモノへの興味から研究の道に入ってしまったのだろう．他の人のように研究目的をきちんと立ててから研究をすればこんな苦労をしなくてすんだのに．これでは書けない．どうしよう……」と毎日後悔するばかりであった．

　そのように悩み苦しんでいるときでも，ふっと福田会の参加者たちの発言を思い出すことがあった．それは糞掃衣を見た人たちが「心が集まっているもので素晴らしい」という発言を盛んにしていたことだった．そしてさらにこのようなことがあった．糞掃衣を縫っていた僧侶に1本の電話が入った．それは檀家のおばあさんが亡くなったとの連絡で，葬儀のために僧侶はすぐさま帰り支度を始め，糞掃衣の一部分を見ながら「ここの田相部分はそのおばあさんが縫ったものだから大事にしなければ」ということを話していたのである．どうやら福田会での糞掃衣は「縫った人の心がこもったもの」と考えられており，それが集まったものなので最上の袈裟だとされていることが少し見えてきたように思えた．

　しかし，「『心の集まり』だけでは，あやふやすぎて論文としては何も書けないよな〜」と思いながら，周囲の人びとに，福田会で見てきた糞掃衣について話してみたところ，意外にも「それって面白いよね」という反応が返ってきた．そう言われてみればたしかに面白いとは思うが，何を求めるためにこれを考えていけばよいのか，まったくわからないまま時間だけが過ぎていった．

　考え続けていたある日，ふとあることに気がついた．現在の日本で「最上の袈裟」，「不思議な力も発生する袈裟」，「聖性のある袈裟」と位置づけられる糞掃衣が，「心の集まり」や「縫うという労力の集まり」でできあがっているならば，それはひょっとして日本の「聖なるもの」に対する考え方なのかもしれないということである．もしそうであるならば，この糞掃衣の研究は「聖性のある『モノ』を日本人がどのような考え方のもとで作るのかを明らかにできる研究になるのかもしれない，つまり「日本の聖性についての研究」だということに気がついたのである．

　もともと糞掃衣は僧侶にとって「聖なるもの」であり，また，汚染された布を用いてつくる袈裟ということで，「聖性」や「ケガレ」と関わるものであるだろうということは以前から少し考えてはいたが，そのテーマを追求するのはすでに研究蓄積もあることで難しいと考えて断念していた．しかし，そのとき，

多くの聖性論やケガレ論で語られていたことと自分のフィールドで見た糞掃衣がそのとき初めて一本の糸でつながったように思えたのである.

つまり，フィールド以前に調べてきたことと，フィールドで実際に見た糞掃衣が「違っている」ということに大ショックを受けて研究が止まってしまっていたが，実は歴史的な資料とフィールドでみた現実社会における実践との「ズレ」の部分にこそ，発見すべきポイントがあったことに気づいたわけである．「フィールドワークで見た糞掃衣は，日本の聖性の1つの特徴を表していて，今まで調べた歴史資料とどのように異なるのか，その研究をしたらよいのだ」と思うに至った．そして新たに「聖性」という視点から糞掃衣を捉え直すことにし，それ以降は，フィールドワークでの聞き取り調査に重点を置くことにした.

その後のフィールドワークは，行く前夜に高熱が出たこともあったが，それこそ「根性」で何とか熱を下げてフラフラの状態でも聞き取り調査と参与観察を行ない続けた．私の行なった聞き取り調査は，単に情報を収集する聞き取り調査とは異なり，参加者の「糞掃衣に対する考え方」を聞き取る調査なので，参加者の本当の考え方をできるだけ自然な形で聞き取るように心がけた．聞き取り調査は，通常は自分の知りたい情報を直接質問して聞くことも多いが，今回の場合は単刀直入に「糞掃衣についてどう思いますか？」というような質問をしてしまうと，参加者が多少なりとも緊張状態になり，その人の本当の考えとは違う，形式めいた発言をしてしまうと思った．それは，他の研究者が聞き取り調査をする際にもしばしば難しい点であると聞く．ボイスレコーダー片手に質問をすると相手も身構えて本音とは異なる発言をしたり，地域の住民や集団のメンバーではないいわゆる「よそ者」の研究者に対しては本音の発言はしてくれなかったりということも多い．そのためにフィールドに長年通い続けて地域の人びとと良好な関係性を築きながら聞き取り調査を行なう必要があるのである．そこで，福田会の調査においても，私から直接参加者に問いかけるのではなく，いろいろな参加者たちと普通に話をしながら袈裟を皆と一緒に縫い，自然な発言が参加者たちから出てくるのを「待つ」形式で聞き取り調査を行なった．この形式だと，思うようなデータがすぐには集まらない可能性も高いが，自然な発言を聞き取るのはこの形式しかないだろうと考え，根気強くひたすら

自然な発言を待つことにした.

　そのような聞き取り調査を行なうなかで,私が着目したとおり,福田会の参加者が糞掃衣に対して「心の寄せ集めだ」とか「心が集まったものだ」と表現し,そのような考え方のもとで糞掃衣を見ていることがわかってきた.そして,完成した糞掃衣を持参した人がいると,福田会の人びとが一斉に糞掃衣の前に集まり,「素晴らしいわね」「ありがたいものを見せてもらった」といいながら,「私もこの素晴らしい功徳にあやからせていただこう」といいながら手で糞掃衣に触れ,糞掃衣に発生するといわれる「功徳」を受けようとする姿も見た.やはりこれこそが,日本の聖なるものに対する考え方を示しているのだと理解できるようになったわけである.

　こうして,フィールドワークで得た調査内容をもとに,論文を執筆し始めることになった.

4 ▌ 悩みぬいて,ようやく博士論文の完成へ

　研究テーマの方向性が定まり,ようやく論文を書き始めたのだが,まとめあげる段階になると,これが意外と難しい.論文の方向性は定まっているのに,文章にまとめるのがうまくいかず,またもやスランプ状態に落ち込んでしまった.そうこうしているうちに,主指導教員が他大学の学長に就任することになり,あろうことか私より先に「卒業」してしまった.博士課程で指導教員が途中からいなくなるのは大学院生にとっては死活問題で,一時は「退学」の文字も頭をかすめたが,幸運にも,副指導教員であった民俗学・文化人類学が専門の先生が主指導教員を引き受けてくださり,何とか研究を続けられることになった.

　博士論文の執筆で多くの人が悩むのはおそらく論文の「構成」ではないだろうか.通常,400字詰め原稿用紙300枚程度,つまり単行本1冊程度の分量を書かねばならない博士論文ほどの大作となると,何と何を対比しながら論を進めるのか,データや議論を歴史順に述べて論じるのか,あるいは現代の話から入って歴史をさかのぼるのかなど,何よりも論じ方を決めなければならない.私も,最初の大きな難問だったのは,糞掃衣を歴史の古い順から考察して述べていく

のか，あるいは逆に，糞掃衣の「現在」から歴史をさかのぼって検証していくのかという点であった．

　新たに主指導教員となった先生は，現代の福田会のことを述べてから過去の歴史をさかのぼる形式の論文を書いてみたらどうかというのだが，副指導教員の先生は，古い歴史から順に述べたほうが良いのではないかという．両者からまったく逆のアドバイスをもらったために，またまた私は迷路のなかにさ迷うことになってしまった．

　というのも，私がそれまで執筆したいくつかの論文は美術史の立場からの論文，つまり「歴史叙述」を基礎としており，古いものごとから新しいものごとへと歴史順に段階を追って論じていく方法を採っていたからである．そのような視点で論文を書いてきた私にとって，現代を述べてから過去をさかのぼる形式の論文が不慣れなこともあり，まずは歴史順に書いてみたのだが，それでは自分の述べたい内容をうまく伝えられないことがわかった．そこで，フィールドワークで実際に見た現代の糞掃衣について述べてから，過去の歴史的展開や糞掃衣の理念を遡って述べる形式で論じるようにしてみた．

　すると，現代の日本人が作成している糞掃衣と経典に説かれる糞掃衣との違いや，その後の日本の糞掃衣の歴史的展開や言説などの現代の変化へ至る理由が明確に，理路整然と述べられるようになったのである．最終的に博士論文は，第1章で福田会の活動における糞掃衣について，第2章で経典に説かれる（伝統的な）糞掃衣について，第3章で日本での展開を僧侶の言説などをもとに述べた．そして，最終章で，現代のフィールドワークで見た糞掃衣と文献や言説で語られる糞掃衣とのズレについて考察した．

　これでようやく自分の伝えたい内容，書きたかった内容が論文としてまとまり，『糞掃衣の研究──福田会の糞掃衣を中心に──』というタイトルの博士論文を書くことができた．悩んでは書き直しの連続だったので，予備論文提出後から1年以内に本論文を出すという期限ぎりぎりの提出となり，提出1か月前からは睡眠を取る時間はまったく残されていなかった．もし今回出せないとテーマを変えて予備論文から提出し直すことになるため「寝たら死ぬぞ！」と，まるで雪山の遭難者のような言葉を繰り返し唱えつつ，必死の思いでようやく書き上げることができた．

そして，クリスマスの日に公開博論審査が行なわれた．審査終了後，宗教人類学を専門とする外部審査員の先生から「歴史文献とフィールドワークを融合させて書くのがとても大変だったでしょう」との言葉をかけていただき，研究の大変だった点を深くご理解してくださったのが何よりも嬉しく感激した．

その後，博士論文は幸運なことに，法蔵館から『糞掃衣の研究──その歴史と聖性──』[松村2006] として出版させていただくことができた．そして，さらにはその年，占い師が予言したとおり結婚もできたのであった．

本の出版後，研究のきっかけをつくってくれた例の「若い僧侶」に数年ぶりにお目にかかる機会があった．なんと私の書いた本を読んでくださったという．「よく詳しく調べられましたね」と褒めてくださったが，この研究を始めたそもそものきっかけについてはとても言えなかった．しかし，今となっては，それも微笑ましい思い出となっている．

5 ┃ お わ り に ──フィールドワークで「ズレ」を見つけよう──

フィールドワークで見聞きするものは，それまで自分が研究してきた内容とは異なっていることが多い．私のようにフィールドワークに行って悩む人が実は結構いるということをずいぶん後から知った．それを初めから知っていたらあんなにショックを受けたり悩んだりしなくてもすんだのではないかと思う．

しかし，そのショックがあったからこそ，その現象がなぜそのようになっているのかを真剣に考えたわけで，結果的にそれが良かったのだと思う．フィールドワークで調査した内容と，文献等から調べた内容のズレがあれば，その「ズレ」を調べることが新たな発見につながる．

「物質文化」いわゆる「モノ」は時代の移り変わりや，人間の使い方の変化，素材の変化などで少しずつでも変わっていくものである．その変化を「なぜ変わったのか」，そして変化していない部分は「なぜ変わらなかったのか」を考えていくことが重要である．その「モノ」が変化したことには変化した理由があり，変化せず継続していることにも理由がある．「モノ」の歴史の継続と断絶，それを見つめていくことが物質文化研究のフィールドワーク分析を行なう場合には重要であろう．

142 第Ⅳ部 信仰と実践

　糞掃衣という物質文化を研究対象としたフィールドワークを行なうなかで，私が見出したのは，現実社会での人びとの「モノ」に対する考え方と文献資料との「ズレ」であり，そのズレにこそ面白い問題が発見できるという視点である．だが，物質文化研究において，現実の「モノ」に対する考え方と文献資料とのズレ以外にも民俗学の新たな発見の視点は数多くあるはずである．それをぜひ読者の皆さんにフィールドワークを行ないながら考えてほしい．それが，あなた自身による，あなたにしか発見できない，新たな物質文化研究をつくりあげていく道につながっていくのではないだろうか．

参考文献

久馬慧忠（編）［1967］『袈裟の研究』大法輪閣（新装版は2001年刊行）．

松村薫子［2006］『糞掃衣の研究』法蔵館．

コラム④　留学生が見た日本 ——カルチャーショックから博士論文まで——

1　テーマとの出会い

　大学院での私の研究テーマは「日本の娯楽における仏の表象と扱い方」であった．このテーマを研究しようと思ったのは，日本で受けた強烈なカルチャーショックからである．

　周知のとおり，仏教は日本，朝鮮半島，中国，ベトナム，ネパール，ブータンなどに見られる「大乗仏教」と，スリランカ，ミャンマー，ラオス，カンボジア，そして私の母国タイといった国々の「上座部仏教」に大きく分けられる．確かに，異なった仏教ではあるのだが，それほど根本的な違いはないだろうと考えていた私は，日本を初めて訪れたとき，仏の表象のされ方や扱い方に心底驚かされることになった．

　タイで毎日手を合わせて拝んでいた仏像が，なんと饅頭やプリンなどの商品に使用されている！　また，その仏の表情は，私が母国で馴染んできた優しく微笑むものとはまったく異なり，ポケモンのようなかわいいキャラクターに変えられていたのだ．さらに，あの尊い仏が饅頭の形とされ，人間に頭からかじられ，食べられている！

　こうしたことは，仏教を何よりも大切にするタイでは，まったく考えられないことである．たとえば，タイ国憲法に，国民全員が仏教を信じなければならないと定められているわけではないが，少なくとも国王は仏教徒であるとの規定がある．また，お釈迦様の誕生・悟り・入滅を記念して行なうウェーサーカ祭など仏教行事の日が国民の休日とされ，バスなど公共交通機関に僧侶専用の席が設けられる．このように，タイでは国家レベルから日常生活のレベルまで，仏教が重要な役割を担わされているのである．

　それに，仏像を商品等に使用することは西洋ではよく見られるが，日本で目にする風景だとは思わなかったのである．仏教を信仰しない欧米では，仏像を信仰の対象としてではなく，美術品として扱うこともあり得るだろう．しかし，日本では，有名な寺院を訪れると，多くの日本人が仏像を拝

む光景が必ず見られるからだ.

　そのため，私は，なぜ日本人が，信仰の対象の仏像を気軽な気持ちで日常生活用品，さらに言うと，食品や娯楽用の「グッズ」として使用できるのだろうと疑問に思ったわけである．その一方で，この現象はタイ人である私にはショックであると同時に，大変興味深いものでもあった．そこで，これをテーマに研究してみようと考え，日本人の仏教観，娯楽文化における仏像の扱い方について調べ始めることにしたのである.

2　信仰・宗教という敏感なテーマ

　最初は時代を絞らず，中世や近世の戯画，見世物，戯作など，幅広くさまざまな資料に目を通すとともに，ゲームの展覧会などの現代的な仏像表象の場にも足を運んでみることにした.

　当然のことながら，最初，古い時代の資料はあまり理解することができなかった．崩し字の解読や，仏像の変遷史がことのほか難しかったからである．幸運にも，私が在籍していた大学では，留学生のために崩し字や仏教美術の授業が開講されていたので，専門の先生方の指導を得て，資料を読み進めていくことができた.

　また，先にも記したように，資料を解読するだけではなく，仏教をモチーフとした「ゲーム」という，仏の現代的表象の現場で聞き取り調査を行なうことにし，2017 (平成29) 年3月12日，神戸国際展示場で開催された「ゲームマーケット2017神戸」に足を運んだ．しかし，ここでトラブルが起こったのである.

　私が，ゲームのブースにいるスタッフに「仏像を使った○○ゲームはありますか？」と尋ねたところ，そのスタッフが，「何かの宗教組織の方ですか？」と尋ね返してきたのだ．なぜ，そのように質問されたのか，正確な理由はわからなかったが，おそらく私の質問があまりにも直接的すぎたか，あるいは，私の外見が他の客と異なり，一眼レフカメラを手に持ち，東南アジア系の顔をしているからだろうと思った．いずれにせよ，確かに宗教や信仰をめぐる問題は敏感なことであ

り，タイのある団体が日本で制作された仏像を使ったゲームを批判して訴えた事件もあったため，当然の反応といえるのだが，このように警戒されるとは思ってもみなかった．

　そこで，関係者にきちんと自己紹介し，自分の研究と立場を説明するようにとの，指導教官の指示を思い出し，その通りにしてみた．すると，ようやくスタッフも安心したようで，調査は順調に進んだ．後でそのスタッフから聞いたことによると，以前，ゲームに関して，ある宗教組織から文句を言われたことがあったため，私に対してもそのような態度をとってしまったということであった．誤解が解けた後，ゲーム制作者に，制作のきっかけや反響などを聞き取りするとともに，ブースを訪れたお客さんにもゲームに対する感想を聞くことができた．

　調査後，調査のマナーだけではなく，自分自身の「偏見」の危険性についても気がついた．聞き取り調査を通して「仏像をゲームにするのは，仏に対する冒涜だ」という考え方が，仏教をことさら大切にする国に生まれ育った私の偏見にすぎず，「必ずしもそうではない」ということを改めて考え直すこともできたのである．

　というのも，実は，このゲームの制作者は，仏を尊敬し，お釈迦様と同様に仏道を歩んでいる僧侶であったからだ．このゲームを制作したきっかけも，調査前は，私は単なる娯楽のために作ったのだろうと単純に考えていたのだが，それとはまったく異なり，仏教を若者に広めるためであるという．人びとからゲームがどのように受け取られているのかは，私が会場に着いた午前中に，すでに完売していたことからも明らかである．このゲームについて，ゲームの体験者から「仏やお寺のことについて詳しくなった」などの感想をもらっているという．

　もし，私がこのゲームマーケットを訪れなければ，そして，何も質問してみなかったならば，私はタイ人の当たり前に思う仏教のあり方を前提に，日本の仏教文化を考察してしまっていたにちがいないと思い，大いに反省した．そうして，ようやく素直な目で日本の仏教文化を見つめることができるようになったわけである．

3 カルチャーショックから博士論文へ

　さまざまな資料を読み込み，フィールドでさまざまなものを実際に見て，関係者に聞き取り調査した後，論文の執筆が始まった．

　ここで，この研究のきっかけとなった疑問に戻って考えてみることにした．私は，日本人が仏を，何ら気がとがめることもなく，気楽に娯楽に使用できることの原因を考えたいわけだが，この問題は現在の私の力量では手に余るもので，もしかすると，解答を見出すのに一生かかるかもしれない．そこで，問題の範囲を絞り込み，浄土双六を初めとする近世の「仏教系双六」を研究対象に絞って考察を行なうことにした．「仏教系双六」とは仏教や教えなどをテーマとする双六である．

　「仏教系双六」を研究対象として選んだ理由は，双六は古い時代のゲームであるが，ゲームの展覧会で復活されるなど，現代日本人も「面白い」と思う要素があるためである．さらに時代を近世に限定したのは，仏を娯楽に用いることが明治時代の廃仏毀釈以降であると考えられがちだが，実はそうではないということを示したかったからである．ヘムナライ［Hemnalai, D 2015］などの先行研究においては，日本では仏を娯楽にすることができるのは，日本の仏教は戒律に厳しくなく，日本の僧侶がタイとは違って肉食妻帯できるからだと説明されてきた．日本仏教史からみると，日本の僧侶が公式に肉食妻帯できるようになったのは明治時代の廃仏毀釈以降である．ところが，浄土双六をはじめ，仏を娯楽に使用することはそれ以前から存在し，「冒涜」という視点の他にも何かが見える可能性があるのではないかと考えたからである．

　私が特に注目したのは，双六の構造，勝つための最短ルート，仏の図像という３点である．ゲームにおける仏の種類と位置づけ，ゲームの意義などから，近世における仏の扱い方を知ることができる．分析後，その結果を歴史順に分類し，その傾向や流れを整理していった．いつ頃から，仏を娯楽として楽しむようになったのかという問題には明確な答えが出せなかったが，少なくとも，妖怪の絵が描

かれている「妖怪浄土双六」という浄土双六と，それ以降の仏教系双六に双六のマスの構造，勝つための最短ルート，仏の図像の変遷が見られるため，おそらく「妖怪浄土双六」が作られた時期から仏を娯楽として楽しむ現象が始まったのではないかと考えられる．その他にも，双六に描かれている仏の図を東京大学『大正新修大蔵経』「図像部画像データベース」や神仏図像集などの図に見比べた結果，妖怪浄土双六の新たな成立説を提示することができた．

　いろいろな方がたに助けられて，博士論文を無事提出することができたが，これでこの研究が終わったとは私は思っていない．それは最初の疑問にはまだ答えが出ていないからだ．今後，どのような仏たち，仏を表象する人びとと出会うことができるのか，私の興味は尽きることがない．

シューショートケオ・サランヤー

参考文献

Hemnalai, Dechopol [2015] "Religious Phenomena in Popular Culture : On "Buddha" in "Saint Young Men" (Saint Onii-san)" *JSN Journal*, 5 (1)

第V部

挑戦する民俗学

農業・農村研究というもの
──否応のない現場──

山 下 裕 作

1 ▍「現地バカ？」の来歴 ──本当はフィールドが苦手──

　私はよく「現地バカ」のように思われているようだが，それは違う．学術的理論を超越した素朴な「現地バカ」というのは，実は民俗学徒としての１つの理想なのであろうから，一応名誉な誤解なのであるが，誠に申し訳ない気分になってくる．本当を言えば，フィールドは苦手であるように思う．少なくとも嬉々としてフィールドに向かっているわけではない．むしろフィールドに行かなきゃならないから行く．行かなきゃ仕事にならないし，行った方が手っ取り早いのである．だから別に私がフィールドとしている農村に対し，情緒的な感情があるわけでもないし，そのフィールドが自然調和的で素晴らしい存在だ！などと過剰な期待をしているわけでもない．だって仕事なのだから．

　私がフィールドに出なければならなくなったのは，1996（平成8）年だったと思う．その前の年まで，私は歴史学，東洋史学を学ぶ大学院生だった．文献資料の取り扱いや正確な読解については，涙が出るほど厳しい訓練を受けてきたし，ランケからディルタイ，そしてウェーバー，パレート，ボットモア，マルクス，エンゲルスやアダムスミスからジェボンズ，メンガー，ワルラス，マーシャル等々，歴史学から社会学・政治学・経済学にいたるまで，毎週のように理論書を読まされていた．そのため毎週1日か2日は徹夜していた．実は理論派なのだよ．

　一応そのとき書いたいくつかの論文も『史学雑誌』の回顧と展望等はもちろん，結構引用されたし，ハーバード大学の燕京研究所が出版した中央アジア史の研究者目録にも，数人しかいない日本人研究者の1人として名前を挙げてもらっている．若い大学院生としてはそこそこ「イケてた」わけだ．

152　第Ⅴ部　挑戦する民俗学

　しかしながら，人間不得手というものは必ずあるもので，僕の場合は「耳」が悪かった．中国語の発音がどうにもこうにも習得できず，留学生試験には落ちまくり，史資料（酒ではない）の買いすぎで金もなかったので自費で海外に出かけることもかなわず，否応なしにフィールドには背を向けることとなってしまった．当時の僕は不遜にも「（現地に）行ってどうなる！」なんて公言していたのだけれども（悔しいからね）．

2┃強制的なる転身 ──フィールドへと敷かれたレール──

　そんなこんなだったけれども，大学院生をそうそう長くやっているわけにもいかず，とある情報筋から農林水産省の研究所がこれから「内モンゴル地域」の研究をすると聞いたので，内モンゴル近代農業開墾史で論文を書いていた僕は，早速，国家公務員の試験を受けた．当時，国の研究機関の研究者になるためには人事院による国家Ⅰ種公務員試験（現在の国家公務員総合職試験）に合格し，技官にならなければならなかった．難関である．本当だよ．しかし，理論派で，インドア派で，頭もわりと良かった（？）僕は1度の試験で農業経済職として合格，かなり良い順位での合格だったため，農林水産省の研究職として，わりとすんなり採用された．勤務先は，「中国」のことを研究していたから（本当に電話口でそう言われた．しゃれが効いてたね農水省！）中国農業試験場．現在の（独）農研機構・西日本農業研究センターである．所在地は広島県福山市，管区は日本国の近畿・中国地域の農業・農村．そう，「中国」とは中国地域のことで，東洋史学とは縁がなくなってしまったわけだ．

　配属されたのは経営管理研究室．農業経営を管理する方法を研究するらしい．初めての課題だったが，理論派でインドア派だった僕は，比較的一生懸命，日本の農業・農村を対象とした農業経済学，農業経営学の本や論文を読み漁ろうと努力した．でもね，こんなこと言ったらまた怒られるのだけど，思いの外，面白くない．そもそも日本の農業・農村なんて興味もなかったし，知識もごく一般的なレベルだったし，またまた，その時の研究室長とは合わなくてつまらない．けれども直の上司の主任研究官Ｓさんは実に素晴らしい漢（おとこ）だった．何しろ毎朝・毎夕，雨が降ろうが槍が降ろうが，10km のランニングとい

う無駄な伝力を使わないと落ち着かないという性分だ.

3 ▎ さあ！　現場だ！　——はじめてのフィールド——

　ある日のこと，そのＳさんに言われた「山下君，明後日行くよ！」. 当然応える「何処へですか？」.「言ったろう三瓶山だよ」(言ってない).「三瓶山に何しに……？」.「決まってるじゃないかぁ，北ノ原の放牧場だよぉ」(知らない).

　わかりやすく言えば，肉牛繁殖経営における放牧飼養技術の現地調査に行くということらしい. 翌々日，私の運転で島根県大田市の現場に向かった. これが一番最初のフィールド経験だったかな.

　到着して驚いたのがその広さである.「まきば」なんてものではない. 三瓶山という大火山の斜面一面に開けた広大なる大牧場である. その広大な風土のなか，Ｓさんはそわそわしていた. 今日は早朝の出発だったので，まだランニングをしていないのだ. そのＳさんが，いきなり叫んだ「あそこだ！　あそこにいる！」.「何が？」と問う間もあればこそ，彼はいきなり「ついて来い！」とおらんで (叫んで)，山の斜面を猛然と駆け上がって行った. よくよく見るとＳさんが向かう方向に，黒ゴマ粒のような点々が見える. 黒牛の群れだ. 子牛もいるらしい. そこ目がけ国家公務員管理職主任研究官であり, 学会賞まで取っているＳさんが一目散に駆け上がっている. ついてこいと言っている. 仕方ない. 上司だ. ついて行った. 途中牛の糞に足をとられ，牛が食べないワラビにも足をとられ，理論派でインドア派としての運動不足にも足をとられ，それはそれは本当にしんどい思いをして，目的地に着いた.

　でも，牛の群れはいなかった. 当たり前である. 下の方から，何者かが大声でわめきちらしながら，こちらめがけて突進してきたとする. 君ならどうする？

　逃げるだろう. 大体において，牛の群れとはいっても子牛以外に「雄」はいない. 成牛は皆「雌」である. お母さんであり，身重のご婦人だ. 逃げるに決まってる. くおらぁ！　どけ！　どけ！　わー！　逃げろ！　逃げろ！　蹴散らしているようなものである. 当たり前と言えば当たり前の結末に，やや憤然としてＳさんを見ると，彼はまだあきらめてはいなかった.「あっちだ！」という一言を残してかけ去って行った. 牛は当然また逃げた. 結末は遠かった.

その繰り返し．さまざまな策がとられた．ゆっくり行ったり，草木に紛れて近寄ったり……．半日やってみて，やっと体力的に満足してくれたようだ．温泉にも立ち寄らず，そのまま日帰り．

　次の日，Sさんは机に向かってじっとしていた．珍しい．妙なカタログに心奪われているようだった．「何してるんですか？」と聞いたら，「何言ってんだ！君も使うんだよ！」（何を？）とのこと．見せられたカタログには迷彩柄のテント，他のカタログには風速風向計，そして牛の体躯を計測する巨大な定規．大体予想はついた．きっと来週あたりまた三瓶山に行くのだろう．この迷彩色のテントを張って一晩牛を待ち受けるに違いない．牛のなかでも間抜けな奴が，きっと寝ぼけて近寄ってくる．そしたら，その「鼻ぐり」を巧みにつかみ，動きを封じて，この定規で体格を図るんだ．きっと．しかし，風速風向計は何だろう？　そうか！　2泊目もあるのだな，テントの脇でグルグルやって，こういう風の日の夜は牛が何処に固まって寝ているのか観察するのだ．たぶん．でも広いし暗いぞ？　双眼鏡がいるのではないか？　それも集光率のいいやつ，11倍80mmくらいは必要だ．と，理論派でインドア派で頭の良い私がさっと考えを巡らせている最中，Sさんは私の想像通りの説明をしてくれた．でも残念．申請後，事務方に却下されましたとさ．「どんとはらえ」．

4 │ 現場の牛糞たちから学んだこと ──フィールドでの学び──

　その後，Sさんは島根県大田市にある中国農業試験場畜産研究部に転勤し，計画を実行したらしい．牧場という人為の場における，人ならざるもの（放牧牛）への突撃！　フィールド調査である．牛群への参与観察といっても良かろう．Sさん，当時はこういうことばかりやっていた．悩みなんて皆無である（当時は）．あるとしたら，どうやって放牧中の牛に近づくかということ．

　私は私で大きな収穫があった．牛のウンコの大きいこと．こんなのを日に何回もひり出すのに，必要となる草量の膨大であろうことが足をとられて，体でわかった．1組の牛の親子を放牧するのに1haほどの面積が必要という．もし，過放牧が行なわれたらどうなるのか．牛は食い意地が張っている．空腹には勝てない．腹を空かした若い相撲取りがフグの肝を鍋に入れて食べてしまう

ように，牛もワラビを食べてしまう．牛にとってワラビは猛毒である．全身から血を吹き出して死んでしまう（ちょっと話を盛った）．だから，ワラビに足を取られた北ノ原の放牧場は，実に健全な放牧密度であったといえる．大体において，理不尽な状況や体力的な問題はさておき，この牧場は結構走りやすかった．ウンコとワラビ以外の障害は比較的少なかったといえる．草地がおおむねシバで覆われていたからである．日本の西南暖地において，伝統的な牛の放牧地はシバ草地である．これを日本型シバ草地という．これはまた牛を放牧することによって植生として定着するのだそうだ．突撃放牧地！

　牛と一緒の参与観察という過酷きわまりないフィールド調査の後，当然と言えば当然，農家さんの話も聞いた．農業経営調査というのは大変なのである．何しろ調査票がＢ４サイズで10枚ほどもあった．僕は一生懸命聞いたのだけど，農家さんが勝手に面白い話をしてくれる．

　昔は三瓶山全体が放牧場だった．当時の牛は使役牛でトラクターみたいなもの．春に畑や田んぼを耕そうかなと思ったら放牧地（三瓶山）に行き「ほーい，ほーい」と呼ぶと，自分の飼っている牛が「なあに？　どーしたの？」と寄ってくるのだとか．普通はそこで捕まえて「はいはい，仕事！　仕事！」と言って，牛鍬つけたり，馬鍬つけたりして，田んぼや畑の耕起や細土で扱き使うのだけれども，三瓶山は広い！　広大だ！　ときどき山の裏側まで遠征してしまうのか，いくら呼んでも来ない，返事もない場合がある．そんなときは，たまたま近くにいて，たまたま目が合った見知らぬ牛（要するに他人の牛）を，そそのかして，捕まえて，牛鍬つけたり，馬鍬つけたりして，やっぱりしっかり働かせたのだとか．仕事を終えると，川で汗を流してやって，放牧地に連れて行って，「ありがとうね，助かったよ」とかとか言いながらニンジンやら大根やら麦やらのご馳走を食べさせて，また放ったという．「うちの牛もそんなにして，あちこちで使われとったんじゃろう」とかとか．なんとおおらかなのだろう．そして，「うちの牛が一番じゃが，どの牛もかわいいのぉ」とおっしゃる．ここに来てようよう調査者としての情緒・情感が動くのである．最初から動いているわけではない．最初はむしろ嫌々である．でも，こんな話が面白くて，長くて，あまり調査票は埋められなかった．本当にごめんなさい．

156　第Ⅴ部　挑戦する民俗学

5 ▎現場はやっぱり良いのかも ──フィールドの効用──

　深く考えるのは良いことかもしれないが，それで悩んだり，身動きとれなくなってしまったらどうしようもない．深く考える前に，気持ちを常に前向きにしよう．悩むのだったら牛に如何に近づくかというような技術的な懊悩（おうのう）にせよ．フィールドには行かなきゃ仕事にならないし，行ってどうにかなるか，それは本人次第だが，ともかく行かなきゃ始まらないのだ．牛に向かってダッシュしたおかげで，僕は色々なことを学ぶことができた．その後，牛飼いのお爺さんが語ってくれた言葉に共感することもできた．共感することはその人の人生を理解する最初の一歩である．この時の経験は何事にも代えがたい．ありがとうＳさん！　このＳさんこそまさに最大の賛辞としての「現地バカ」である．

　この時の調査研究は，『中国農試農業経営研究』122号［千田・山下・棚田・山本1997］に第一報としてまとめられた．

　Ｓさんは，現在に至るまで，農水省系研究機関を代表する優れた研究者である．その態度は一貫している．どんな状況でも前向きにフィールドへ突進しつづけている．でもより高度な管理職になって，色々と悩む事も多くなってしまったようだ．Ｓさん，体にお気をつけください．

6 ▎埋まりゆくダム ──思いも寄らないフィールドミッション──

　Ｓさんみたいな立派な人に強制連行されることがなくなっても，フィールドにはどうしても行かなきゃならない時がある．それも頻繁に，しばしばだ．大体において僕が入ったフィールドのほとんどは僕が自ら選んだものではない．そこへ行け！　と言われたから行った．そして何とか現場で期待値を超えられるよう頑張って仕事をした．真面目なんだよ．

　次は最近の事を話そう．なんと海外である．

　知っていたかい？　インドネシア共和国のジャワ島で巨大ダムがドンドン土砂で埋まっている．ちょっと微妙な問題があるので詳しい地名は書かない．調べればすぐにわかるだろう．日本で一番広い北海道の雨竜第一ダムの４倍近い

面積の巨大ダムが，予想の3倍から4倍の早さで上流から流れてくる土砂に埋まりつつある．一大事である．ダムは水をためて発電をする．今後のインドネシアの工業発展に不可欠だ．またその蓄えた水は下流域の3万haの農地を灌漑する．国民生活の安定に必要不可欠な食糧生産にも重要な役割を果たしている．土砂が堆積すれば，貯水量は激減し，それにともない発電能力も格段に落ちてしまう．

　インドネシアがどのような国かご存知だろうか．人口は2億5000万を超える大国である．イスラム教を主たる信仰とする国としては最大の人口を有し，その中でもジャワ島は首都ジャカルタや古都ジョグジャカルタ，そして貿易都市スラバヤ等があり，全体の5割以上の人口が集中する政治・経済・文化の中心である．電気の供給が途絶え，農地が荒廃したら大変なことになる．

　このダムへの土砂堆積の原因は何か？　それは当然，ダム上流域からの「エロージョン」である．エロージョンとは侵食による土壌流出のことだ．でもこれでは何の説明にもなっていない．**過疎高齢化**の原因とは何か？　人が減って年寄りが増えたからだ，と言うに等しい．では，このエロージョンの原因とは何か？　JICA（独立行政法人・国際協力機構）の報告書等によれば，その原因は上流域の農業開墾であるという．したがって農業を制限すれば良い！　と考えられるに至る．

　だがしかし，農業や農村というものは多面的機能というものを担っているのではなかったか？　洪水防止機能，**文化伝承**機能，気象緩和機能……，上流域の農業にも深い存在意義があるはずだ！　そう考える研究者たちもいた．語学堪能・現場での卓越した行動力もあるY先輩がその研究者たちの代表であり，その先輩は私が日々ボンヤリ過ごしているということを的確にもよくご存知であった．かくして私もその研究者の一団の末席に加えられることとなり，海外の農村で文化伝承機能なるものの状況について調査する羽目になったのである．先ほども話したが，ここだけの話，私は外国語が大の苦手である．だから1回も海外に出たことがない．初海外が調査，ジャカルタとかソロとかだったらまだしも，ダムの上流域の山のなか．初海外はハワイとかロマンチック街道とかが良かったなぁ．

158　第Ⅴ部　挑戦する民俗学

7 ▎現場までの苦難な道行き ──現場でのショック！──

　初めての国際航路の飛行機は実に狭かった．僕も肥えているほうだが，僕の隣に座ったインドネシア人は100貫くらいあっただろう．苦しい思いをして，到着したのがジャカルタ空港，そこで，乗り継ぎだ．困惑していると親切そうな空港職員に連れて行かれ10ドルも「カツアゲ」されたうえ，結局乗り継ぎ番線はわからずじまいで，放置された．なんとかなって小さい飛行機に乗って，菓子パンを食べていたらジョグジャカルタ空港に着いた．翌朝，通訳さんと運転手さんと僕とで，4時間ほど車に乗り，山の中に到着．大変だった．もう帰りたい．

　さあ，インドネシアの水田（サワ）等，農業・農村が持つ文化伝承機能とやらを調べなければならない．これは農業農村が持つ「多面的機能」の1つだ．多面的機能とは，要するに農業・農村の外部経済効果のことである．外部経済効果とは直接的な経済効果とは別の経済効果だ．農業・農村でいえば，食糧生産効果以外の経済効果である．水田は生産のために水を蓄え，ゆっくりと下流に流す．それにより河川の増水量が調整され洪水を防ぐ．また，夏は水を蓄えて，その上で大気の循環がなされ気象が緩和する．さらに水田は湿地帯を，畑は乾燥した草原を人為的に構成する．それにより多種多様な生物が涵養される．そして，そうした環境をつくってきた農家の人たちが代々生活して，歴史ある農村が現在まで維持され，その人びとの営みのなかから価値ある文化が生まれ伝承される．あー小難しい……．本当かよ？

　でも，私は職業研究者だ．現場に出て，仕事をしなければならない．ふぅ．どうすればインドネシアの農業農村が持つ文化伝承機能の存在を，まあ概ね理解を得られる形で，調べ，公表できるだろうか．この際，本当にそんな機能があるかどうかについて悩む必要ない．私は「ある」という立場で学論を公表し，それが真実であるかどうかは公表後の議論に委ねれば良いのだ．実は学問研究というものはそれしかできない．1人で真実を暴こう！　1人で真理に辿り着こう！　なんていうのは，実におこがましい考えだ．研究者ならば，その時々の真理・前提を道具として用い，議論・論争を呼び起こす論文を書かなければ

ならない．それを公表し，全体の議論のなかでもっと有益な道具である「新しい真理」をみんなで創りあげる．特に人文社会系の学問が為すべきことはこういうことだ．

なんて格好付けてはみたものの，結局考えついたのは「子どもの遊び」だった．周囲は無限に広がる田んぼ（サワ）である．キャッサバ畑も見られるが，子どもたちは代々この土地の環境を活かした遊びをしていたに違いない．過開発がダム埋没の原因であるとして，過開発は環境の大きな変化をともなう．環境の変化は「子どもの遊び」の調査によって必然的そして具体的に明らかになるだろう．僕は質素な建物の村役場みたいなところに連れて行かれて，そこに気の毒にも呼びつけられて待っている村の年寄りに聞いてみた．

「子どもの頃，どんな遊びをしてましたか？」答えは大変なことになった．

「チェスとサッカー．」

「……」

これでは少年サッカークラブに所属し，「藤井聡太七段ブーム」に乗って下手な将棋を指している現代日本の小学生と変わらないではないか．まあしょうがない，ずっとオランダ文化の影響を受けてきたのだから，とまあ，ショックな結果に終わった．

そこで質問を変えた，大人の質問だ．「この辺りの環境は，ここ2〜30年で変わりましたか？」「いいや30年前も40年前も50年前も，今と変わらないよ．」おっさんはそうインドネシア語で答えてくれた．またもショックである．大体，結構な年寄りに見えたけど，実年齢聞いたら僕より年下だった．すんごいショックだ．当時僕は49歳．んっ！？　50年前のこと覚えているのか？　生まれてないだろう！

8 ┃ 犬も歩けば棒に当たる ──フィールドの極意──

でもね，フィールド調査の極意を読者諸君に慣用句で伝授しよう．

「犬も歩けば棒に当たる」である．

暑さとチニスとサッカーと変な食事に疲れ切って，田んぼの畦（あぜ）でジュースを飲んでいたら，娘さん（息子のお嫁さんか？）に手を引かれ農作業にやってきた

160　第Ⅴ部　挑戦する民俗学

爺さんが僕のことを見つけてさーっと近づいてきた．見事に日焼けしていて，修行僧みたいにやせている．素早い．手を引く必要はなさそうだ．何か聞いている．中国人か？　日本人か？　お前，日本人だろう，みたいなことを聞いている（ジャワ語で）．僕のようなカバ顔は中国にはいないらしい．「はい」と答えると，いきなり大声で唄いだした．ロックだ．ロック調の『君が代』だ！　初めて聞いた．誰が教えた？

　この日本統治時代を知るお爺さんが実に色々なことを話してくれた．田んぼの中で目をつぶってしゃがみ込んだ者を，棍棒で後ろからぶん殴る，避けられれば，しゃがんだ者の勝利．殴れば棍棒の勝利．決着がつけば攻守交代，とか．月のない夜は本当に真っ暗になる．鼻をつままれてもマジわかんない．そんななか森で「隠れんぼ」をする．「鬼」の役にとっては絶望的な戦いとなる．途中で飽きて暗闇のなか帰ってしまう者もいるので，いつまで経っても終わらない．朝にならないと結果はわからないので，鬼もじきに飽きて帰る．律儀にも朝まで隠れている友だちもいた，とか．過酷な遊びを色々教わった．そこからは快進撃である．幸せをもたらす「福の神」っているものなのだよ．こっちがウロウロ歩いていなければ見つけてもらえない．

　それから高齢夫婦のもとで聞き取りをした．「昔はサワ（棚田）や水路で色々な生き物を採った．川や水路には藻が沢山生えていて，そこにザルをあてがって，チョチョチョと手で追い込めば，小魚やエビ・カニ，ヤゴ・水生昆虫がたくさんとれたよ．それをバナナの葉で包んで，紐状に裂いた葉でまたクルっと結んで，蒸して食べた．うちは小作で父親も早くに亡くなったから貧乏でね．半分遊び，半分しなければいけない仕事として，毎日ザルを持って川や水路に入っていた．今はスハルト時代の国土開発でこの辺も森を切り開いてサワと畑ばかりになった．豊かになったけど，少し寂しい気もするね．」

　恐るべし！　ヤゴやら水生昆虫やら，こんな些細なことは，通訳を務めるガジャ・マダ大学のイスラムエリートたちには興味がない！　大体100％ジャワ語なので，インドネシア語エリートの彼らも細かいところがよくわからない．念ずれば通ず！　以上の聞き取りは「ジャワ語と日本語＋身振り手振り＋僕の卓越した絵心」によって聞き取れたことである．絶対に内容に間違いはない，と思う．だって，『君が代』爺さんと，この高齢夫婦，また同じようによく話

してくれた．５代前と２代前の先祖がいっつも耳元あたりに浮いていて，ちょくちょくアドバイスをくれるらしいダラン（ワヤン・クリの指揮者）とは，言語は違えど相互に理解し合えた！　お互いに共有理解という客観を構成しえたのである！　奇跡かもしれないが，気のせいかもしれない．

9 ┃ きつい現実 ──フィールドという事実──

　しかし，この調査の結果は，すこし大変なことになりそうだった．環境は激変している．藻はおろか川や水路に草が１本も生えていない．そりゃそうだ．三期作くらいできる．一作で２回くらい除草剤をまいているようだから，酷い場合は年間６回除草剤をまく．日本の厳しい農薬規制とは異なるだろうから，おそらく魚毒性も高い薬剤だろう．水路・河川の植生も，その残留薬剤の影響が考えられる．そのうえ現地で作られている米の品種は，多収のハイブリット品種であるから，石油由来の化学肥料や殺虫殺菌剤も多投していることが予想される．だいたい多投してもらわなければ，おそらくは海外資本の農業関連企業は儲からない．これらを独自（国内）でこなしている日本の農業は実はとても優秀なのだ．その後の調査と併せ，結果として，アメリカの文化人類学者クリフォード・ギアツが提起した「内にむけての発展（インボルーション）」が，高山の水源地にまでに及び，もはや限界に近づいていることが見て取れた．それ（開墾による過開発）が，本来の農業・農村が持っていたと思われる多面的機能を改廃させ，その１つの結果としてダムが埋没しようとしているのである．

　その水源地には葉物野菜とトウモロコシ畑が水源地上部にまでに延々と広がっていた．これら作物には多くの肥料が必要である．畑の脇には屋根の抜けた堆肥舎がいくつも見られた．床はただの土であり，結構な斜面である．水源地では農薬散布用の機器を洗う農民がおり，高地の湧水地にもかかわらず，イネ科とおぼしき雑草が繁茂していた．この水源地の水は河川として下流に流れ，飲料水としても利用されている．ある村の善良な村長が言っていた．下流域の村で貧血の人が増えているらしい．おそらく硝酸態窒素により汚染されているものと考えられる．学問研究が検討すべき課題は実に多い．

10 現場から知識を得て，現場で応用する
──フィールドに入るための理論っているの？──

　敬愛する師匠によれば，俳人は「詩嚢」という器官を体内に持っているという．詩の袋，美しい言葉をためておく袋である．旅をして，あるいは日々の暮らしのなかで，美しい風景など情感を動かす事柄に接したとき，この詩嚢から美しい言葉あふれだし，作品となる．あるいはさまざまな出来事に接し，そこで想起された言葉，ふいに耳に入った音や言葉が心を撃ち，その心を経由して詩嚢に新しい言葉として蓄えられる．

　ここまで読んでいただいて，もう読者の方がたはおわかりだろうが，僕に詩嚢は多分ない．しかし，元々インドア派で理屈っぽいだけの無知きわまりない人間だったから，現場に引きずり出されたとき，目に見えるもの，耳で聞くもの，食べるもの，飲むもの，触るもの，すべてが新鮮である．大小こもごもであるが，その都度感動を覚える．単純ですな．

　僕にとって新鮮なその世界で暮らす人びとは，その世界の「プロフェッショナル」である．その人たちの語る言葉を聞き，仕草に至るまで体の動かし方を注視し，風土と重ね合わせて記憶に焼き付ける．そうすることによって，僕らは他にはない知識を得ることができる．僕ら自身の懊悩なんてものは，その世界ではどうでも良いことだ．仕事は現場にあるのだから，入る前に色々と悩んだってしょうがない．理論という信仰にとらわれたって仕方がない．とにかく戦力たらんと努める，役に立とうとする，人びとの期待値を超えるべく邁進する．そう努力するたびに僕らは学ぶ，知識を得る．それを詩嚢に類する知識の「頭陀袋」に入れて蓄える．その蓄えたもので考える．わからない．また別の現場に出る．その「頭陀袋」から何かが飛び出す．その現象を理解することができる．そしてその経験から知識の袋にはまた新たな知識が蓄えられる．その知識は，フィールドという現場だけではなく，何時如何なる時でも，僕を助けてくれる．色々なショックなこと，懊悩や葛藤，茫然自失の淵から，知識こそが僕を引きずり上げてくれる．

　インドネシアでもさまざまなことを教わった．鶏の照り焼きはトサカが美味しいこと．「ユーユー」という名前のナマズの唐揚げは姿揚げが一番．ヒゲが

パリパリだ．ガソリンはペットボトルで販売してもいい．小学生でもバイクに乗って通学しちゃえる．だって遠いんだから．ルク（牛鍬）はやたらでかい．紅茶は美味しい．イスラム圏だけどビンタンビールは素晴らしくいける．運転手さん昼から飲まないで．これからロングドライブ．ワヤン・クリはジャワの心．超能力をもつダランによれば，僕の心は黒い．もう1人のダランによれば，僕はやっぱり頭が良いが（2代前の先祖曰く），とてつもなく変な奴だから気をつけなければいけない（5代前の先祖曰く）．でもこんなカバ顔でもインドネシアでは多少は「見られる」らしい．君はこれに似ているからと，ブラックなアルジュナのフヤン・クリをいただいた．アルジュナは美男の王子である．黒くなっちゃったのは悪い奴らに嫁さんをさらわれて，怒りのあまり心が黒く無慈悲になったから．そうか僕のこの清らかな水のような心は，実は「真っ黒け」だったのだ．恐ろしい，恐ろしい．でも話しているうちに僅かな光明がダランの目に映ったらしい．ゴールデンアルジュナと取り替えてくれた．金色だぜ．金色の美男子の王子．「どうよ！」

　僕の知識の「頭陀袋」は，今はまだ貧相で小さい袋ではあるけれど，まだこれからも成長を続けてくれると思う．「現場に出なきゃなあ．仕事は現場にあるんだから」と誰かが言うのだけど，それは最初のころSさんやYさんや，民俗学や農業経済学，農村工学の師匠たちや諸先輩だったけど，ここのところ僕の身のうちにあるこの「頭陀袋」から聞こえてくるような気がする．まあ引きこもってサボってないで少し運動しろよ，ということに過ぎないかもしれないけれど，その声がなんとなく聞こえて，フィールドに向けてなんとなく心が焦り出すと，ああ僕自身も少しは成長したんだろうな，と思うのだ．この本は若い人たちに向けたものと聞いている．だから分不相応だけど，偉そうに君たちに言おう．「四の五の言わずに現場に出ろ．仕事は現場にあるんだから．大丈夫．犬も歩けば棒に当たるんだぜ．どーんと行ってこい！」

　今回，ここで記した三瓶山のことを僕自身は文章にしていない．インドネシアのことは「インドネシアで考えた，山村の過去，現在，未来」[山下2012]というエッセイにしただけだ．早くちゃんとした論文にして世間に訴えなければなりませんね．反省です．でも，三瓶山の放牧地以降，僕はこうした調査を色々なところで続けてきた．山中の村々を，当時の愛車サイボーグや，ダサい公用

164   第Ⅴ部　挑戦する民俗学

車や，非力なレンタカーで駆け回っていた．その成果は『実践の民俗学──現代
日本の中山間地域問題と「農村伝承」』［山下2007］にまとめてある．これが僕
の博士論文だ．博士論文ってのは難しく書くものなのだ．マルクスの資本論同
様，最初からちゃんと読もうとすれば絶対に挫折する．だから，途中から，第
4章あたりから読んで欲しい．第4章の小麦と，第5章のハエンゴの話は感動
巨編だ．仲間や地元のおじさん達と，耕作放棄地に突撃したり，川に文字通り
飛び込んだりしたお話だ．なんたって4章からなら，すぐ読み終わる．だって
5章の後は終章しかない．

　ちゃんとしたアドバイスも必要らしい．僕は自分で望んで民俗学を選んだわ
けではない．最初は歴史学（東洋史）を選んだ．その後就職のために農業経済
学を学び，転勤したことで農業土木学・農村計画学を修めた．それら多様な学
問を自分の身のうちにて整理して，新しい総合をもとめるうちに，自然として
民俗学に至った．だから，このおおらかで懐深い学問は，僕にとっては「諸学
の王」だ．

　だが，ここ最近，この学問が少し狭量になってきたようにも感じる．多様な
知識を求め続けなければ農業・農村研究なんぞできない．確かに未来は不安だ
ろう．でも民俗学徒であるのなら，おおらかに大胆に，そして大勢に対しては
アンチに行動すべきだ．少なくとも，「ディスられたくない」とか，「ボッチは
いやだ」とか，「就職できないかも」とかで，この学問の自由とおおらかさを
放棄すべきではない．この学問の発展のために，自由と多様性を大いに追求し
て欲しい．君たちが民俗学徒であろうとしたとき，この学問が君たちに求める
ものは「フィールドにあれ！」ということのみである．

参考文献

千田雅之・山下裕作・棚田光雄・山本直之［1997］「三瓶山周辺の肉用牛繁殖経営と放牧
　　飼養の実態と再編課題」『中国農試農業経営研究』122，農林水産省中国農業試験場総
　　合研究部．

山下裕作［2012］「インドネシアで考えた，山村の過去，現在，未来」『まほら』70，旅の
　　文化研究所．

────［2007］『実践の民俗学──現代日本の中山間地域問題と「農村伝承」──』農
　　山漁村文化協会．

21世紀のフィールドワークに向けて
——福井県小浜市田烏のナレズシをめぐる地域振興と文化人類学——

中村　亮

1 ▌アフリカ研究の専門家だが……

　私は，東アフリカのタンザニアやスーダンの漁民文化について文化人類学的
に研究している．これまで何十回とフィールドワークを繰り返してきた．初め
てのフィールドワークの思い出，成功談や失敗談など，アフリカでのフィール
ドワークについて語りたいことは多い．しかしここでは，アフリカのフィール
ドワーカーである私が，いろいろと悩みながら行なった日本でのフィールド
ワークについて書いてみたい．

　2000（平成12）年に初めてタンザニアでフィールドワークを行なって以来，
ケニア，エジプト，スーダン，サウジアラビア，イエメン，エチオピア，マレー
シアなどの世界各地でフィールドワークを実施してきた．そのすべてが成功
だったとは決して言えないが，知り合いがほとんどいない異国の地で，ある程
度の成果をおさめて無事に帰国することができた．「世界のどこででもフィー
ルドワークができる」と多少うぬぼれていた私が，日本でのフィールドワーク
で，その鼻っ柱を折られた話から始めてみよう．

2 ▌日本でのフィールドワークは難しい！

　2014（平成26）年の春のことだ．私は福井県のとある農村を自転車でうろつ
いていた．調査用のリュックを担ぎ，肩には一眼レフカメラを提げていた．特
にこれといった目的もなく，「道で人に会ったら話をうかがおう」くらいの軽
い気持ちだった．まだ耕作が始まっていない田園風景をカメラにおさめながら，
また，民家の立派な造りや表札に同じ苗字が多いことなどに関心を払いながら，

166　第Ⅴ部　挑戦する民俗学

のんきに農村サイクリングを楽しんでいた.

　道端に自転車を止めて,見たことや感じたことなどをメモ書きしているとき,ふと後方にパトカーが止まっているのが目に入った.「不審者がいないか巡回でもしているんだろうな」と,まったく気にも留めなかった.しかし,私が移動するとパトカーも動き出す.私が写真を撮るために自転車を止めると,パトカーも一定の距離を置いて止まる.そこで気がついた.「不審者は自分だ!」と.

　そうである.日本では,平日の昼間に中年のおっさん(当時38歳)が人気のない農村を,カメラを抱えてうろついているのは不審なのである.まともな大人は,この時間きちんと働いているのだ.実際,農村でも道をブラブラ歩いている人は誰もいなかった.そんななか,私の行動は明らかに不審であった.もしも,民家や表札をパシャパシャ写真に撮っていたら,おそらく職務質問されていたことだろう.こんなところで警察のお世話になってはたまらないと,農村サイクリングを早めに切り上げ,そそくさと研究所に帰ったのであった.

　以上は,福井県の里山里海湖研究所(以下,里研と表記)の研究員として,**里山里海湖**の生活文化についての調査を始めたばかりの頃の話である.先に記したように,私はアフリカの漁民文化を専門としているが,「フィールドワークの専門家」ということで,2014(平成26)年4月,里研に文化担当者として採用された.しかし,これまでアフリカなど海外でのフィールドワークの経験はあったが,実は日本での本格的なフィールドワークはまったくの未経験であった.そのため,アフリカと同じようなフィールドワークのスタイルを日本でもとってしまったのである.

　たとえば,私のタンザニアでのフィールドワークの基本は「飛び込み」と文化人類学や民俗学で呼ばれる,アポイントメントなしで話者を見つけるという方法である.知り合いもおらず,事前情報も少ないなか,とにかく村や町の中を1人で歩きまわる.すると必ず誰かが声をかけてくれる.軒先での作業を見学させてもらったり,ベンチで話している老人の輪に加えてもらったりすることで,人間関係を構築するきっかけをつかむことができる.そして,それを糸口にして,さらに知り合いを増やしたり,調査地での下宿先を決めたりしながらフィールドワークを展開するというのが私のやり方である.しかし,私が長

年培ってきたこの方法が，福井の春ののどかな日に，もろくも崩壊してしまったのである．

　日本では，平日の昼間に，アポイントメントなしで私の相手をしてくれる人に出会うのが難しい．皆さん何だかんだと忙しいのである．いきなり玄関の呼び鈴を押して，「ちょっとお話を聞かせてくれませんか」とはいかない．きちんと事前に面会予約が必要である．また，文化人類学のフィールドワークの常套手段である，調査地の民家に何か月も住み込んで調査することも困難，いや不可能である．

　もしも私が大学生ならば，住民の好意で住み込み調査も可能かもしれないが，口髭を生やした中年男性を長期間住み込ませてくれる奇特な人は，よっぽど時間をかけて信頼関係を築かないかぎり，そう簡単には見つからないのである．つまり，アフリカでの経験はいったんすべて忘れて，日本で通用するフィールドワークの方法を開発しなければならなくなったというわけなのである．

　ところで，私の流儀によるフィールドワークを困難にしていたもう1つの要因に，私が福井県の研究所の研究員，すなわち「県職員」であったことがある．うまく面会にこぎつけて，名刺を差しだして自己紹介をする．すると相手には当然のことながら，私が県職員であることがわかってしまう．初対面で「あんた県の職員さんかね」と何度言われたことか．こうなると妙に警戒されてしまい，私が聞きたいことを本音で語ってもらえなくなることもある．私が訪問先にうかがうと，地域の世話役が5人ほど待ち構えていて，行政に対する不満を延々と聞かされたこともあった．これでは，生活や文化について教えてもらうどころではない．どの政治的立場からもニュートラルであるべき聞き取り調査の場に，政治的な要素が混じると話はあらぬ方向に盛り上がってしまうのだ．

　福井での調査1年目は，自分のこれまでの「フィールドワークの常識」が完全に覆された，カルチャーショックともいえる苦い経験であった．「こんなことできちんと文化の調査ができるのだろうか」と自信を失いそうにもなった．特に，「県職員」という立場では，文化人類学的なフィールドワークは困難であった．このときほど，大学生や大学教員，研究者といった「政治的に中立的な立場」が羨ましいと感じたことはなかった．しかし，フィールドワークには失敗がつきものである．それをどうやってうまく軌道修正するかもフィールド

168　第Ⅴ部　挑戦する民俗学

ワークの醍醐味である．では，どのように再始動するか？！

3 ┃ 里山里海湖文化プロジェクトの開始

　日本でのフィールドワークは難しい！　と嘆いてばかりもいられなかった．私には「福井県の里山里海湖地域の生活文化を解明する」という職務があったのである．しかし1人では，フィールドワークの「肝」といえる聞き取り調査がうまくできない．悩んだ末に思いついたのは，福井県とは政治的に関わりのない，私の知り合いの研究者たちに協力してもらうことであった．県外の研究者と2人1組でフィールドワークを行なってはどうか．私はあくまで研究者の付き添いとして同行すれば，「政治色」や「妙な警戒心」を薄めることができると考えたのである．

　そこでまず，福井県の里山里海湖文化を解明することを目的とした共同研究プロジェクトを里研に申請した．同時に，知り合いの研究者に，そのプロジェクトへの協力をお願いした．その結果，幸運にも8名の研究者が賛同してくれ，「里山里海湖文化プロジェクト（以下，里山プロジェクトと記す）」に予算をつけてもらえることになった．2015（平成27）年4月，里山プロジェクトのキックオフ・ミーティングを開催し，プロジェクトが正式にスタートしたのである（図1）.

　ここで，里山プロジェクトについて少し説明しておこう．多様な自然環境（山地，中山間部，平野部，台地，盆地，湿地，河川流域，汽水湖，海洋沿岸など）によって育まれた福井県の生活文化を把握するために，里山・里海・里湖・里川の各地域で調査を実施し，それぞれの事例を比較検討し統合することで「福井の里山里海湖文化論」の構築を目指すことがプロジェクトの目的であった．

　しかし，日本での調査経験がなく，農村や祭礼研究の素人である私1人ではとうてい里山プロジェクトを遂行することは無理である．そこで，アフリカの乾燥地農業とともに日本の篤農家についても研究している文化人類学者や，福井の民俗芸能の調査を長年行なっている民俗学者など，国内外で長期の調査実績のある8名のフィールドワークのプロに助けを求めて，「福井の里山里海湖文化論」の構築を目指すことになったのである．

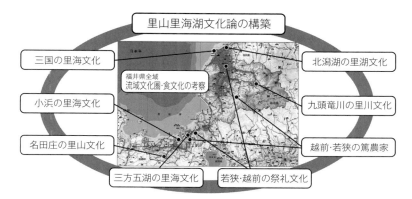

図1　里山里海湖文化プロジェクトの研究テーマと調査地
出所）筆者作成．

4 「学問のための研究」と「社会のための研究」

　これまでアフリカで順調に調査を進めながらも，私の「フィールドワーク観」は揺れ続けていた．何のためにフィールドワークをするのだろうか？　この問いに対して，かつては，知的好奇心の赴くままに「当該地の生活文化を理解するため」と考えていた．『文化人類学事典』の「フィールドワーク」の項目でも，「フィールドワークとは，一言でいえば，「現場」（フールド）に身をおいて対象を理解するための作業（ワーク）である．（中略）人類学のフィールドワークの場合は，とりわけ人間を対象に，通常の社会生活や日常の文化的営みがごく自然に展開している状況の中で理解していくことをめざす．」［富沢2009：706，傍点引用者］とあるように，生活や社会や文化を「理解」するためにフィールドワークをするというわけである．
　しかし長い間，「フィールドワークは当該地の生活文化を理解するだけでよいのだろうか？」と自問していたことも事実である．というのも，大学院生時代に読んだ次の言葉がずっと頭の片隅に残っていたからである．「人類学者は，開発，援助，貧困，地域振興，医療，教育，エスニシティ，ナショナリズム，ジェンダーなど，現代社会が直面する諸問題に，フィールドを通して遭遇する

170　第Ⅴ部　挑戦する民俗学

（経験する）．しかし実際には，人類学は『現代世界』の学であるにも関わらず，それらを自らの領域に取り込みきれていない．（中略）諸問題に対する人類学の『実践的』有効性を示してこなかったことがその理由の１つであることは間違いない．」［関根2006：352］．

　文化人類学者は，長期間にわたるフィールドワークによって，地域の生活文化への理解を段階的に深めてゆく．それと同時に，当該地が直面するさまざまな問題にも気がつく．しかし，私自身の経験からすると，それらの問題解決について，文化人類学はほとんど役に立つことはない．その理由を挙げるならば，（１）文化人類学のフィールドワークには時間がかかるので，急を要する問題解決に対応できない，（２）中立的な立場をとろうとする文化人類学者は社会の問題に大きく踏み込むことを避ける傾向がある，（３）同じ理由で，政治的問題に関わることを避ける傾向がある，からである．

　もちろん，文化人類学者や民俗学者のなかには，現場の問題解決に貢献している実践的な研究者も数多くいるのは確かなことだ．上記の（１）から（３）は，あくまで私自身が回答を見出さなければならない問題である．

　タンザニアでの調査経験を例に説明してみよう．私はタンザニア南部のキルワ島の海村生活文化について，2000（平成12）年以降，毎年フィールドワークを行なってきた．その結果，キルワ島には民族に応じた「すみ分け」による沿岸**資源利用**があることがわかった．しかし，資源利用のバランスを崩すような沿岸環境保護政策が2005（平成17）年頃から実施されたときに，行政や国際団体に対して，私は何の発言もできなかったのだ．その後，資源利用のバランスが崩れるとともに，民族間の経済格差が拡大し，それまで比較的安定していた人間関係にも歪みが生じてきた．その結果，島では相手を呪う「邪術」が横行するようになり，かけられた呪いを解いたり探し出したりする対抗邪術としての「精霊信仰」が再興した．そうしたときも，私はあくまで学問的に「だからこのように島の生活は変化したのだ」と，単なる後付けの説明をすることしかできなかった．近年，魚の需要の増大によってキルワ島に市場経済的な合理主義が浸透したことで，相互扶助的なイスラームの慣習が薄れて，経済・生活格差が拡大しつつあるが，私は，その状況をただ記録し続けることしかできていない．

　私の19年間にも及ぶフィールドワークは，キルワ島が直面した数々の問題の

解決に何ら役に立たないものであった．その原因の１つには，私が，タンザニア政府や沿岸環境保護を推進する国際団体などに，私の研究成果を示し，送り届ける努力を怠ったことがあげられるだろう．行政や政策とは距離を置き，記録し，調査地の生活文化を理解するだけのフィールドワークに終始し，文化人類学の実践的有効性を示すことができなかった．つまりは，学問のための研究にとどまっていたのである．

そんな私が，研究成果の「地域還元」について意識するようになったのは，2008（平成20）年から2014（平成26）年にかけて在籍した総合地球環境学研究所（以下，地球研と記す）の「アラブ社会におけるなりわい生態系の研究（アラブなりわいプロジェクト）」のプロジェクトリーダーN先生の影響であった．

N先生に学生時代にスーダンに留学しながら，乾燥地ラクダ牧畜民の生活文化について調査を行なった．その際，侵略的外来植物のメスキート（*Prosopis juliflora*）が土地を覆い，農耕や牧畜が困難になっている問題について牧畜民から「Nさん，我々のためにこのメスキートをどうにかしてくれないだろうか」と相談されたという．まだ一介の学生であったN先生にはどうすることもできなかった．しかしその十数年後，メスキート対策も含んだ学際的国際的な「アラブなりわいプロジェクト」を地球研で組織し，「実際に行動にうつすのがかなり遅かったと自戒している．しかしまだ遅すぎない」としてメスキートの統合的管理法の研究に取り組んだのである．

アラブなりわいプロジェクトの研究テーマは，メスキートのほかにも，ラクダ，ジュゴン，マングローブ，ナツメヤシ，サンゴ礁と多岐にわたった．私もメンバーの一員として６年間，このプロジェクトに関わることによって，研究成果の地域還元を強く意識するようになったのである．

そのプロジェクトが終了してすぐの2014（平成26）年に福井県の里研に籍を移した．里研の所長に初めてお会いした際，所長は「これからの研究は，社会のための研究でなければならない」と言われた．その言葉のとおり，里研の研究理念の三本柱の１つに「研究：地域に貢献する実学研究（Science for Society）」が掲げられている（ちなみに，あとの２つは，「教育：里山里海湖を体感し，感性を育む」・「実践：次世代につながる持続可能な里山里海湖の保全・再生・活用」）．里山プロジェクトにおいては，現場の問題解決に貢献することができる実学研究が強く求めら

れたのである．

　しかし，里山プロジェクトが始動した当初はまだ，どのようにすれば「社会のための研究」ができるのか皆目見当がつかない状態であった．それでも，「地域に貢献する」ことを意識しながら実施した里山プロジェクトのなかから，不十分ながらもなんとか成果をあげることができた福井県小浜市田烏(たがらす)でのフィールドワークを紹介してみることにしよう．

5 ▎「鯖のへしこなれずし」をめぐるフィールドワーク

鯖のへしこなれずしとの出会い

　田烏は，小浜市内外海(うちとみ)地域の沿岸に位置する人口400人ほどの海村である．初めて田烏を訪れたのは2014（平成26）年の11月であった．高齢者によって組織された「田烏さばなれずしの会」が，地域の小学生に伝統食「鯖のへしこなれずし（以下，ナレズシと記す）」（写真1）の作り方を教える取り組みをしていると聞いたので見学に行ったのである．そこで初めて，私は「ナレズシ」というものを知った．ナレズシとは，流水で塩抜きした鯖の「ヘシコ（サバの糠(ぬか)漬け）」を，10〜20日間ほど飯・麹で漬けて発酵させた，内外海地域に特有の郷土食である．材料であるヘシコを漬ける段階から計算すると，ナレズシ完成までには何と10か月ほどの時間が必要な，手間暇かけて作られる食品である．

写真1　田烏の鯖のへしこなれずし
出所）田烏の民宿佐助にて，2016年2月22日筆者撮影．

他地域のナレズシ（福井県勝山の鯖のなれずし，琵琶湖の鮒ずし，朽木の鯖なれずし，奥能登のなれずし，和歌山の鯖なれずしなど）が生や軽く塩漬けした魚を材料とするのに対し，内外海地域のナレズシは，半年以上も糠漬けしたヘシコを材料とする点で特徴的である．他地域には見られない固有の価値が認められ，2006（平成18）年，ナレズシは，国際スローフード協会（スローフード・ジャパン）から食の世界遺産ともいわれる「味の箱舟（Ark of Taste)」に認定されている．

こうした独特のナレズシが伝承されているのは，内外海湾に位置する海村である．入り組んだ小さな入り江に，宇久，加尾，西小川，阿納，犬熊，志積，矢代，田烏，釣姫，谷汲，須浦などの集落がある．この地域のナレズシは単なる食品ではなく，祭りや年末年始に食される，地域の信仰と結びついた「ハレ」の食でもある．

田烏では，郷土食でもありハレの食でもあるナレズシの継承に力を入れてきた．2006年に「田烏さばなれずしの会」が設立され，小学生にナレズシの製法を教える取り組みを継続して行なっている．また，2011（平成23）年には当時50〜60歳代の男性が中心となって「たがらす我袖倶楽部」が設立され，物産展や県外でのナレズシの販売促進活動，棚田キャンドルのイベントなど，地域振興に熱心に取り組んでいる．これら2つの会の取り組みにより，「食品」としてのナレズシの継承は問題ないであろう．

田島でのフィールドワークでわかったこと

ナレズシは発酵食品特有の「癖」のある味だが，8か月間ほど糠漬けにしたヘシコを材料としているので生臭さはまったくない．また，一緒に漬け込んだご飯は原型をとどめている．このように，ご飯と鯖の身と一緒に食べるのだから，まさに「寿司」である．麹の甘みがほんのりと効いており，一度食べると病みつきになる珍味である．かくいう私もすぐにナレズシのファンになった．この魅力的なナレズシについてもっと知りたいと思い，里山プロジェクトの一環として，2015（平成27）年から，北海道のニシン漁を主な研究テーマとする文化人類学者Hさんと2人でフィールドワークを開始した．

まずはナレズシについて理解するために，作り方をじっくりと観察し，それだけではなく，私たちも実際に作り，そして舌鼓を打ちながら我が胃袋に収め

た．それに加え，ナレズシを作っている地域の方がたからお話をうかがい，田烏だけでなく，矢代や志積，阿納などの海村でも聞き取り調査を行なってみた．すると，会話の中に「里売り」という言葉が頻繁にあらわれることに気づいたのである．

里売りとは，田烏などの海村（浦）の女性が海産物を担いで，小高い山を越えた先に位置する農村（里）まで売りに行くことである．約50年前の1960年代まで，そうした行商が見られたという．興味深いことに，海産物の販売は，現金ではなく，信用貸しの物々交換であった．農村部の収穫後の秋に，海産物の代金として，米や麦を集めてまわったということである．つまり，里売りを通じた海産物と農産物の長期的な取引サイクルによって，地域間の関係が構築されてきたのである（図2）．

里売りでは，ナレズシやヘシコに加えて，季節の魚（春サバ，サツキアジ，秋のカマスなど）やワカメなどの海藻も運んだという．それぞれの行商人には，里に決まった得意先があり，その「縄張り」を守らなければ怒られた［内藤2006］．得意先のなかでも特に親しい関係にあった家は「ワラジヌギ（草鞋脱ぎ）」と呼ばれた．行商人は，里に着くとまずワラジヌギに挨拶に寄る．そこでワラジを脱いで休憩したり，荷物を置かせてもらうなどして，その家を拠点として里での行商を行なったのである．

「これは本当に面白い！」と思った．なぜならば，ナレズシは単なる食品ではなく，里売りによって海村と農村とをつなぐ役割も果たしていたからである．そもそも田烏などの内外海地域の海村は，山裾に立地しているので耕作地が狭く，昔から米が不足する地域であった．そのため，米は農村地域からもたらされていたのである．つまり，鯖・米・ぬか・麹によって作られるナレズシ自体

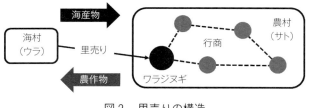

図2　里売りの構造

出所）筆者作成．

が，海村と農村のつながりを象徴する食品だったということなのである．沿岸の海村部と小高い山を越えた農村部のあいだを，ナレズシや海産物を背負った女性たちが歩いている風景が，私の目に鮮明に見えるように思えたのだ．

そこで，当時の里売りの様子をより詳しく知りたいと思ったが，田烏のおばあさんたちからは「あんたたち来るのが50年ほど遅かったね」と言われるだけであった．里売りはとうの昔になくなってしまったのだ．しかし，里売りの「痕跡」はかすかにだが残っていた．田烏でいろいろとお世話になっていたYさん(70歳代の女性)の姑は里売りをしていた．そうしたこともあって，Yさんは，今でも時折，姑のワラジヌギへ海産物を届けに行くという．

内外海地域の後背の山を越えると上中農村地域が広がっている．上中農村地域は，いくつかの谷に分かれている．その谷のうち，Yさんの姑時代からのワラジヌギは「鳥羽谷」の持田という農村にあった．Yさんにお願いして，その

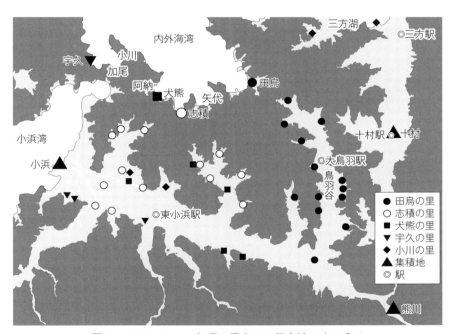

図3　1965（昭和40）年頃の里売りの行商地のすみ分け
出所）田烏でのフィールドワーク，胡桃沢［1995］，吉井［2005］をもとに筆者作成．

176 　第Ⅴ部　挑戦する民俗学

ワラジヌギの家に連れて行ってもらったり，知り合いのツテで，そのほかの農村で聞き取り調査を行なったりして，かつて見られた「里売り」の情報を集めると同時に，文献調査も進めた．

　その成果の一部として，田烏を含めた内外海地域の海村（志積，犬熊，宇久）が，かつてどの農村を行商地＝里としていたのかを地図上に再現することができた［中村2017，2018］（図3）.

　田烏は，後背の山を越えた「鳥羽谷」に位置する農村（海士坂，無悪，麻生野，上黒田，大鳥羽，持田，小原，山内，有田，安賀里，吉田，杉山）を里としていた．志積は，大谷，新保，本保，竹長，高塚，府中，和久里，遠敷などを里としていた．犬熊は，国富，今富，本保，宮川，神谷など．宇久は，府中，湯岡，伏原，遠敷などを里としていたことが見えてきた［胡桃沢1995，吉井2005］.

　里の分布を見ると，各海村は，後背の山を越えた谷間に位置する農村部を里としていたことがわかる．志積と犬熊の里は重なる場所もあるが，鳥羽谷は田烏専用の里であったようである．つまりは，里の「すみ分け」という地域間のルールにしたがって里売りが行なわれていたということなのである．

　小浜鉄道の駅で，周辺に多くの旅館や料理店が建ち並んでいた「十村」，京都へ続く街道の宿場町で海産物問屋のあった「熊川」，常設魚市場のあった「小浜」は，海産物の集積地であり，どの海村の行商人も魚を売ることができた．旅館や料理店，問屋などを相手とした商売なので，商品の販売形態も信用貸しの物々交換ではなく現金で行なわれていた．また，常神半島に位置する小川などの遠隔地からも，1918（大正7）年開通の小浜鉄道（十村〜小浜間）を利用して，小浜周辺での行商が可能であった．

　こうしたフィールドワークによって，内外海地域と上中農村地域の一帯に，1960年代まで広がっていた「里売りネットワーク」の全貌を把握することができた．同時に，ナレズシは単なる食品ではなく，海村と農村とのつながりによって生まれ，ハレの食として珍重され，里売りによって地域経済と地域交流の一端を担った「文化的食品」であったことも深く理解できたのである．

大学教育の場としての田烏

　フィールドワークの一環として，田烏にどのように貢献（恩返し）すること

写真2　田烏実習の様子・たがらす我袖倶楽部の指導でナレズシ作りに挑戦する学生たち

出所）田烏なれずし工房にて，2017年11月4日筆者撮影．

ができるだろうか？　共同調査をしている文化人類学者Hさんと相談し，Hさんが大学で担当しているゼミナールの実習を田烏でしてはどうかということになった．その大学にはフードスタディコースがあり，在籍している学生たちの「食」についての興味関心は高い．学生たちにナレズシについて，どんなことでもいい，若者らしいアイデアを出してもらえれば，田烏の役に立てるのではないかと考えたわけである．そして，1泊2日の田烏実習を2016（平成28）年，2017（平成29）年の2年間に合計3回実施した（写真2）．

　また，里山プロジェクトの研究協力者でもある福井県立大学の先生から，「海洋生物資源学部で自由なテーマで集中講義を開講してみないか」という，実にありがたいオファーをいただいた．そこで，「海洋人類学」と銘うった集中講義を2017年夏に開講し，学生を連れて田烏と矢代（体験学習型民宿の取り組みが盛ん）の地域振興の取り組みについて学ぶ実習も行なった．

　これらの実習の建前は，若者らしいアイデアを出してもらうことで田烏の地域振興に貢献するというものであった．しかし実際のところ，田烏で地域振興に取り組む人びとの姿を若者に知ってもらいたい，という気持ちのほうが強かった．

　「田烏さばなれずしの会」や「たがらす我袖倶楽部」による**地域資源**（食文化や棚田景観）を活かした取り組みは素晴らしいものである．2018（平成30）年と

178　第Ⅴ部　挑戦する民俗学

2019（平成31）年には，棚田に舞台を作り，芸能集団を招いてライブ・パフォーマンスを行なう「内外海・海のステージ」を開催するなど，住民たちの発想は柔軟であり，アイデアを現実化させる実行力にあふれている．労を惜しむことなく楽しみながら地域振興に取り組む「地域」の姿を，21世紀を担う若者に知ってもらうことが，大学教育の一環として重要ではないかと考えたわけである．同時に，学生実習を行なうことで，田烏には「大学教育の場」としての地域資源もあることを示すことができたと考えている．こうした地域は，田烏だけではなく，全国で数え切れないほどあるはずである．

6 ▍ 里売りネットワーク再生の提案

　田烏のお役に立てればと実施した実習であったが，中心となって協力してくれた我袖倶楽部や地域の方がたにはかえって迷惑と苦労をかけてしまったように思えてならない．それでも，我袖倶楽部のメンバーと話したり，酒を酌み交わしたりする機会を持てたことで，地域の歴史文化だけにとどまらず，暮らしの現在をより深く知ることができたように思える．

　我袖倶楽部は，「ナレズシを田烏の小さな地場産業としたい」という強い思いから，県内にとどまらず，東京，千葉，大阪，名古屋，石川でも，ナレズシの販路拡大に努めている．通常，ナレズシはサバ1本の単位で販売される．しかしこれでは，**家族**の少ない最近の家庭では量が多すぎるという消費者の声を反映して，サバを半身にしたり，細かく切ってパック詰めするなど，現代的なナレズシの販売方法を模索している．

　ナレズシの販路を新しく開拓することは大切である．しかし，「発酵食品」という独特の風味をもつナレズシは，なかなか広く一般に受けいれられないのが悩みの種であった．そこで，私は，県外や都市部での販路獲得も大切だが，同時に，かつて「里売りネットワーク」でつながっており，すでにナレズシを食べる文化を所有している上中農村地域への販路を復活し，拡大してみてはどうかと提案してみた．里売りの消滅後，農村部ではナレズシの需要はあるものの入手が困難であることが，私たちのフィールドワークによって明らかになっていたからである．

この提案に，我袖倶楽部の会長が興味を示してくれた．倶楽部のメンバーからも，すぐには難しいが，農村部での「里売り」や小浜での「町売り」をしてはどうかというアイデアが出てきた．里売りの消滅によって，なじみの里ではナレズシを食べる機会が激減してしまったが，決して食品としてのナレズシが廃れたわけではない．そこに目を付けたわけである．

農村部にナレズシのファンはいまだに多い．問題はナレズシの入手方法なのである．その意味で，「里売り／町売り」は広く歓迎されるものと考えている．このアイデアが実現すれば，農村部ではナレズシを購入する機会が増え，販売数は伸びるだろう．何よりも，現在失われつつある海村と農村との歴史的なつながりが再生されることで，地域社会の活性化にもつながっていくと期待できるだろう．

7 ┃ 21世紀のフィールドワークに向けて

里山プロジェクトは2015（平成27）年4月に始まり，2018（平成30）年3月に終了した．3年間のプロジェクトを通じて，研究協力者をはじめ，地域の多くの方がたに助けてもらうことで，福井の里山里海湖文化について知ることができた．同時に，私のフィールドワークに対する思いも変化した．それは一言でいうと，「地域に貢献するフィールドワークをしなければならない」である．

先に，「政治的に中立な立場」でないと文化人類学的なフィールドワークを行なうことは難しいと記した．しかし，里山プロジェクトの3年間を通じて，県職員だからこそできるフィールドワークもあるということを実感した．それは，「地域に貢献する」ことを強く意識したフィールドワークである．また，県職員としての当初のフィールドワークで何度もつまずいたことが，研究協力者とともに里山プロジェクトを組織する契機となり，結果として幅広く福井の里山里海湖文化について知ることができた．私にとって，日本での初めてのフィールドワークを県職員として行なったことは，今では，願っても得ることができない幸運であったと感謝している．

ここでは田鳥でのフィールドワークについて紹介したわけだが，「本当に（どれほど）地域に貢献できたか」と問われると，はなはだ自信がない．しかし，

大学生たちに田烏の地域振興の取り組みを知ってもらう実習，大学教育の場としての田烏の有効性の提示，なじみの里への販路再構築を提案したことで，今後の地域発展につながる可能性の芽は残せたのではないかと密かに考えている．

地域の役に立つフィールドワークの実現は本当に難しい．しかし，だからと言ってフィールドワークがもつ実践的有効性を放棄してはならない．フィールドワークには，現場の問題を知り，その問題について地域の人びとと一緒に取り組むことができる力があるのだ．すぐに行動に移すことは難しいかもしれないが，現場の学問として「地域に貢献する」という姿勢をフィールドワーカーはもたなければならない．これこそが21世紀に必要とされるフィールドワーク像であると考える．

最後に，「では？」と読者の方がたに問いたい．「地域に貢献する」とはどういうことなのだろうか？　あなたなら，どのような問題設定で，どのようなフィールドワークを行なったなら，地域に貢献できると考えるだろうか？　こうしたことを考え続け，実行する仲間が増えてきたとき，文化人類学や民俗学は，「実践の学問」として，その姿を一新することになるはずである．

参考文献

胡桃沢勘司［1995］「鯖街道の始点——若狭の魚流通伝承——」『民俗文化』7．

関根久雄［2006］「実践論」綾部恒雄編『文化人類学20の理論』弘文堂．

富沢寿勇［2009］「フィールドワーク」日本文化人類学会編『文化人類学事典』丸善．

内藤増之（編）［2006］『海士坂——集落名・耕地名の由来とくらしを探る——』元上中町地名委員会．

中村亮［2017］「ナレズシがつなぐ地域社会——里売りネットワークの活かし方をさぐる——」『福井県里山里海湖研究所年報2017』福井県．

————［2018］「福井県小浜市内外海地域の郷土食ナレズシを活用した地域振興の可能性を探る」『地域漁業研究』58（3）．

吉井多美子［2005］「小浜のいただきさんとぼてふりさんについて」『若狭の記録2004-05』若狭を記録する会．

調査は，論文の執筆や発表などでデータをアウトプットすることを前提に行なうのだから，書けないと思っても，調査を思い出して，書けるものをできるだけ書くように努力したほうがいい，と研究室の先輩に言われたことがある．実際書いてみると，自分はこんなことしか書けないのかと落ち込むことも多い．それでもそのとき書けるものを精一杯書くことは重要だと思う．何より書いてから気づく問題もあった．それは，初めとても書けそうにもないと思ったときほどそうだった．

当初は最初に簡単に章立てをして，問題提起，先行研究の問題点，事例，分析，まとめ，と順序良く書いていた．しかし，博士課程進学以後は，いつも核になる事例を中心において章立てを考えるようになった．そして，できる限り細かく章立てをしてみる．すると，書けるところと書けないところが浮かび上がってくるのである．足りない部分は何が足りないのかを考えて，補足調査や資料の読み込みをする．それでもどうしても書けない場合は，章立てから外して再度章立てを調整する．先輩のなかには，全体の整合性を考えて，「はじめに」を最後に書くという人もいたし，「おわりに」を先に書くという人もいた．

これも博士課程で参加したゼミナールの影響が大きい．そのゼミナールでは，ゼミナールで設定されたテーマを自分の興味関心に引き付け，最終的には論文もしくは研究ノートを書くことを目標にしていた．毎週発表し，回を重ねるごとにテーマを深める議論を提示しなければならない．初めに参加した時のテーマは「所有」だった．毎回ゼミナールでダメ出しをされながら書いたものが「切り取られた記憶」という論文である［後藤2007］．

ゼミナールでのそうした作業を通して，私は，フィールドでの個別具体的な出来事や人びとの話をコアに据えて考えたほうが議論を展開させやすいと考えるようになった．それ以来，事例をもとに論文を作成する際には，主にこの方法をとっている．真言宗寺院と高齢女性の関わりを論じた論考［後藤2009a］も，沖縄離島の人びとと宗教的なものの関わりを論じた論考［後藤2009b］も，魔除けの塩の事例をもとに展開した俗信論に関する論

考［後藤2009c］も，博士論文［後藤2017］の後半のフィールドデータをまとめた章も，冒頭で調査地の事例から議論をスタートしているのは，そのためである．

　また私が論文を書く上で心がけていることがもう1つある．「批判をする時には，意味のある批判をする」ことである．博士課程の頃指導教官や研究室の先輩に，「批判は誰にでも簡単にできる」と言われたことがあった．言われた時はぴんと来なかったが，今見直してみると，若い時分に書いた論文は批判だけは立派な割に，新しい視点は何も提供できていない（当時はそれが自分ではまったくわからなかった）．もちろん先行研究に対してクリティカルな視点を持つことは論文を書く上では欠かせない．しかし最も重要なのは批判をすることではなく，自分自身が新しく何を提示するのか，ということであろう．先行研究へのリスペクトを持ったうえで「意味のある」批判を心がけるようにしている．

後藤晴子

参考文献

後藤晴子［2007］「『切り取られた』記憶の所有——民俗学における『老人の経験知』の問題について——」関一敏（編）『共生社会学論叢Ⅱ「所有」』九州大学人間環境学府共生社会学講座.

————［2009a］「生活実践としての仏教——高齢女性と寺院の親密性に関する一考察——」『宗教研究』第360号，日本宗教学会.

————［2009b］「老いと『宗教的なもの』に関する一考察——沖縄離島の事例から——」『沖縄文化』105.

————［2009c］「民俗の思考法——『とわかっている，でもやはり』を端緒に——」『日本民俗学』第260号，日本民俗学会.

————［2017］『老いる経験の民族誌——南島で生きる〈トシヨリ〉の日常実践と物語——』九州大学出版会（2013年に九州大学に提出した博士論文を改稿した著作）.

第VI部

博物館へ行こう！

博物館へようこそ！

川 村 清 志

　博物館にはさまざまなタイプの来館者が訪れる．熱心に展示を眺める人もいれば，そうでない人もいる．熱心でない人は，基本的に展示に関心がない．入り口付近には留まらず，導線を気にせずに部屋を歩いていく．ちらりと展示物を覗き，キャプションを一瞥するけれど，焦点は定まっていない．天井を仰ぎ，ため息をつく．説明を聞いても上の空で，ちらちらと腕時計を見たりもする．

　ところが，そんな来館者が，突然，目を輝かし，熱心に眺めたり，周囲に説明を始めたりすることがある．それは，ピンポイントに関心のある時代や人物に関連する資料に出くわしたからかもしれない．再現された街並みの精巧さに気づいたからかもしれない．自分の住んでいる場所の地名を見かけただけのこともあるだろう．

　それぞれは，とても些細で刹那的な関心かもしれない．しかし，それが1つのきっかけであることに変わりはない．博物館ではどんな文化財や宝物があっても，関心がなければ単なる過去の遺物に過ぎない．逆にほんの少しのきっかけさえあれば，そこにあるモノは，俄然，身近で興味深い存在に様変わりする．

　そのきっかけを膨らませ，広げていくために必要なもの，それは想像力である．きっかけは何でもいいのだが，この第Ⅵ部の2つのエッセイを読むにあたって，共通するきっかけというかヒントについて話しておきたい．ほとんどすべての展示に当てはまるそのきっかけは，展示を作った人びとの思いや動機について想像を巡らすことである．

　展示を作る中心には，博物館の学芸員たちがいる．彼らが，どうしてこんなテーマで，こんなモノを展示するのだろうか．予備知識がなくてもいい．最初は意味がわからなくても構わない．ただ，そこに意味があると思って，かつ面白いと考えて，何か月も，場合によっては何年もかかって展示に携わっている

者がいたということを想像して欲しい．学芸員自身も，展示への想像力を怠ら
ない．彼らは日々，さまざまな試行錯誤を繰り返している．可能ならば，その
努力の軌跡を想像しながら，展示に接してもらいたいのである．

　島立理子が語る「おばあちゃんの畑」プロジェクトは，千葉県におけるフィー
ルドミュージアムの試みである．フィールドミュージアムは，「フィールドに
あるものすべてが博物館の展示であり，博物館の資料であると考える博物館活
動である」．具体的には，千葉の房総半島を舞台として，個別に伝えられてき
た在地の野菜や穀物の種子を収集し，各々の利用法を再評価しつつ，一般に紹
介していくプロジェクトである．それは，民俗学にとっても馴染み深い現地を
意識した，非常に興味深い試みである．ただ，このような在来種に出会うきっ
かけは，学芸員自身がそれ以前に感じた展示への違和感だった．西欧からもた
らされた野菜を展示せざるをえなかったことから始まる「もやもや」した思い
を，島立は忘れなかった．関心のない人からは，わずかな違いに見える野菜の
在来種と移植種へのこだわりが，やがて地域文化を再発見し，保存し，育んで
いくプロジェクトに結実していくのである．

　もっとも，展示やプロジェクトを進めるためには，学芸員たち個々の力だけ
でできるものではない．学芸員がどれほど優秀でも，彼らだけでは展示は不可
能である．実際，展示や展示を行なう博物館には，多くの人の思いや考えが複
雑に関わっている．展示の対象によっては，時代をこえて人びとの思いが交差
していることもある．

　そのことを教えてくれるのが，藤坂彰子が紹介する広島県の呉市海事歴史科
学館の事例である．全国的な知名度を持つ戦艦大和の縮小再現模型が展示され
ており，「大和ミュージアム」の通称でも知られている．2005（平成17）年の開
館以来，毎年90万近くの人びとが訪れる，呉市の一大観光地である．

　しかし，実際にこの博物館が開館するまでには，さまざまな困難があった．
大和は当時の造船技術の粋を結集したものだが，他方で軍国主義のシンボルと
も受け止められかねない．戦前の軍国主義を称揚することなく，戦後，造船業
で発展した呉市の歴史との連続性を示さなければならない．それを可能にした
のは，地元で行なわれたシンポジウムの蓄積であり，そこで培われた人びとの
ネットワークであった．博物館が開館すると，それまで記憶の中に封じ込めら

博物館へようこそ！　187

れていた戦争体験を語る場として，この施設は成長していった．記憶を辿り，
想起させる場としての博物館は，民俗学の新たな現場になりつつある．

　同じような人のつながりは，「おばあちゃんの畑」プロジェクトでも見られ
る．何より重要だったのは，実際に在来種の種を提供してくれるおばあちゃん
たちがいたことである．まもなくそれらの維持，栽培，普及に積極的に関わっ
ていく人たちが現れた．人と人との繋がりは NPO という形で展開していくこ
とになるだろう．

　2人のエッセイを踏まえつつ，どんな展示でもいいから，ぜひ博物館に足を
運んでほしい．もちろん自分の関心に基づいて選び，ご覧いただいて構わない．
ただここで述べたことを少しだけ頭に留めておいて欲しいのである．

　学芸員が展示で示したいこと，見て欲しいことは，必ず，最初の解説や章ご
との説明に紹介されている．少し我慢してそれらの文章に目を通し，そのうえ
で彼らが，一番見せたいモノを探し出してみる．どんな展示にも目玉となる展
示は，必ず用意されている．解説と展示されているモノから，展示をした者の
意図や思いをもう少し深く想像できるはずである．そこから先は，彼らが展示
したモノに託した思い，つまり，学芸員たちの想像力とシンクロすることにな
る．そしてその向こう側には，展示を取り巻くもっと広い人とモノのネットワー
クや環境が垣間見えるはずである．そうなった時，博物館は，新たなフィール
ドワークのはじまりの場所にもなるだろう．

博物館が作った「おばあちゃんの畑」というフィールド

島立理子

1 ┃ きっかけはモヤモヤした思い

四半世紀も前になってしまったが，当時，私は体験博物館「房総のむら」に勤務していた．江戸時代末から明治時代の房総の様子を再現し，「体験」してもらうことに主眼をおいた，千葉県立の野外博物館である．

ある年のお盆に，千葉県大網白里市の農家の新盆の「盆棚」を再現することになった．館内で保管されてきた資料では，「十六ササゲ」を棚に飾るとある．「十六ササゲ」とは何か？　ベテランの職員に確認すると，そういうササゲ(豆)があるらしい．どうも長いサヤらしいのだが，そんなササゲは博物館で栽培していないし，八百屋に頼んでも手に入れることができない．では，どうするのか？　「ふつうのササゲ」を使えばよいのだと言われた．納得がいかない．本当に手に入らないのであろうか？　モヤモヤする．

「房総のむら」の畑では，江戸から明治初めにかけての房総の農村を再現し，ダイコンやゴボウ，カボチャの種子，ナス，キュウリなどの苗を種苗店から購入して栽培していた．カボチャを例にとれば，江戸から明治初めにかけて房総で育てられていたのは日本カボチャであるのに，種苗店で購入できる西洋カボチャを栽培していた．野菜の品種は常に改良され，特に古い品種が手に入らないことはわかる．だが，両者はまったく違うものなのだ．またモヤモヤする．しかし当時は，出産，子育てと目のまわるほど忙しい日々を過ごしていたため，それに紛れてモヤモヤのことも忘れていった．

190　第Ⅵ部　博物館へ行こう！

2 フィールドとの出会い
──「おばあちゃんの畑プロジェクト」の誕生──

　数年後，千葉県立中央博物館に異動した．

　2003（平成15）年，新しいプロジェクト「房総の山のフィールド・ミュージアム」が始まり，私は，最初のメンバーの一員となった．「房総の山のフィールド・ミュージアム」は「建物を持たない博物館」と銘打ち，フィールドそのものを博物館と考え，フィールドにあるものすべてが博物館の展示であり，博物館の資料であると考える博物館活動である．つまり，博物館の資料を守るのは地域の人たちであり，博物館活動の主役は地域の人たちである．

　千葉県唯一の丘陵地帯である房総丘陵の千葉県君津市清和地区がフィールドとして設定され，そこに通うことになった．週に1，2度のペースで通ううちに，私たちの活動に興味を持ってくれる人，支援してくれる人，何かあれば力になってくれる人が何人か現われ，少しずつ地元の人びととの関わりが芽生え始めた．

　活動を始めて4年目の2007（平成19）年，プロジェクトでの私の仕事の1つとして，「人びとが集まることができる広場を作る」ことが課せられていた．そのようなとき，清和地区の畑で種子を採るために作物を乾燥させる場面を何度か見て，「房総のむら」にいた当時のモヤモヤとした気持ちを思い出した．種子を乾燥させているということは，自家採種をしているということである．つまり，「地域で代々つないできた種子があるに違いない」と考え，会う人ごとに尋ねると，あっという間にフリソデインゲン，シロッカボチャ，マナなど聞きなれない作物の種子が手に入った．

　地域にあるものを博物館資料と考えるのだから，地域で代々つないできた種子は博物館資料である．これを，地域内外の人たちと育てて，未来へとつないでいくことも立派な博物館活動である．こうして，畑は自然と「人びとが集まる広場」となった．

　畑を耕し，種子をつないできたのはおばあちゃん．おばあちゃんたちが嫁に来た頃の作業を再現しよう．自家採種された種子をもっと探そう，収穫祭もしよう，夢はどんどん広がっていき，大々的に「おばあちゃんの畑プロジェクト」

と名付けることにした.

そこで, 市宿 (いちじゅく) 地域でお世話になっていた方に相談すると, 「現在, 地区で借りている畑で, おばあちゃんたち (当時70代) と種子を育てよう」との回答があり, 翌2008 (平成20) 年4月, 「おばあちゃんの畑プロジェクト」が誕生, 動き出したのである.

3 ┃ 民俗学の立場からの「おばあちゃんの畑」というフィールド

自家採種するのが上手なおばあちゃんの畑はきれいで, いろいろな野菜を育てていた. 「インゲンマメは時期をずらして何回かに分けて種子を蒔けば, 春から秋にかけて, いつでも食べられるよ」「サトイモは種芋を穴に入れて保管するのが本式. でも, 植えたままのサトイモに藁を巻いて土をたくさんかけておいても大丈夫だよ」など. 長年の畑作業のなかで培ってきた工夫を知った.

マナという正月の雑煮に入れる菜っ葉の種子をくれたおばあちゃんは, 「この種子は11月3日に蒔くのだよ」と教えてくれた. 寒くなりはじめたこの時期に蒔けば, 正月の頃にはちょうど7〜8cmの長さとなる. それに包丁を縦に入れて2つに切り, 雑煮に入れる. 購入した菜っ葉では成長しすぎていて, だめなのだ. 小さな菜っ葉を雑煮に入れることに意味があり, そのためだけに種子を自家採種してつないできているのだとわかった.

「お盆に小麦の藁が必要で育てているけど, 小麦自体は食べないんだ」と言って, 小麦の種子をくれた方がいる. 盆の迎え火, 送り火は小麦の藁を燃やすのだ. 小麦の藁は火をつけるとパチパチと音がして, そのパチパチという音がどうしても必要なのだそうだ.

地域でつないできた種子というキーワードでフィールドに関わることで, さまざまな新しい発見があった. 問題意識を持ってフィールドに関われば, いつでも新しい発見があるのだ. このような小さな発見たちを「『おばあちゃんの畑』プロジェクトを通した食の日韓比較試論」[島立2014] としてまとめた.

また, 他にも畑に異なる種類の作物を混作すること, 田んぼの土手にソラマメを植える話, 田んぼの裏作の麦作の方法についてなどさまざまな話を聞いた. このような話は, のちに地元に伝わる古文書「星野家日記」の農事部分の読解

に役立ったことは「150年前の畑を探る―『おばあちゃんの畑』プロジェクトの成果―」[島立・木曽野2009] で紹介している.

4 ┃ 博物館としての「おばあちゃんの畑」というフィールド

　2年目の活動に入る時，地元から古い品種の米を育てたいとの要望があり，千葉県内の研究所に依頼して，種籾を入手し育てることにした．育苗器を使わず苗代づくりから始めて，田植え，草取り，稲刈りとすべて手作業で行なった．「おばあちゃんの畑」に田んぼの事業が加わったのだ．

　そのうち，畑や田んぼに，地元以外の人が顔を出すようになった．農作業をしたいという都会暮らしの人，自家菜園の参考にしたいという人，田舎暮らしに憧れて移住して来た人など多種多様な顔ぶれである．作業が終わると，持ち寄ったお茶請けをつまみながら，地元のおばあちゃんと都会の若者との交流が始まった．この活動については「建物のない博物館の試み」[島立2013] として紹介している．

　次の展開として，来る人を待つだけでなく，積極的に人を集めようということで，ワークショップ「めざせ　田んぼのマイスター！」を開催することにした．毎年参加する人も含め，参加希望者も年ごとに増え，回を重ねるとともに，作業も手馴れてきて，3年目ともなると初めて参加した人に，何回も参加している人が指導できるようになった．こうしたように，ワークショップ参加者への**技術**の**伝承**が確実に行なわれている．

　もう1点，種子を保存し続けるためには，単に資料として保存するためではなく，食べるためなどの積極的な動機付けが必要である．

　そこで，食用とはしてこなかった小麦をみんなで食べてみることにしてみた．地元の子どものおやつ「ぼったり焼き」を作ったり，若者たちはピザやパンを作った．美味しい！　もっと作ろう！　地元の小麦の復活である．

　「おばあちゃんの畑」の収穫物を食品に加工して販売するため，「市宿おばあちゃんの畑」の世話人が私費を投じて「おばあちゃんの畑」食品加工所を建てた．復活させた小麦を材料とした菓子の製造販売から始めて，**イベント開催時**などで販売した．加工所と「めざせ田んぼのマイスター！」の活動開始から数

写真1 「めざせ　田んぼマイスター！」稲刈りの様子
3年目の体験になると，小学生でも鎌を持って刈り取り束ねられるようになる．
出所）2016年9月18日，筆者撮影．

年経った頃，「めざせ田んぼのマイスター！」の参加者から「おばあちゃんの畑」の小麦を自分で育て，天然酵母パンを作って販売をしたいとの申し出があり，今では一緒に活動をしている．

　博物館資料である地域で受け継がれてきた種子を，農業技術とともに次世代に伝えるシステムを「おばあちゃんの畑」によってつくり上げたことは，博物館の立場から見れば大成功（！）と言えるのではないだろうか．

5 ▎「おばあちゃんの畑」から離れるとき

　私自身が積極的に事業に関わり，いろいろなことを学び，経験したプロジェクトだが，2017（平成29）年4月，人事異動で「房総の山のフィールド・ミュージアム」を離れることになった．だが，その頃にはもう地域の人びとが中心となり活発に活動するようになっており，私の仕事はほんの少しだけのサポートとなっていた．2018（平成30）年度の「めざせ田んぼのマイスター！」は，前年度参加した人や，かつて参加したことがある人たちを積極的に受け入れる「経験者枠」を一般参加者とは別につくり，経験者を積極的に育てる方向で動き始めた．私が離れても「おばあちゃんの畑」はどんどん発展を続けており，今後

194　第Ⅵ部　博物館へ行こう！

の展開が楽しみでもある．

　担当ではなくなったが，１人の民俗学の研究者としての私にとっては相変わらず「おばあちゃんの畑」と，フィールド・ミュージアムの活動エリアは私のフィールドである．40歳を過ぎてから，好むと好まざるとにかかわらず職務上の都合で与えられたフィールドではあったが，今ではその地域を基準に物事を考え，何かあればそこへ帰る……，私の大切なフィールドとなっている．

6 ▌ いくつかの問い

　私にとっても，博物館にとってもかけがえのないフィールドである「おばあちゃんの畑」．次世代に伝えるシステムができたとはいえ，フィールド・ミュージアムの当初の考え方である，地域のなかで伝えられてきたものを，地域の人びとが受け継ぐというものとは違い，受け継ぐ中心は地域の外の人びととなってしまっている．それで良いのだろうか？　どうあるべきなのか？　さらに言うならば，このような積極的な働きかけを私自身がしてしまったことで，変容してしまった民俗もあるのでは……．フィールドと民俗学者，博物館の関わりはどのようにあるべきなのだろうか．

参考文献

島立理子［2013］「建物のない博物館の試み」『年報　月曜ゼミナール』第５号．
──────［2014］「『おばあちゃんの畑』プロジェクトを通した食の日韓比較試論」（『日韓比較民俗研究の新視点──博物館型研究統合の現場から──』国立歴史民俗博物館．
島立理子・木曽野正勝［2009］「150年前の畑を探る──『おばあちゃんの畑』プロジェクトの成果──」『研究報告──人文科学──』第11巻第１号，千葉県立中央博物館．

「戦争」の「記憶」と向き合う場所

藤 坂 彰 子

1 ▌「戦争」の「聞きづらさ」／「語りづらさ」と「記憶」の断絶

　私たちが日々の生活の中で，「戦争」について考え，語る機会は少ないだろう．特に戦後生まれの世代は，経験が伴っていないために自分のこととして考え，語ることは難しい．しかし，戦後世代にも「戦争」を身近なものとして考えなければならない機会が訪れる時がある．それは家族の歴史について考える時である．自分の両親や祖父母，さらに過去に連なる先祖が「戦争」という大きな歴史的出来事の中でどのような人生をおくったか，どのようなモノを残したのか．そして今の自分にどのようにつながってくるのか．自分自身を知るために，家族の歩んできた歴史や「記憶」は，もっとも重要なものなのである．

　けれども，肝心の「戦争」を体験した当事者，特に従軍経験者は家族に対して，当時の記憶を語ることは少ない．それは彼らの体験が被害だけでなく，「加害」の経験も含むからである．また，戦場や空襲あるいは原爆など凄惨な光景を「記憶」から呼び覚まし，言語化するにいたるまでに大変な気力が必要であろうことは想像に難くない．さらには，こうした体験を聞くことについて，子や孫の世代が身内の「戦争」体験者に対し，辛い「記憶」を掘り起こすことになってしまうことや，「記憶」を聞くことによって家族関係に変化が起きるであろうこと，そしてお互いが話したところで，聞いたところで分からないだろうという一種の諦めから，「話しづらさ」／「聞きづらさ」を感じていたこともあげられるであろう．このような「戦争」の「聞きづらさ」／「語りづらさ」は，「戦争」の「記憶」の継承を断絶させてしまう要因になっているのが現状である．

　社会学者の橋本明子は著書『日本の長い戦後』の中で，こうした日本におけ

る戦争観について，（１）先の戦争の中で「英雄」を見出そうとする「美しい国の記憶」，（２）原爆や空襲などの被害者としての思いを強く抱く「悲劇の国の記憶」，（３）東アジア諸国等に対する「加害者」の側面である「やましい国の記憶」の３つが幾重にも複雑に絡み合い，これが今日の日本における「敗戦のトラウマ」として共有され，「戦争」の「語りづらさ」につながっていると指摘している［橋本2017］．

　そのため，「戦争」，特に太平洋戦争における被害や加害の実相や，「戦争」の実態解明についてなどの議論はなかなか進まず，戦後70年以上が経過した現在，「戦争」を体験したであろう75歳以上の人口は全人口の約18％[1]に減り，「戦争」体験者の証言を記録することは急務とされている．

　上記のような「戦争」の「語りづらさ」や「聞きづらさ」の枠組みを取り払い，歴史と「記憶」の集積地となり，人びとのアクセスポイントとなっているのが博物館ではないかと私は考えている．

2 ▎軍港だった呉と戦艦「大和」の博物館

　私が勤務する呉市海事歴史科学館は，広島県の西南部に位置する呉市にある．呉市は，人口約23万人の中核都市で，造船・製鋼業を主産業とした工業のまちである．

　江戸時代は静かな農漁村であったが，1889（明治22）年，旧日本海軍の地方拠点で，兵や艦艇の統率，出動，補給等を統轄した鎮守府[2]が設置されて以降，呉は国内有数の軍港として発展を遂げた．また，鎮守府に臨接して旧日本海軍の艦艇や兵器を製造する呉海軍工廠が建設され，工員の教育とともに，高度な造船・兵器生産の技術を誇っていた．その技術の粋をつくして建造されたのが戦艦「大和」[3]であり，呉海軍工廠と縁のある呉市民にとって，今でも郷土の誇りとして語られる．

　軍港があったことは，一方で多くの悲劇を生んだ．呉市内は鎮守府や海軍工廠といった軍事施設を標的とするたび重なる空襲に遭い，市民はもちろん，各地から動員された学徒や女子挺身隊が亡くなるなど，大きな被害を受けた．戦後は，港を含めた旧日本海軍施設はアメリカ軍及び英連邦軍の連合国軍に接収

写真1　大和ミュージアム外観
資料提供）呉市海事歴史科学館提供．

されたため，工廠に勤めていた呉市民の大半は失業，連合国軍のもとで自ら作り上げてきた艦艇や，魚雷や砲弾といった兵器などの危険を伴う解体作業に従事することで暮らしの糧を得ていた．

　その後，呉市は1950（昭和25）年に，同じく鎮守府の置かれていた横須賀・佐世保・舞鶴と共同し，かつての港湾施設を取り戻すために開港を求め，この四市にしか適用されない「旧軍港市転換法」を成立させた．旧軍港市転換法とは，旧軍港四市を平和産業港湾都市に転換し，旧日本海軍の港湾施設を平和産業に利用することを目的とした法律である．この法律の制定後，旧呉海軍工廠の施設には民間の造船会社や製鋼会社が進出し，呉は造船・製鋼業を中心としたものづくりのまちとして発展，現在に至っている．

　そして戦後60年目の2005（平成17）年4月23日，呉市の歴史とものづくりについて発信する施設として呉市海事歴史科学館（以下，大和ミュージアムと記す）が開館し，2018（平成30）年には累計1300万人の来館者を記録した．呉のものづくりの原点とも言える呉海軍工廠やそこで建造された戦艦「大和」，呉の近現代史などを展示・解説している当館の愛称は「大和ミュージアム」であり，呉市の一大観光施設として日本だけにとどまらず，外国からも来館者が訪れる博物館として広く知られるようになった．

写真2　展示室「呉の歴史」
戦艦「大和」を中心に，呉海軍工廠の資料を展示している．
出所）呉市海事歴史科学館提供．

3 モノと「記憶」がつなぐ個人の「戦争」体験

　大和ミュージアムには，毎年90万人近くの人びとが訪れる．その中には戦艦「大和」をはじめとした旧日本海軍の艦艇愛好家や，模型愛好家，近年人気の旧日本海軍艦艇を擬人化したインターネットゲームの愛好家が多いが，旧日本海軍や軍港呉とつながりを持っていた人物の遺族が来館者の一定の割合を占めていることは興味深い．

　　「呉海軍工廠に父が勤務していた．戦艦「大和」の電気設備の設計にも
　　携わっていたというのだが，何も語らないまま30年前に亡くなった．どう
　　にかして父のことを調べることはできないだろうか？」

　これは，実際にあった来館者からの問い合わせである．このように遺族から父や祖父の軍歴，乗艦していた艦船，働いていた呉海軍工廠の施設について，毎日のように当館へ照会がある．当館には軍歴についての資料がないため回答することはできないが，艦船や呉海軍工廠については可能な限りの対応を行なっている．上記のケースについては，厚生労働省社会援護局で軍歴証明を取得できることを伝えて，回答にかえている．

　さて，先に記したように，故人は「戦争」体験について多くを語らなかった

が，当館に問い合わせてきた遺族の方と話をすると，故人がその時代のモノ（勲章や賞状，軍服や出兵に際して支給された，天皇よりの下賜品である「恩賜の煙草」など）を数多く残していることがわかってくる．つまり，遺族は遺品整理の段階で，故人のそれらと向き合うことになるわけである．ここで問題なのは，遺族は，これらの遺品がどういう意味を持つ品物なのか，さらには，故人にとってどれほど重要なものであったのか，そしてこれらを捨てる，あるいは博物館施設に寄贈することも含めて，どのように扱えばいいのかわからないことである．

　なかでも問い合わせが多いのは写真資料である．たとえば，次のような事例がある．「父の持っていた写真はいつ，どこで撮影されたのか？」と記された手紙が写真とともに当館まで送られてきたことがあった．その写真は，当館が所蔵している写真と同じもので，1940（昭和15）年8月8日に極秘裏に行なわれた戦艦「大和」進水式の当日，関係する工員だけで写した集合写真だった．戦艦「大和」の進水式のときの，海軍士官たちの集合写真は多くの刊行物に残されているものの，現場の工員たちが集合し撮影した写真となると刊行物に残されておらず，大変貴重な資料である．

　上記のケースはほんの一例で，故人の写真の中に写りこんでいる艦船や建物について，写真の撮られた時期，場所の特定など，遺族が解き明かしたいことは実に幅広い．こうしたレファレンスに対し，学芸員は展示資料や収蔵資料，または書籍をもとに，遺族の求める情報を伝え，回答を行なっている．それを聞いた遺族は，資料を通した「歴史」から，故人のたどった「戦争」体験の「記憶」の一端をつかむのである．

　こうした具体的なモノをもとにした問い合わせとは逆に，遺族が重要性に気づかないまま捨ててしまったり，あるいは，故人が遺品を残さなかったため，遺族が自分探しの旅の中で，ルーツである故人の「記憶」やモノを求めて当館を訪れることも多い．

　たとえば，私が展示を担当した2016（平成28）年度の企画展『呉の人びとと戦艦大和の記憶』展では，写真資料を中心に，明治から昭和にかけての旧呉海軍工廠や呉の市街地の様子を展示・解説したが，その来館者アンケートに次のようなエピソードが多く書かれていたことがあげられる．

写真3　大型資料展示室
零式艦上戦闘機及び回天を中心とした大型資料を展示.「特攻」
についても解説している.
出所) 呉市海事歴史科学館提供.

　「父が大和建造に携わっていたので, 集合写真を中心に企画展を見に来ました. よく似た人物 (おそらく父) を見つけました.」
　「(大和の) 進水式[7]の写真に父親が写っているようなので感慨深いものがありました.」
　「亡き父と母が戦時中, 呉に住んでおり当時の呉の人々のくらしに思いをはせました, ありがとうございました.」
　「呉は祖父母が80年前に住んでいた街です. 一度来たかった. 写真をみて楽しかった.」

　いずれも60代の方で, 父母の面影を求めて企画展に来場し, 写真資料から海軍のまちとして栄えていた当時の呉の様子や, 工廠に勤めていた人びとの暮らしぶり, そして戦争末期の空襲体験など受難の日々を知ることで, 父母のいた当時の呉での生活を追体験したのである.

　また, こうした遺族に接する機会が多いのが, 当館で展示解説を行なっているボランティアガイドの方がたである. 2008 (平成20) 年に大和ミュージアムボランティアの会が発足した当初から展示解説を行っているボランティアガイドのKさんによると, Kさんが幼少期に呉空襲を体験したのだと知ると[8], その「体験」を話して欲しいと希望する遺族が増えているという.「個人差はあ

写真4　大和ひろば
中央に展示されているのは当館のシンボルである10分の1スケールの戦艦「大和」．周辺では，ボランティアガイドによる展示解説が行なわれている．
出所）呉市海事歴史科学館提供．

るとは思うけど」と前置きをしたうえで，Kさんは求めに応じて話をし，遺族たちは，Kさんの「記憶」を通して，戦時中の故人の追体験をするのである．こうした交流は，遺族だけでなく，Kさんにも変化を生じさせた．Kさんは次のように語る．

> 「自分だけかもしれないけど，呉では戦争の話はなかなかできなかった．戦争時代の話をしていると，『まだそんな昔のことを話しているのか』と少しバカにされる雰囲気があった[9]．だから，呉の空襲や出征した自分の家族のことなど，自分の戦争時代の体験はあまり話さないようにしていた．今も，自分の体験談だけでは偏りがあるかもしれないから，展示ガイドでは進んでは話さないけど，求められれば話すこともある．むしろ，自分の体験談が聞きたいと遺族から言われた時には，『こんな話が役に立つのか』と思った．」

呉に生まれ育った人びとのあいだで語りづらく感じてきた「戦争」の「記憶」は，大和ミュージアムという博物館を通して，他地域から訪れた遺族とその故人の「戦争」の「記憶」になり代わり，故人の「記憶」の代弁者としての役割を果たすようになっていったのである．

202 第Ⅵ部 博物館へ行こう！

4 ▎「戦争」の「記憶」をつなぐ場としての博物館

　以上のように，遺族の方がたが大和ミュージアムを通して，故人の残したモノや聞きづらかった「記憶」を，当館所蔵の資料や，戦争を経験したボランティアガイドの「記憶」を通してその価値を知り，故人への理解，ひいては自分自身を含めた家族の「歴史」を理解するようになってきているわけである．それに加えて，ボランティアガイドも大和ミュージアムでの活動を通して自身の体験に価値を見出すように変化してきている．つまり，これまでは外部に対して語り得なかった故人の「戦争」の「記憶」や，軍港呉における戦争の「記憶」を，大和ミュージアムという場を通して「聞きづらさ」／「語りづらさ」の枠組みを取り払い，お互いの「記憶」を通わせ，補完しあうようになってきているということである．

　「戦争」の「聞きづらさ」／「語りづらさ」とは，ひいては「戦争」の「記憶」を閉ざし，忘却していく問題につながる．戦争の「記憶」を忘却してしまうということは，戦争の実態を何よりも具体的に伝える術をすべて失ってしまうということなのである．

　民俗学の聞き取り調査とは，人びとの「記憶」に寄り添うということである．民俗学にできる「戦争」の研究とは，人びとの「記憶」を拠り所とする．「戦争」をテーマにした博物館は，そうした「語りづらさ」の箍を緩め，解き放つための，さらには，「記憶」の集積地になる可能性を秘めた重要な場所となっていくことができるのではないだろうか．

注
1）総務省統計局の2018（平成30）年7月報の人口推計による（http://www.stat.go.jp/data/jinsui/pdf/201807.pdf　2018（平成30）年7月21日現在）.
2）横須賀・呉・佐世保・舞鶴の4か所に設置された，旧日本海軍の根拠地として艦隊の後方を統轄した機関．各海軍区の防備や，所属艦艇の統率，補給，出動準備，兵員の徴募，訓練，施政の運営・監督にあたった．
3）戦艦「大和」は旧日本海軍が保有した「大和」型戦艦の一番艦で，46cm口径の主砲を備えた史上最大の戦艦である．「大和」は呉海軍工廠において1937（昭和12）年起

工，1941（昭和16）年12月16日に竣工した．就役後は連合艦隊の旗艦となったが，1年後には妹艦の戦艦「武蔵」にその任を譲り，以降，後方支援及び物資運搬に従事した．1945（昭和20）年4月7日に沖縄特攻作戦へと出撃したが，その途中，アメリカ軍に発見され交戦，魚雷等による被弾のため転覆，3000名近くの乗組員とともに沈没した．

4）旧軍港市転換法は，1950（昭和25）年4月6日にその法案が国会を通過し，6月4日の各市における住民投票を経て，6月28日に公布・施行をみている．

5）製鋼業では日亜製鋼（株）呉工場や，（株）淀川製鋼所呉工場が，造船業では（株）播磨造船所の出資によって設立された（株）呉造船所や世界有数の海運会社であるNBC（ナショナル・バルク・キャリアーズ・インコーポレーテッド）呉造船部が進出した．

6）進水式とは，船の命名を行ない，船が海上に浮かぶかどうかの実験を兼ねた船の誕生を祝う式典のこと．

7）筆者加筆．

8）呉市は，1945（昭和20）年3月から延べ14回に及ぶ空襲に見舞われた．その中でも市街地を標的とした7月1日から2日にかけての呉市街地空襲は，死者1869人もの被害を出した．Kさんはこの空襲を幼少期に経験している．

9）この発言は，「旧軍港市転換法」を国会通過させた当時の呉市長・鈴木 術が残した「軍閥の遺児なりとして白眼視する向きも多かった」［鈴木1959：34］という言葉からもわかるように，戦後，軍港だった呉市に向けられた世間の強い風当りに対し，呉市民も一種の「負い目」を感じ，「戦争」の「記憶」に蓋をしていたことの表れとも言える．

参考文献

鈴木術［1959］「露払い」『旧軍港市のよろこび』旧軍港市振興協議会事務局．

橋本明子［2017］『日本の長い戦後——敗戦の記憶・トラウマはどう語り継がれているか——』みすず書房．

民俗学とは何か．手元にあるいくつかの事典や教科書でその説明を探してみると，たとえば，「世代をこえて伝えられる人びとの集合的事象によって生活文化の歴史的展開を明らかにし，それを通して現代の生活文化を説明する学問」[福田2000：640] とか，「世界の文明民族が，それぞれ民族単位に，自民族の日常生活文化の歴史を再構成することを目的に成立した学問」[宮田1987：753-754]，あるいは「地域社会に伝承されてきたさまざまな生活文化（生活習慣）を基本資料として，日本人の生活の変遷を明らかにする学問」[谷口・松崎2006：i] という説明が見出される．

また，アメリカの民俗学の教科書には，「わたしたちが対面的関係の中で習慣的に伝え，学び，活用する，伝統的な表現形態，表現過程，表現行動としてのフォークロアについて，これを認識し，記述し，分析する学問分野」[Georges and Jones 1995：1] という説明が載っていたりする．

学問の定義は，それを専攻する学者の数だけ存在するともいわれるほどであり，何か1つの定義によって，学問のあり方を縛る必要はない．むしろ，多くの定義を照合しつつ，学問の進展をふまえて，多様な定義を提出し，議論を深めてゆくことが望ましい．そのことを前提としたうえで，ここでは，世界の民俗学史と民俗学理論を踏まえて，筆者が用意している説明を提示しておこう．

民俗学とは，18世紀のフランスを中心とする啓蒙主義や，19世紀初頭にヨーロッパ支配をめざしたナポレオンの覇権主義に対抗するかたちで，ドイツのヘルダー（Johann Gottfried von Herder, 1744～1803），グリム兄弟（Jacob Ludwig Karl Grimm, 1785～1863, Wilhelm Karl Grimm, 1786～1859）によって土台がつくられ，その後，世界各地に拡散し，それぞれの地域において独自に発展した学問で，〈啓蒙主義的合理性や覇権・普遍・主流・中心とされる社会的位相〉とは異なる次元で展開する人間の生を，〈啓蒙主義的合理性や覇権・普遍・主流・中心とされる社会的位相〉と〈それらとは異なる次元〉との間の関係性も含めて内在的に理解することにより，〈啓蒙主義的合理性や覇権・普遍・主流・中心とされる社会的位相〉

コラム⑥　民俗学とは何か

コラム⑥　民俗学とは何か　　205

の側の基準によって形成された知識体系を相対化し，超克する知見を生み出そう
とする学問である［島村2019］．

島村恭則

参考文献

島村恭則［2019］「現代民俗学」桑山敬己・島村恭則・鈴木慎一郎『文化人類学と現代民俗学』，風響社．

宮田登［1987］「民俗学」石川栄吉（他編）『文化人類学事典』，弘文堂．

谷口貢・松崎憲三［2006］「まえがき」谷口貢・松崎憲三（編）『民俗学講義——生活文化へのアプローチ——』八千代出版．

福田アジオ［2000］「民俗学」福田アジオ（他編）『日本民俗大辞典』下巻，吉川弘文館．

Georges, A. Robert and Michael Owen Jones［1995］*Folkloristics : An Introduction*, Inciana University Press.

民俗学においては，「何らかの社会的コンテクストを共有する人びとの間で生み出され，生きられる経験・知識・表現を，民俗学的視角にもとづいて調査し，分析し，記述した作品」のことをいう．狭義には文字で書かれたものをさすが，映像や博物館展示などもこの中に含めてよい．なお，近年では，作品としてのエスノグラフィを生み出すまでのプロセスそれ自体のことも，エスノグラフィと呼ぶ場合がある．

エスノグラフィは，当初，人類学で非ヨーロッパ圏，とりわけ未開社会の人間集団を対象とした記述のことであったが，現在では，それに限定されず，人類学はもとより社会学など多様な学問領域で，人類のさまざまな集団についての記述がエスノグラフィの名のもとで行なわれるようになっている．

民俗学では，「何らかの社会的コンテクストを共有する人びと」をフォーク（folk），もしくはフォーク・グループ（folk group）と呼んでおり，この点からすると，エスノグラフィに代え，独自の用語としてフォーク・グラフィ（folk-graphy）の語を用いるべきではないかとも考えられるが，実際には，英語圏の民俗学でこの語が用いられたことはなく，ethnographyの語が慣例的に用いられている．一方，日本の民俗学には，日本の人類学がエスノグラフィの訳語として用いている「民族誌」の語とは別に，「民俗誌」という学術用語が存在し，これによって，民俗学的視角による対象記述であることが明示されている．したがって，冒頭の定義内容を表わす日本語は「民俗誌」となるが，英語による術語としては，英語圏の民俗学に倣い，エスノグラフィの語を採用しているのである．

島村恭則

あ と が き

　この本は，「民俗学」という独自の個性を持った学問への誘いの書である．民俗学のどこが個性的なのか．それは，問題の発見とその解明の基盤が，これを研究しようとする者自身の日常経験の積み重ねとしての人生にある点，そしてそこに宿る「小文字」の言葉を重視して議論を組み立てようとする点である．

　民俗学に，自らの人生を他者の人生と照らし合わせながら，筋道を立てて世の中について考える．もちろん，学問であるので，その作業は論理的，実証的なものとなる．だが，考察の場に，外在する既存の理論やモデルを〈上〉から直接持ち込むようなことはなされない．人生の現場，いわば〈下〉から議論を組み立ててゆくのが民俗学である．そこで生み出される言葉や知見は，学者の間だけにしか通用しない難解な学術用語やジャーナリズムが安易に使いまわす紋切り型の表現といった「大文字」の言葉とは異なり，生活者のリアリティから飛躍することのない，地に足のついた言葉としての「小文字の言葉」（佐野眞一『私の体験的ノンフィクション術』集英社，2001年）というべきものだ．

　民俗学は，人生の現場から立ち上がる「小文字」の言葉を重視して議論を構築する．そのことによって，一見，普遍的なものに見える大理論や，「当たり前」とされる世の中の「常識」を，批判したり，相対化したりするところにこの学問の可能性がある．

　本書に収められた13本の文章は，いずれもこうした「民俗学」的知の探究を日々行なっている研究者が，自らの人生とフィールドでの経験を前面に押し出しながらそれぞれの民俗学について語ったものだ．もっとも，これらは民俗学の可能性のごく一部を描き出してみたものにすぎない．人間の数だけ人生が存在し，フィールドも世の中に無限にあるのだから，民俗学のあり方もそれを行なう者の数だけ存在するということになるだろう．本書は，あくまでも民俗学の一例に過ぎない．

　編者一同としては，読者の皆さんが，本書を入り口にして，自分自身の人生経験の現場から，自分の民俗学を生み出してくれることを願っている．本書は，

大学の授業でテキストとして用いられることにもなっている．したがって，若い読者も多いはずだ．若い世代が創り出す民俗学は，本書の民俗学を大いに超えたものとなるだろう．生活の中にインターネットやAIが埋め込まれ，国境を越えた人・もの・情報の移動が当たり前となった社会に生きる人々の人生経験．その中から新たな民俗学が生まれることを大いに期待したい．

　最後になるが，本書の企画から編集，刊行まで，丸井清泰氏，坂野美鈴氏をはじめとする晃洋書房の皆さんには大変お世話になった．ここに記して謝意を表したい．

　　　2019年8月　　　　　　　　　　　　編著者を代表して　島 村 恭 則

キーワード解説

アニミズム

　人間を含む生物，岩や水，山といった自然物，風や雨などの自然現象，さらに人間が作った道具など，すべての「もの」の中に霊魂が存在すると考える信仰のあり方．イギリスの文化人類学者 E・B・タイラーが，ラテン語の anima（霊魂・生命）から作った宗教概念で，著書 "Primitive Culture"（1871年）の中で提唱した．〔仲田侑加〕

異人（stranger）・まれびと

　国家，民族，会社，集落，学級など，私たちが何らかの社会集団を組織すると同時に，その集団には含まれない人びとが現われる．つまり，私たちによって排除される人びとがいない限り，どのようなものでも社会集団は組織できないわけである．このように，私たちによって排除される人びとを「異人」と呼ぶ．ここで留意すべきことは，異人は関係概念であり，私たちによって排除された人びとの側から見れば，逆に私たち自身が異人になるということである．

　この異人と極めて類似した概念に，折口信夫の「まれびと」がある．折口は村や町を訪れる放浪芸人や能登半島の「なまはげ」といった仮面異装（来訪神）儀礼などから，日本の神は遥か海の彼方（常世）から，人びとに定期的に幸福と豊饒を与えるために訪れると考え，これを「まれびと」と名づけた．しかしながら，転校生や農村にＵターンしてきた人びとが，クラスや地域を活性化することもあれば，自分たちの考えになじまない「よそ者」として差別される場合もあることを考えれば，プラスの側面だけを強調する「まれびと」では，社会分析は不可能であるだろう．

　2020年の東京オリンピック開催に向けて，日本の「おもてなし文化」が称揚されているが，それと同時に外国人に対するヘイトスピーチなど排除・差別も激化している．したがって，「よそ者」に対するプラス・マイナスの感覚や行動を同時に視野に収められる異人は，今後もますます重要なキーワードになると思われる．〔髙岡弘幸〕

衛星都市（ベッドタウン）

　衛星都市は，大都市周辺に位置し，工場，商業施設，学校，住宅など大都市の機能の一部を分担する都市を指す．また，衛星都市の中で，数多くの住宅が密集して建設された都市をベッドタウンというが，とりわけ，労働者が眠る（休養する）ための都市であるため，日中は母親と子ども，老人の姿しか見られないような地域でもある．〔三隅貴史〕

過疎化と高齢化（限界集落）

　地域人口の減少により共同作業が困難となり，生活水準が低下する事態を「過疎化」，65歳以上の高齢者（老年人口）比率が高くなることを「高齢化」という．また，老年人口が50％

210

を超えた集落は，田畑の維持管理や冠婚葬祭など，生活に必要な担い手を再生産し，確保することが限界に達しているため「限界集落」と呼ばれる．近年では，過疎化・高齢化が都心部にも及んでいることから，「限界団地」「限界マンション」「限界商店街」など，元来の意味から派生させた表現も見られるようになっている．〔倉田健太〕

家族・核家族・家

「家」は，夫婦と子ども，夫婦の別居している両親など，その時点で生きている血縁集団に加えて，すでに死亡した祖先や，今後生まれるであろう子孫をも含む超世代的な親族集団を示す．結婚式や葬式の会場で，結婚する両名の氏名，死亡した個人名ではなく，「○○家結婚式場（葬式会場）」と記されるのは，その端的な例である．それに対し「家族」は，夫婦を中心として同じ住居に住む血縁集団を指す言葉である．そのため別居する血縁者は，通常家族に含まれない．また，「核家族」は，アメリカの人類学者Ｇ・Ｐ・マードックが提唱した，人類に普遍的な家族の基礎単位を指す "nuclear family" の和訳だが，日本では家族の構成員の減少を指し示す「核家族化」として用いられることがほとんどである．

なお，現代社会では，ペットを家族の一員とみなす者が増加するなど，家族のあり方が多様化しているため，血縁や婚姻の有無から家族の定義を行なうには注意が必要である．〔三隅貴史〕

記憶と民俗

歴史（過去）は「記録」と「記憶」の２つの形式でしか残すことができない．文字で書かれた記録（文書）をもとに歴史を調べるのが歴史学であるのに対し，もちろん文献記録も使うが，それ以上に，フィールドワークで話者の頭のなかにある記憶を聞き出し，それをもとに歴史を明らかにしようとするのが民俗学である．ごく大雑把に捉えれば，民俗は生活文化と言い換えることができる．たとえば，毎日の食事や結婚式，葬式のやり方など，その地域の人びとにとって当たり前すぎ，わざわざ書き残すことはないと判断された生活文化を，話者の記憶から拾い集め，過去の暮らしぶりや，その変容を知るのが民俗学の重要な仕事の１つである．

そうすると，歴史学と民俗学は決して対立するものではなく，相補う関係にあるといえるだろう．たとえば，歴史家は政治家や軍部による「記録」をもとに戦争の経緯などを明らかにするが，民俗学者は記録に残ることのなかった一般人や軍人たちの「記憶」のなかに入り込み，戦争とは何かを考えるのだといえよう．これを別の言葉で言い換えるならば，歴史家は過去の「事実」を究明し，民俗学者は人びとにとって戦争とは何だったのか，つまりは彼らにとっての「真実」を明らかにするのが仕事というわけである．

ただ，人びとの「記憶」は，新聞，雑誌，書籍，映画，テレビといったマスメディアだけにとどまらず，自ら撮影した写真，ビデオなどによって補完されたり，場合によっては改変・改ざんされることもあるのが現代という時代である．また，インターネットの普及にともない，ブログやツイッター，インスタグラムが一般化し，どのような些末なことでも記録されるように激変した．こうした変化のなか，現代の生活文化の調査・研究を通しての「記憶」

および「記録」概念の再検討が，民俗学の急務となっている．〔髙岡弘幸〕

記号論（文化記号論）

　記号（sign）は，しるしを意味するラテン語の signum に由来する．象徴（symbol）とよく似た意味で用いられるが，記号の下位分類として象徴が位置づけられることもある．広義の象徴とは，あるものを別のあるものにおきかえて表すことである．キリスト教では，十字架が救世主の象徴であり，日本では菊の紋は天皇家の，葵の紋は徳川家の象徴と位置づけられる．記号もまた，各々の文化のなかで，何らかの存在や意味を表すために用いられる．交通ルールの文脈では，信号の赤は止まれ，黄色は注意，青は安全を表している．特定の色が特定の意味を持つとき，これらの色は記号として理解される．人間が用いる言語もまた，声や形象（文字）を駆使したきわめて複雑な記号にほかならない．文化記号論とは，人間の文化を複雑に組み合わされた記号の体系と捉え，それらを分析し，理解することを目的としている．〔川村清志〕

技能・技術

　広義の技術とは，何らかの物事を遂行したり，処理したりする際の方法や手段である．民俗調査でも，集団で複数の船を用いて行なう漁法や，巨大な曳山を組み立てて街中を運行する手順や方法など，規模の大きな技術と遭遇することがある．これらの漁法や祭礼次第は，文字に記録され，集団で共有，あるいは運用され，時には革新されるという点で，科学技術（狭義の技術）により近い側面を持つ．

　他方で，調査現場で出会う技術の多くは，個々人が身体を介して体得した経験的なもので，技能と位置づけることもある．技能の多くは，熟練者から初心者に伝えられ，個々の身体を介して記憶される．お節料理の手順や味付けの仕方，年中行事の儀式次第，個々の漁師が作る釣りの仕掛け，職人たちが各々の製品を作りあげる工程などは，技能と位置づけられる．技能と技術の境界は曖昧であるが，身体的な記憶によって継承される技能は，参与観察を通じて，より深い理解を得ることができる．〔川村清志〕

儀　礼

　儀礼は，何らかの宗教的な世界観を背景とした，定型的な行為を指すことが多い．儀礼には，祈祷や礼拝，供犠といった形式化された行為や，踊りや詠唱，歌などの身体による所作が組み込まれている．これらの行為の合理的な説明はできないが，信仰や世界観を共有する者にとっては，それを行なうことは当然のこととみなされる．日本の神社では二礼二拍手一礼をすることが，正しいやり方とされる．ムスリムでは，1日に5回，メッカの方向に向かって礼拝（サラー）することが義務とされる．

　近年では，挨拶のように，コミュニケーションを円滑に行なうために構築された行為も儀礼として研究されている．初対面の人に対して，欧米では握手を行ない，日本では会釈する．それらの違いは文化的に規定されており，必ずしも合理性はない．そもそも，儀礼を意味する ritual の語源の ritus は秩序だった行為を指す．人びとが社会的な関係性を築き，秩序を

維持するためには，それ自体に意味はない儀礼的な行動が，重要な役割を果たしているといえる．〔川村清志〕

ケガレ（ハレ・ケ・ケガレ）

私たちは意識的に時間を区切って生活している．つまり，授業や仕事といった日常の暮らしという時間と旅行，デート，飲み会，イベント見物といった特別な時間である．柳田國男は，前者を「ケ」，後者を「ハレ」と名づけ，日本人の生活のリズムや生活文化の構造を明らかにしようとした．現在でも成人式や結婚式といった「ハレの日」に着る服を「晴れ着」という．それに対して古くに用いられなくなった言葉だが，農作業のときの労働着を「褻着」ということから，「ハレ」と「ケ」という対立概念がつくられたわけである．文化人類学など隣接諸分野で用いる「非日常」と「日常」，あるいは「聖」と「俗」という対立概念とほぼ同じと考えてよい．

1970年代に入り，波平恵美子が「非日常」の中に結婚式のような「ハレ」（清浄）があるのに対し，葬式のように不浄で，「ハレ」という概念では説明できない要素があると指摘し，波平はこれを「ケガレ」と名づけ，「ハレ―ケ―ケガレ」の三項対立の構造で民間信仰を分析すべきだと論じた．

これに対し，桜井徳太郎は，「ケガレ」は日常性や稲の霊力を示す「ケ（気）」が「枯れ」た状態になったものであり，ケのパワーを回復するのが祭りなどの「ハレ」であるとして，「ケ」→「ケガレ」→「ハレ」の循環構造になっていると反論した．この論争は1980年代半ばに終息し，現在ではほとんど顧みられなくなっているが，日本文化・社会を捉えるための重要なキーワードであることは変わりないため，新たな展開が期待される．

また，ケガレには人びとに災厄をもたらすだけでなく，その災厄が周囲の者に伝染する不浄なものや状態の意味もあり，病気・死・獣肉などの食物・殺人・失火・女性の妊娠・出産・生理などがケガレの原因とされてきた．こうしたことから，民俗学的なジェンダー研究や差別，村八分のような社会的制裁・排除の研究にきわめて有効な視点を提供してくれる概念でもある．〔松村薫子〕

袈　裟

仏教は日本に伝来してから，日本のさまざまな民俗文化と融合して変容してきた．そしてまた，日本の民俗文化も仏教によってさまざまな影響を受けて変容している．たとえば，仏教僧侶の袈裟は，中国で翻訳された漢訳仏教経典の教えをもとにしながらも，僧侶に褒美として与えたことや葬送の際に亡くなった人をできるだけ華やかに弔いたいという見送る側の考え方などの影響により，金襴袈裟という本来の仏教の教えからすれば違法とされる華美な袈裟を身に着けるようになり，現在に至っている．一方で僧侶の服装が金襴袈裟になったことは，日本人の衣服文化や葬送儀礼にも変化を与えてきた．〔松村薫子〕

公営団地

地方公共団体が建設し，賃貸・分譲する集合住宅．高度成長期以降，日本各地では都市部

キーワード解説　213

への人口集中が進んだため，安価な家賃の住宅の供給を目的として，郊外の広大な土地に次々に建設された．ベッドタウンとしての性格も持っており，周辺の地域社会とのつながりが希薄という特徴がみられる．〔倉田健太〕

公設市場

公正な値段で物品を供給し，日用品や食料品などの物価を安定させることを目的として，市や町などの地方公共団体によって設置された市場．さまざまなタイプの商業施設が乱立する現代では，古き良き昭和を示す観光資源として，賑わいを取戻している市場もある．〔三隅貴史〕

構　造

構造とは，持続的・安定的な（つまり変化しにくい）ものごとのパターン，組み合わせ，システムのことをいう．ただし，これは国語辞典的なレベルでの一般的な語義であり，学問的には，それが用いられる領域，議論の文脈によって異なる意味が与えられている．民俗学でこの語が用いられる場合，その意味は，（1）社会構造，（2）民話の構造，（3）構造主義的研究における構造，の3つに大別できる．

（1）の「構造」は，『日本村落の民俗的構造』（福田アジオ），『婚姻と家族の民俗的構造』（八木透），『宮座の構造と変化』（高橋統一）といった書名からもうかがえるように，家族，親族，村落，祭祀組織などの制度的複合体，あるいは全体社会としての国家の統治機構などの制度的複合体のことを指す．

（2）の「構造」は，物語の形態的構造というべきものである．複数の民話の間で，それぞれの具体的な登場人物や出来事は多様であっても，ストーリーの流れを抽象的な次元でとらえた場合，〈欠乏〉〈欠乏の解消〉，〈課題〉〈課題の達成〉，〈禁止〉〈違反〉，〈欺瞞〉〈成功〉，〈結果〉〈脱出の試み〉といった共通するパターンを見出すことができる．このパターンを民話の構造という．ウラジーミル・プロップの『昔話の形態学』，アラン・ダンデスの『民話の構造』などが民話の構造論的研究として知られている．

（3）の「構造」は，民俗を生み出し，生きる人びとの思考様式の構造というべきもので，構造主義的研究とは，「構造言語学や数学のモデルなどに理論的根拠を求めつつ，文化的諸要素を二項対立や三項対立の組合せとして文化構造，とくに神話や儀礼の構造を1つのシステムとして把握しようとする試み」（小松和彦『説話の宇宙』）である．レヴィ＝ストロースの構造主義人類学の方法を日本の民俗研究に導入した小松和彦の一連の業績が代表的な研究である．〔島村恭則〕

高度成長

経済成長率が高い状態にあること．日本では，1955（昭和30）年から1973（昭和48）年までの持続的な成長期間を高度成長と呼ぶ．この時期に，白黒テレビ・冷蔵庫・洗濯機の「三種の神器」，後に，カー（自家用車）・クーラー・カラーテレビの「3C」が普及するなど，「モノ」の購入を通して暮らしの豊かさを計るようになった．しかしその一方で，地方から都市

への人口流出，重工業の発展にともなう公害（環境破壊）などの大きな社会問題も生じた．〔倉田健太〕

五体投地

古代インドでの尊者に対する敬礼法に基づき，両手両足額をすべて地につけて仏への帰依を表す礼拝法をいう．日本仏教の多くの派およびその影響を受けた修験道にも取り入れられている．宗派によって若干の違いはあるが，立位合掌から両膝両腕，額を床につけ，両手に仏足を頂く，という基本的な動きは共通する．浄化を図るある種の苦行として行なわれることもある．〔仲田侑加〕

里山・里海・里湖

里山とは，人が持続的利用を意識しながら資源を利用・管理することでかえって生物生産量が増え，生物多様性も促進されるような日本に特徴的な二次的自然である．里山には，二次林，草地，農地，ため池，集落（里地）などの異なる生態系が含まれ，主に農業や林業によって利用されてきた．これが水域沿岸の場合は，里海（里湖，里川）とよばれ，主に漁業が営まれてきた．里海の場合は，人の手を加えないほうが生物生産量・多様性が促進されるという見解もある．しかし，九州・沖縄地方の伝統漁法である石干見（いしひみ）や魚垣（ながき）などでは，潮間帯に馬蹄形に積んだ岩囲いの表面や隙間をあらたな生息域として，生物の数や種類が増加したという報告もある．〔東城義則〕

ジェンダー

「生物的形態上の性差」とは異なり，「社会・文化的な性差」のこと．日常生活において，社会・文化的な性差を基軸としたさまざまな価値観が構築されてきたが，「男性は強く，女性は男性にしたがい，優しく」といった性差をめぐるイデオロギーを批判する文脈で用いられる場合もある．〔岡本真生〕

資源利用（地域資源）

人間の生活にとって有用かつ利用しうるものを資源という．資源は，天然資源と人工資源に大別される．天然資源は，自然資源とも呼ばれ，自然界で生成されるものを指している．そのうえで，天然資源はさらに自然界で更新される資源（更新資源）と自然界では更新されない資源（非更新資源）に分類される．たとえば，食用利用のために採集される山菜や川魚は天然の更新資源であり，エネルギー利用のため採掘される石油（化石燃料）は天然の非更新資源に該当する．他方，人の手でつくられる人工資源は，主に人間の知識や技術，価値観を表す文化資源として説明される．文化資源は，民具や標本，古文書や絵図といった有形のものから，祭りの執行や生活用具の制作，伝統食の共食といった無形のものまで多岐にわたる．なお地域全体の利益のために利用される地域固有の資源のことを地域資源と呼ぶこともある．〔東城義則〕

キーワード解説　215

シャーマン（シャーマニズム）

　シャーマニズムとは，「シャーマン」を中心として形成される呪術・宗教的な形態や現象である．世界中にさまざまなタイプの呪術・宗教があり，その中心には必ず宗教的職能者が存在する．その職能者は地域や時代によってさまざまな名称がある．「シャーマン」は，そもそも北方ツングースでの呼び名で，これが学術用語として採用されたわけである．

　さて，シャーマンは，神霊，精霊，死霊などと交流して呪術や予言，託宣，卜占，祈祷，病気治療などの呪術・宗教的行為を行なう．日本では，死者の霊を身体に憑依させて死者の言葉を語る東北のイタコ（口寄せ巫女）や，予言や託宣，死者の降霊，祈祷を行なう沖縄のユタなどが代表的な例である．いずれにしても，シャーマンは霊的存在と直接交流を行なうという点に特徴があり，シャーマン自身の霊魂の離脱により霊的な存在と交流して病気の治療などの呪術的行為を行なう「脱魂型」と，霊的存在を自らの身体に憑依させて呪術的行為を行なう「憑霊型」があるが，日本は「憑霊型」が一般的である．〔松村薫子〕

精進料理（精進落とし）

　精進料理とは，仏教や神道，あるいは各地の伝統的な民俗宗教において，祭りなど神や仏と近づく儀礼を行なうにあたり，心身を潔斎し慎み深い状態とするため，魚や肉など「ケガレ」の原因となる食物を食べることを厳重に忌避した植物性の料理である．精進落としは，儀礼が終了し日常生活に戻る際，魚や肉などを食べることをいう．〔宮澤早紀〕

商品経済・貨幣経済

　食料品や衣類などあらゆる「もの」だけでなく，さまざまなサービス（仕事）も「商品」とされる経済の仕組みが商品経済である．特に，商品の交換（売買）の際に貨幣（金銭）が使用される経済のあり方を貨幣経済という．ともに，日本では政治・経済が安定した江戸時代に大きく発展し，各地に浸透した．〔東城義則〕

真言（マントラ）

　真言は，サンスクリット語のマントラの漢訳とされるが，本来，マントラは言葉を意味する．仏や菩薩を象徴するサンスクリット文字や，諸仏への讃歌や祈り，呪文を表現した特定の言葉をあらわす．大乗仏教，とりわけ密教やその影響を受けた修験道では，儀式や修行の場で真言を唱え，仏や菩薩に祈請することが行なわれる．〔仲田侑加〕

人生儀礼（通過儀礼）

　成人式や結婚式，葬式など，人生の折り目節目に行なわれる儀礼のこと．通過儀礼とも呼ばれる．たとえば，成人式は子どもから大人の段階へと移行したことを本人に自覚させるとともに，周囲にそれを知らせ，大人として扱うことを求めるという意味を持つ．また，景気の変化にあわせて，結婚式が派手になったり，地味になったりするように，世相を色濃く反映するという特徴も持っている．〔髙岡弘幸〕

神仏分離令

神仏分離令は，1868（明治元）年から始まった神社と寺院，神道と仏教を分離する一連の法令を指す．もっともよく知られる「神仏判然令」を指すこともある．前近代まで日本の多くの地域では，仏教と神道は複雑に習合し，修験道や陰陽道などの種々の信仰とも混淆していた．神道国教化を目指した，神道と仏教との差異化政策は，各地で仏教排斥の廃仏毀釈を引き起こすことになった．〔仲田侑加〕

聖（聖地・聖性・聖なるもの）

たとえば，神が宿ると考えられた木，石などの自然物や，神輿や祭壇など祭祀儀礼に関するものを「聖なるもの」と捉える場合もあれば，祭祀を行なう特別な空間を「聖なる場所」「聖地」と捉える場合もある．また，仏像や寺院など仏教に関するものも「聖なるもの」や「聖性」を帯びたものと考えられる．

「聖」「聖性」「聖なるもの」について，これまでさまざまな研究が行なわれてきた．社会学者のエミール・デュルケームは，宗教の中心に聖の観念があり，聖なるものの本質は社会の中にあると論じた．また，宗教学者のミルチャ・エリアーデは，宗教現象の中に日常と対立する聖性がみられると考え，儀礼やモノ，人などに現れることを述べた．つまり「聖」は，宗教の本質を指すもの，日常とは異なる特別な価値をもつものと捉えることができるだろう．しかし，一方で「聖」は，英語の "sacred" やフランス語の "sacré" のもとになっているラテン語 "sacer" に「呪われた」「忌まわしい」などの意味が含まれるように，「ケガレ（穢れ）」の意味も持ち合わせており，「聖」は「穢れ」と両義的な意味を持つとされる．また，宗教学者のルドルフ・オットーも，「聖」と「不浄」の両義性を聖なるものの特徴の1つであると捉えている．「聖」については社会のあり方や宗教によってもとらえ方が異なるので，日本の「ハレ・ケ・ケガレ」との比較など，さまざまな観点から考える必要がある．〔松村薫子〕

青年会

一定地域に居住する10代後半から30代前後の青年男女により組織される自治団体であり，青年団とも言われる．青年会の前身組織は近世後期から存在した村落運営を担う「若者組」と明治維新後に誕生し地域貢献を目的とした「青年結社」である．現代では，活動の主軸が親睦へと変化している．〔辻涼香〕

説話（説話伝承）

説話には世代を超えて語り伝えられてきた物語（口承）と，文字によって書かれた物語（書承）の2つがある．どちらも，物語の内容によって大きく以下のようなグループに分けることができる．①この世の始まりや神の来歴など，特定の宗教や信仰と深いつながりを持つ「神話」．②「桃太郎」のように，特定の場所や時代が示されず，抽象的な内容の「昔話」．③その逆に，地名や物事の由来，実在した（とされる）人物の行為など，過去だけでなく，現在の生活や地域のあり方などを具体的に説明する「伝説」の3つの他，常に現在形で，人びと

キーワード解説　217

がもっとも関心を寄せることを自由な形式で語る「世間話」がある.

　また,「世間話」と深く関連するものに「都市伝説」がある. これは, アメリカの民俗学において, 近代化(現代化)・都市化にともなって変容したり, 新たに生み出された説話を表わすために用いられるようになった"urban legend"という概念を, 大月隆寛や重信幸彦らが翻訳したものであり, 世間話と同じく, 現代日本人の生活実感が埋め込まれた話も多く, 重要な研究資料である.

　ここで注意すべきことは, 口承の物語と書承の物語がそれぞれ影響関係にあるということである. たとえば, 語り伝えてきた伝説が民俗学者などによって報告書に書き留められ(テキストの固定), それをもとに新たに伝説や世間話が生まれる場合もあるということである. もちろん, 古い時代に書かれた物語をもとにして, 新たに口承の物語が生まれることもある. さらには,「ネット・ロア」という新語に示されるようにインターネットを通じて話が発生・拡散・変形されることが一般化している. これは見方によっては, 口承と書承の中間的なジャンルといえるかもしれない. 民俗学は膨大な説話伝承の研究成果をもって, インターネットが生み出す説話に, どのように立ち向かうことができるのかを試されているといえよう.〔髙岡弘幸〕

檀家と檀那寺

　江戸時代の初期, 幕府がキリスト教の禁止を徹底するために仏教を手厚く庇護し, すべての「家」が特定の寺院に所属する寺請制度を定めた.「家」が所属し, 布施や寄進を行なう寺院を檀那寺, 寺院が葬儀や年忌供養などを行なう「家」を檀家といい, こうした関係を寺檀関係と呼び, この関係によって寺院経営は安定・発展した. しかし, 明治以降, 寺檀関係はまったく形骸化してしまい, 現在では檀家の減少など, 経営困難な寺院が増加している.〔宮澤早紀〕

知　識

　知識は, 経験や教育を通じて後天的に獲得された成果の全体を指す. ただし民俗学や文化人類学が調査現場で出会う知識は, 近代教育によって付与される科学的知識とはいくつかの点で対照的に捉えられる.

　科学的知識は, 体系的で抽象的で理論的である. 算数の数式は数字や記号に抽象化することで, あらゆる条件や対象に適用できる. 動物や植物の学名は「二名法」という規則に従い, ラテン語で表記されることにより世界中で通用する. それに対して民俗的な知識は, 即時的で具体的で実践的である. 肘から先の寸法や両手を伸ばした「ヒトヒロ」の幅は, 個々人で長さにずれが生じる. しかし, 特定の場所や状況では, このような測り方で作業が円滑に行なわれることもある. また, 山菜や薬草の方言による名称は, 全国的には通用せず意味をなさないが, 特定の地域や集団内では, 名称だけで利用法から生えている環境の特徴に至るまでの情報が共有されることもある. 個別の地域社会の生活に密接に結びついた民俗知識は, 重要な調査対象である.〔川村清志〕

中山間地域（中山間部）

　広義には，山々に囲まれた山間部から，人びとの集住する平野部外縁に至る中間領域のこと。農業生産条件が不利な地域をいい，離島や島嶼部もこれにふくまれる。近年では，集落の規模縮小による生活基盤の喪失，野生鳥獣の行動域拡大による農林業被害，少子高齢化・人口減による祭礼や芸能の中断など，日本の総土地面積のおよそ7割を占める中山間地域において，持続的な生活が困難となっていることが問題である。〔東城義則〕

憑きもの（憑きもの信仰）

　憑きものとは，人やその他に憑依する霊的存在のことである。憑依する霊的な存在は，狐，狸，犬，蛇などの霊もあれば，人の霊や生き霊などの場合もある。日本では1970年代頃まで，「憑きもの筋」といわれる，代々憑きものを伝えるとされる「家」があり，そうした家の者に恨まれたり，妬まれたりすると，病気になったり，財産を奪われたりするとされた。そのため，憑きもの筋の家の者は，結婚などの際に差別を受けることが多かった。石塚尊俊は，日本全国における憑きものの分布や種類を詳しく調べるとともに，他所から来て急速に金持ちになった家が「憑きもの筋」といわれるようになったことを明らかにし，そこに村落の新旧住民の対立関係を見いだした。吉田禎吾は，社会構造の機能面からの分析を行ない，憑きもの筋の存在がかえって社会規範の遵守を強く促し，村の秩序を維持させる機能をもっていることを述べた。また小松和彦は，社会人類学者ジョージ・フォスターの「限定された富」の理論に基づき，村落共同体内部で突然裕福になった家が「富を得ることは他人の富を奪うこと」という認識のもと「悪」としてイメージされ，「憑きもの筋」というレッテルを貼られることになったと述べている。つまり憑きもの筋は，社会の秩序を安定して継続していこうとする日本人の考え方から発生したものであるといえるだろう。〔松村薫子〕

伝承（民間伝承）

　伝承とは，「何らかの社会的・文化的文脈を共有する人びとの間で，先行する者から後続する者へ，経験・知識・表現などを伝達し，後続する者が先行する者からこれらを継承する行為，およびそれによって伝達・継承される経験・知識・表現など」のこと。

　フランスの民俗学では，政府や学校などの公的機関によって規定されたり教えられたりする領域以外のものに"populaire"，すなわち「民間的」の語を与え，「民間的な伝承」を"tradition populaire"と呼んだ。日本語の「民間伝承」は，柳田國男によるこの語の翻訳である。

　留意すべきことは，伝承が行なわれる際には，先行する者から後続する者へ，経験・知識・表現が寸分違わず忠実に伝達・継承されるわけではないということである。程度の差はあれ，継承者側では，伝承の新たな解釈や誤解，取捨選択が行なわれ，また経験・知識・表現を伝達する側も，伝達の相手，社会，文化の状況によって伝達方法や伝達内容を調整していることが多い。こうした伝承行為上の解釈，誤解，取捨選択，調整などを分析することにより，伝承に関わる人びとの価値観や世界観を解明することも可能である。〔島村恭則〕

キーワード解説　219

同族団

　一族の中心である「本家」と，一族の勢力拡大などの理由により本家から枝分かれした「分家」が系譜関係で結ばれている家々の集団のこと．東北，北関東，信州で特に発展した．本家による分家の経済的庇護，本家の祖先祭祀など，本家は集団のリーダー的存在である．〔山本拓人〕

都市・まち・城下町

　柳田國男によると「都市」という言葉は，明治時代に city など「町場」を意味する外国語を漢語に翻訳したものである．また，柳田は，西洋の町場は日本とはまったく異なり，「高い障壁を以て郊外と遮断し，門を開いて出入りをさせて居る商業地区」であり，「耕作漁労の事務と，何等直接関係をもたぬというのみでは無く，そこには市民という者が住んで居て，其心持は全然村民とは別であった」という．つまり，元来，日本には都市という言葉と概念がなく，明治以降，都市と称するようになった地域の多くは，かつて「まち」と呼ばれた場所であったわけである．「まち」は，宮本常一や宮田登によると，現在でも各地に地名として残る二日市や六日町のように，毎月「二」や「六」のつく日に立てられた市（日切市），つまり商工業を営む場所や，常時，市が立つようになった場所（常見世）を示していた．また，近世につくられた城下町の「町」は城下全体を指すのではなく，城下のなかで商人や職人が住み経済活動を行なう場所を指していた．したがって，日本の「都市」の多くは，近代になって城下や「まち」をベースにつくられ発展した地域ということになるわけである．〔髙岡弘幸〕

南　島

　九州と台湾にあいだに位置する，大隅諸島，吐噶喇列島，奄美諸島，沖縄諸島，宮古諸島，八重山諸島からなる島嶼群の総称．南西諸島と同義だが，民俗学では，「南島」の語が好んで用いられてきた．民俗学には，南島についての膨大な研究が蓄積されている．その研究史を概観してみると，20世紀前半には，「南島には，日本の古い文化が残存している」という観点からの研究が多くなされ，その中から折口信夫による「まれびと」（時をさだめて異界から来訪する神のこと）についての議論をはじめ，すぐれた成果が生み出された．

　20世紀後半以降は，親族や村落などの社会構造，祭祀や宗教的世界観，ユタと呼ばれる民間巫者（シャーマン），神話・伝説・昔話などの口承文芸，芸能，民具など，さまざまな領域で精緻な現地調査にもとづく実証的研究が積み重ねられてきた．また環東シナ海地域（中国，台湾，朝鮮半島，済州島など）や東南アジア諸地域（フィリピン，インドネシア，中国南部，ベトナム，ラオス，タイ，マレーシアなど）を視野に入れた比較民俗学研究も行なわれるようになった．さらに近年では，観光，世界遺産，移民，戦争，基地問題など，社会変動にかかわる同時代的なテーマに正面から取り組んだ研究も多く生み出されている．〔島村恭則〕

年中行事

初詣，節分，盆踊り，煤掃きなどのように，毎年，特定の時期に儀礼的な実践を行なうこと．これにより1年という時間に節目がつけられる．かつては，さまざまな神や祖先の霊を迎えて饗応するなど，宗教・信仰の側面が強かったが，高度成長期以降は，神事とは関係のない祭りや各種イベントのほうが盛んになった．〔辻涼香〕

農村社会学

農村社会学は地域社会学とも称され，その対象とする範囲を農村に限らず地域社会に広げている．主たる学会，学術誌としては村落社会研究会，その機関誌の『村落社会研究』がある．代表的な研究者としては有賀喜左衛門，福武直，川本彰，鳥越皓之等がいる．その研究内容は多岐にわたるが，イエ・ムラ論を基礎とした村落構造分析という大きな潮流があり，村落社会の近代化，過疎高齢化・限界集落という課題の解決を目的としている．有賀は初期において民俗学の影響を強く受けており，鳥越も民俗学研究における業績を多く持つ．このように，民俗学と関わりが深い学問である．民俗学と比べ，実学的，行政的，数量的，理論的と自己規定している節があるが，まったく意味がない．双方の学問とも，農村や地域社会をフィールドとする農業経済学・農業経営学・農業農村工学（農業土木学）・農村計画学等，実際に行政の中にあり，実用を志向し，数量的・理論的分析に傾斜しがちな諸学問と対峙し，議論し，交流し，協業すべきである．〔山下裕作〕

バブル景気（崩壊）

1985（昭和60年）年プラザ合意に伴う円高，1987年，世界的な株価暴落に対する低金利政策の結果，株や土地などの資産価値が経済の適正水準を大幅に上回った日本経済の状況によりもたらされた1980年代後半の景気拡大をいう．現在も伝説として語られる．東京のディスコ「ジュリアナ東京」や「赤坂プリンスホテル」などに象徴されるように，日本は文化的・社会的にも極めて明るい状況にあった．しかし，その後の金融の引き締め，税制面の見直し，土地関連融資の規制などにより資産価格は急速に下落し，1993（平成5年）年頃にバブルは崩壊した．〔宮澤早紀〕

祭り（祭礼）とイベント

祭りは，比較的小規模な村や町で産土の「カミ」を対象として行なわれ，当事者だけが関与する儀礼によって成立する．祭礼は祭りより規模が大きく，都市部で行なわれることが多い．豪華な曳山や屋台，種々の芸能などが登場し，それを見物する観衆がいることが大きな特徴となっている．祭りや祭礼は地域の神社や寺院への信仰を基盤とし，特定の地域の人びとによって継承されてきた．その起源は近代以前にさかのぼるものが多く，京都の祇園祭のように1000年以上の歴史を持つ祭礼もある．

それに対してイベントは，歴史的な由緒や宗教的な背景を持たず，特定の地域や年齢，性別に拘束されない有志の参加によって行なわれるものである．高知市のよさこい祭り，東京都杉並区の高円寺阿波踊りは，いずれも戦後になって創出され，短期間の間に大きく発展し

たイベントである．〔川村清志〕

満　洲

「中国東北部」の旧称で，現在の遼寧・吉林・黒竜江の東北三省と内モンゴル自治区の東北部を含んだ地域を指していた．日清，日露戦争を経た，1906（明治39）年の南満洲鉄道（満鉄）の設立で，日本の満洲経営が本格化し，1932（昭和7）年に日本の傀儡国家である満洲国が建国され，開発が進められたが，終戦直前のソビエト連邦の侵攻で満洲国は崩壊し，中華人民共和国の統治下に入った．〔倉田健太〕

見世物

祭礼や縁日，開帳などの際に，寺社境内や盛り場に造られた簡単な小屋で，観客から金銭を取って珍しい技芸，珍奇物，細工品を見せる興行を指す．室町時代から勧進興行として諸芸が行なわれるようになり，江戸時代に入ると都市を中心に見世物興行は興隆し，大衆娯楽として定着した．現在でもまれに見ることができる．〔仲田侑加〕

民俗芸能

民俗芸能は，地域社会の成員によって継承され，祭りや年中行事などの慣習や信仰にともなって行なわれる芸能を指す．この民俗芸能は戦後になって普及した術語で，郷土芸能や民俗芸術とも呼ばれる．主なカテゴリーとして神楽，田楽，風流などがある．神楽は神に捧げ，神をもてなすために演じられるものである．田楽は年ごとの稲の実りを祈るために行なわれる芸能である．風流は，鳴り物を用いた華美な舞踊や練り物全般を表す．これら以外にも，門付芸や祝福芸のような特定の芸能民によって担われる芸能や，仏教などとともにもたらされた大陸起源の芸能もある．民俗芸能は複雑に混淆し，変化しながら地域の祭りや行事に取り込まれている．

なお古典芸能は，能や歌舞伎，文楽などの総称として用いられる．前近代より専門的な演者の集団によって継承され，支配者層の後ろ立てを得たり，興行による集客力を有したりするとともに，洗練された芸態を確立している点で民俗芸能と区別される．〔川村清志〕

民俗宗教（民間信仰）

民俗学では，宗教（神や仏，霊的存在など，人知を超えた存在，世界，現象についての信仰）のうち，教義や儀礼体系，教団組織そのものの次元ではなく，人びとの生世界において宗教が実際に生きられる次元に着目するが，「民俗宗教」（民間信仰）は，こうした次元の現象を総体として把握するために用いられてきた用語である．この場合，「民間信仰」は，どちらかというと村落社会の静態的な現象をイメージしてつくられた概念であるのに対し，「民俗宗教」は，都市社会も視野に入れた上で，制度的な宗教体系との関わりや宗教者の活動などに正面から光をあてる動態的なアプローチを志向してつくられた概念であるといえる．

日本も含めた世界の民俗学研究では，民間説話などの口承文芸と並んで，民間信仰・民俗宗教の研究がきわめて盛んに行なわれてきたが，これは，民俗学が200年にわたる学史にお

いて一貫して関心を持ち続けてきた，啓蒙主義的合理性や普遍主義的思考では割り切れない人類の経験・知識・表現が，これらの領域に豊富に含まれていると判断された結果である．〔島村恭則〕

山伏神楽

　山伏神楽は，おもに東北地方において，その成立および継承に修験者（山伏）が関与した神楽の流れを指す．「権現舞」，「番楽」，「能舞」などと呼ばれることもある．獅子頭を権現様と呼んで神の依代，ないしは御神体とする．多くは冬期に近郷を巡って，家ごとに祈祷の権現舞（獅子舞）を舞ったり，民家を舞台として神楽を演じたりした．〔仲田侑加〕

妖怪（神と妖怪）

　たとえば，キリスト教では「神」と「悪魔」は完全に区別される存在として定義されるが，日本の「神」と「妖怪」は，それとはまったく異なった関係にある．たとえば，『北野天神縁起絵巻』に，菅原道真（845〜903年）は藤原時平の讒言により左遷された大宰府で客死した後，怒りのため雷神（鬼）となり，藤原一族に災厄をもたらす様子が描かれている．藤原氏が道真の怒りを鎮めるために創建したのが北野天神（天満宮）であり，その後，道真が学問の神となったのは周知の通りである．

　宮崎駿のアニメ『もののけ姫』には，実在した人間ではなく，怒りと苦しさのため「たたり神」となった猪がアシタカヒコに退治された後，シャーマンの「ひいさま」が「塚」を築いて「御霊」を祀ることを約束するシーンがある．道真の例から考えると，猪はアシタカヒコの村を守る神となったと考えられるだろう．以上のように，日本では，霊的存在を祭祀するかどうかで，「神」にも「妖怪」にもなるということである．〔髙岡弘幸〕

索　　引

※太字はキーワード

あ

アイヌ　40
アニミズム　115, 209
阿部謹也　11
網野善彦　9, 11
有賀喜左衛門　220
家　210
家筋　12, 29
異化　27
石塚尊俊　29, 218
異人・まれびと　8, 209, 219
イベント　47, 98, 99, 173, 192, 220
意味のある批判　182
隠居慣習　88
インサイダーとアウトサイダー　123
インスタグラム　210
インターネット　210, 217
　――・SNS の時代　37
　――の情報　iii
ウエンガー，エティエンヌ　104
魚市場　176
内にむけての発展（インボリューション）
　　161
鬱病　30
衛星都市　5, 209
エスノグラフィ　63, 206
エリアーデ，ミルチャー　216
縁起　43, 44, 48
オットー，ルドルフ　216
鬼　41, 45, 47
おもてなし文化　209
折口信夫　209, 219

か

怪異　16, 31
概念　28, 30–33, 35

核家族　79, 210
学問のための研究　171
画像・映像のアーカイブ化　59
過疎化　82, 99, 107, 157, 209
家族　4, 79, 107, 178, 195, 210
桂米朝　11
加原奈穂子　57
貨幣経済　15, 213
神　82, 222
カルチャーショック　114, 143
川本彰　220
観光　46
　――資源　213
　――地化　55
観察　173
ギアツ，クリフォード　161
記憶　3, 195, 210
聞き書き　83
聞き取り　18, 67, 97
　――調査　59, 132, 138, 144, 167, 168
起源　70
記号論（文化記号論）　9, 98, 211
技術　128, 153, 192, 196, 211
機能　70
技能　100, 101, 103–105, 211
機能主義　98
キャラクター　33, 35, 36, 143
久馬慧忠　130
境界　5, 52, 123, 130
京極夏彦　17, 39
行商　174
行政調査　87
郷土意識　55
郷土イメージ　55
郷土史家　113
郷土の誇り　196
儀礼　9, 11, 67, 70, 84, 111, 115, 117–119, 211

空襲　13, 200
ケ　212
ゲーム　144
ケガレ　137, 212, 215
裂裟　127, 212
血縁　81
限界集落　210
研究成果の地域還元　171
現場の学問　180
小泉文夫　112
公営団地　17, 79, 212
公害（環境破壊）　214
口承文芸（→説話）　40, 219
公設市場　4, 213
構造　70, 113, 213
口頭伝承（→説話）　30, 42, 124
高度成長　4, 17, 18, 80, 213, 220
高齢化　82, 88, 107, 157, 209
互酬性　40
コスモロジー　26
五体投地　115, 214
国家神道　121
古典芸能　221
小松和彦　26, 213, 218
娯楽　33, 34, 144, 221
コンテクスト　55, 56

さ

祭祀組織　69
祭礼　9, 98, 113, 168, 220
桜井徳太郎　212
佐々木亨　44
里山里海湖　166, 214
差別　212
３Ｃ　213
三種の神器　213
参与観察　43, 59, 70, 83, 123, 138, 211
ジェンダー　168, 212, 214
資源利用　170, 214
実践共同体　104
実践的有効性　171, 180
実践の学問　180

シャーマン　63, 84, 215, 219
社会史　11
社会的コンテクスト　206
社会的制裁　212
社会のための研究　171
邪術　170
シャッター街　17
宗教的職能者（→シャーマン）　84, 87
宗教的世界　68, 74
　　──観　98, 211, 219
従軍経験者　195
主観的な体験と客観的事実　119
宿場町　176
修験道　114
城下（→城下町）　14, 15
城下町　13, 219
上座部仏教　143
少子化　88
精進料理　133, 215
商品経済　15, 215
真言（マントラ）　122, 215
新宗教教団　76
人生儀礼　26, 69, 215
神仏分離令　119, 121, 216
神話（→説話）　63, 219
鈴木術　203
住み込み調査　167
（里の）すみ分け　176
（民族に応じた）すみ分け　170
生活史（life history）　17
政治的権力　44
政治的立場　167
聖性　137, 216
聖地　74, 82, 216
聖なるもの　137, 139, 216
青年会　68, 70, 95, 105, 216
世界観　40, 218
世間話（→説話）　6, 219
説話（説話伝承）　9, 15, 26, 40, 63, 216
戦後復興　18
戦争体験者　198
創世神話（→説話）　64, 66, 216

相対化　9, 12
俗信　36

た

（農業・農村の）多面的機能　158
体験博物館　189
大乗仏教　143
タイラー，エドワード・バーネット　209
高橋統一　213
田辺繁治　104
檀家　127, 217
ダンデス，アラン　213
檀那寺　217
地域振興　177, 178, 214
地縁　81
知識　98, 102, 104, 105, 162, 206, 217, 218
ツイッター　210
通過儀礼　8, 114, 115, 215
憑きもの　25, 29, 218
DV（家庭内暴力）　30
テクスト　43
デュルケム，エミール　216
伝承　26, 27, 29, 32, 37, 40, 42, 56, 63, 75, 113,
　157, 158, 173, 192, 204, 218
電承　37
伝承者（→伝承）　124, 218
伝承団体（→**伝承**）　113, 218
伝説（→説話）　26, 43, 46, 48, 50, 51, 54, 56,
　63, 219
同族団　12, 219
動態　70
篤農家　168
常世　209
都市　5, 9, 34, 98, 178, 219
都市人類学　9
都市伝説（→説話）　18, 37, 219
都市民俗学　9
徒弟制度　104
飛び込み（調査）　26, 166
鳥越晧之　220
鳥山石燕　34
中山間部　168, 218

な

波平恵美子　12, 212
南島　63, 219
ネット・ロア　217
年中行事　9, 26, 69, 88, 95, 220
年齢組　82
農村社会学　6, 220
野口武徳　63

は

排除・差別　10, 12, 209
博物学　34
博物館活動　190
博物館資料　190
化物　34
橋本明子　195
ハビトゥス　103, 104
バブル経済（崩壊）　129, 220
浜本満　30
ハレ　4, 173, 212
比較民俗学　219
非行　30
秘密結社　123
表象　143, 144
ファン・ジェネップ，アルノルト　114
フィールド・ミュージアム　190
フォーク（folk）　206
フォーク・グループ　206
フォスター，ジョージ　218
福田アジオ　213
福武直　220
藤沢衛彦　39
物質文化　128, 141, 142
不登校　30
古き良き昭和　213
ブルデュー，ピエール　103
ブログ　210
プロップ，ウラジミール　213
文化英雄　45
文化財　95
文化的食品　176

（農業・農村の）文化伝承機能　158
糞掃衣　128, 137
ヘイトスピーチ　209
ペット　210
ベッドタウン　5, 88, 209
ヘムナライ，デーショーポン　146
偏見　145
変遷　70
ボランティア・ガイド　200
ボルノウ，オットー・フリードリッヒ　119
本草学　34

ま

マードック，ジョージ・ピーター　210
マスメディア　27, 30, 37, 210
まち　5, 14, 15, 219
祭り　10, 47, 85, 95, 97, 98, 173, 220
満洲　79, 220
水木しげる　25, 27
見世物　144, 221
密教　122
宮崎駿　222
宮田登　14, 15, 39, 56, 219
宮本常一　14, 90, 219
民間巫者（→シャーマン）　63, 74, 75, 219
民間信仰　26, 221
民間神話（→説話）　64
民間伝承　30, 33, 35, 218
民俗概念　30
民俗芸能　104, 112, 168, 221
民俗誌　206
民族誌　206
民俗宗教　87, 88, 221

民俗調査　59, 63, 79, 81
民俗文化　107
昔話（→説話）　26, 41, 219
村八分　12, 212
メディアミックス　48
本永清　77
物語　31

や

野外博物館　189
八木透　213
柳田國男　5, 14, 15, 37, 39, 90, 219
山下欣一　63
山伏　114
山伏神楽　114, 222
幽霊　15, 16, 37
夢枕獏　18, 25
妖怪　15, 16, 25-28, 30, 32-35, 37, 39, 222
吉田禎吾　218
よそ者（→異人）　138, 209
予備調査　64, 82

ら・わ

ライフコース　107
理解　169
両義性　48
レイプ，ジーン　104
レヴィ＝ストロース，クロード　213
歴史叙述　140
歴史の再構築　46
老年人類学　80
話者（informant）　17

《執筆者紹介》（執筆順，＊は編著者）

＊髙 岡 弘 幸（たかおか　ひろゆき）
　奥付参照

　香 川 雅 信（かがわ　まさのぶ）
　1969年生まれ．
　大阪大学大学院文学研究科博士後期課程単位取得退学，博士（学術）．
　現在，兵庫県立歴史博物館学芸課長．
　主要業績
　『47都道府県・妖怪伝承百科』（編著），丸善出版，2017年．
　『立体妖怪図鑑　モノノケハイ』KADOKAWA，2016年．
　『江戸の妖怪革命』KADOKAWA（角川ソフィア文庫），2013年．

　孫　　嘉 寧（そん　かねい）
　1991年生まれ．
　関西学院大学大学院社会学研究科博士後期課程単位取得退学．
　現在，関西学院大学社会学研究科大学院研究員．
　主要業績
　「北海道アイヌの夢にまつわる口承文芸に関する文化人類学的考察──互酬性を中心に──」『北海道
　　　民族学会会誌』14，2018年．

＊島 村 恭 則（しまむら　たかのり）
　奥付参照

　後 藤 晴 子（ごとう　はるこ）
　1979年生まれ．
　九州大学大学院人間環境学府人間共生システム専攻博士後期課程単位取得退学，博士（人間環境学）．
　現在，大谷大学社会学部現代社会学科講師．
　主要業績
　『老いる経験の民族誌──南島で生きる＜トシヨリ＞の日常実践と物語──』九州大学出版会，2017年．
　「第二の人生」民俗学事典編集委員会（編）『民俗学事典』丸善出版，2013年．
　「民俗の思考法──『とわかっている，でもやはり』を端緒に──」『日本民俗学』260，2011年．

＊川 村 清 志（かわむら　きよし）
　奥付参照

大 内　　典（おおうち　ふみ）

1960年生まれ.

ロンドン大学 SOAS（東洋アフリカ研究学院）博士課程修了（Ph.D 取得）.

現在，宮城学院女子大学一般教育部教授.

主要業績

「身心をひらく声──仏教の声わざ──」『身心変容技法研究』8，2019年.

"Musical Toys Offered to Gods at Miho Shrine : Instruments for Renewing Ritual Communication", *Japanese Journal of Religious Studies*, 45（2），2019.

『仏教の声の技──悟りの身体性──』法藏館，2016年.

＊松 村 薫 子（まつむら　かおるこ）

奥付参照

Saranya Choochotkaew（サランヤー　シューショートケオ）

1988年生まれ.

大阪大学大学院言語文化研究科日本語日本文化専攻博士後期課程修了，博士（日本語・日本文化）.

現在，チュラーロンコーン大学文学部東洋言語学科日本語講座専任講師.

主要業績

「遊戯における仏の表象化の変遷──江戸時代とそれ以前を中心に──」『日本研究論集』13，2017年.

「近世娯楽文化における仏の表象──誕生仏を中心に──」『日本語・日本文化研究』26，2016年.

「日本人の植物観──謡曲における植物変身譚を中心に──」『日本研究論集』11，2015年.

山 下 裕 作（やました　ゆうさく）

1965年生まれ.

筑波大学大学院博士後期課程歴史・人類学研究科単位取得，博士（文学）.

現在，熊本大学大学院人文社会科学研究部教授.

主要業績

『実践の民俗学　現代日本の中山間地域問題と農村伝承』農山漁村文化協会，2008年.

「筑波研究学園都市の民俗　人工的自然の民俗誌」『国立歴史民俗博物館研究報告』181，国立歴史民俗博物館，2014年.

「MMG システムによる農業・農村伝承文化の資源化と活用」『農業農村工学会誌』86（3），2018年.

中 村　　亮（なかむら　りょう）

1976年生まれ.

名古屋大学大学院文学研究科博士課程修了，博士（文学）.

現在，福岡大学人文学部教授.

主要業績

『アフリカ漁民文化論──水域環境保全の視座──』（共著），春風社，2019年.

『文明史のなかの文化遺産』（共著），臨川書店，2017年.

『マングローブ（アラブのなりわい生態系3）』（編著），臨川書店，2013年.

島 立 理 子（しまだて　りこ）
1964年生まれ.
筑波大学大学院修士課程教育研究科修了.
現在，千葉県立中央博物館主任上席研究員.
主要業績
「動植物の民俗語彙を考える」『博物館研究』53，2018年.
「博物館・図書館・公民館で地域の核となるモデルをつくる」『月刊地方自治　職員研究』687，2017.
「日本千葉県館山市立博物館所蔵の"チョウセン"と呼ばれる海女の潜水着とその特徴」『生活文物研
　　　究』32，2016年.

藤 坂 彰 子（ふじさか　しょうこ）
1984年生まれ.
福岡大学大学院人文科学研究科社会文化論専攻修士課程修了.
現在，呉市海事歴史科学館学芸課学芸員.
主要業績
「海軍における兵士の『戦争体験』」呉市海事歴史科学館編『呉市海事歴史科学館研究紀要』10，2016年.
「土佐とカツオとカツオ節」，「土佐のサンゴ」高知市史編さん委員会民俗部会編『地方都市の暮らし
　　　としあわせ　高知市史民俗編』高知市，2014年.
朝倉市教育委員会編『小石原川ダム文化財関係調査報告書』朝倉市，2013年.

《キーワード解説執筆者》（五十音順）
岡 本 真 生（園田学園女子大学助教）
川 村 清 志（奥付参照）
倉 田 健 太（総合研究大学院大学）
島 村 恭 則（奥付参照）
髙 岡 弘 幸（奥付参照）
辻　　涼 香（関西学院大学大学院）
東 城 義 則（立命館大学授業担当講師）
仲 田 侑 加（甲南大学非常勤講師）
松 村 薫 子（奥付参照）
三 隅 貴 史（関西学院大学特別任用助教）
宮 澤 早 紀（京都府立山城郷土資料館）
山 下 裕 作（執筆者紹介参照）
山 本 拓 人（清瀬市史民俗篇専門調査員）

《編著者紹介》

髙 岡 弘 幸（たかおか　ひろゆき）
1960年生まれ.
大阪大学大学院文学研究科博士後期課程単位取得退学.
現在，福岡大学人文学部教授.
主要業績
『47都道府県・妖怪伝承百科』（共著），丸善出版，2017年.
『幽霊　近世都市が生み出した化物』吉川弘文館，2016年.
『地方都市の暮らしとしあわせ―高知市史・民俗編』（編著），高知市，2014年.

島 村 恭 則（しまむら　たかのり）
1967年生まれ.
筑波大学大学院博士課程歴史・人類学研究科単位取得退学，博士（文学）.
現在，関西学院大学社会学部長，世界民俗学研究センター長，教授.
主要業績
『民俗学を生きる』晃洋書房，2020年.
『みんなの民俗学――ヴァナキュラーってなんだ？――』平凡社，2020年.
『〈生きる方法〉の民俗誌』関西学院大学出版会，2010年.

川 村 清 志（かわむら　きよし）
1968年生まれ.
京都大学大学院人間・環境学研究科博士課程修了，博士（学術）.
現在，国立歴史民俗博物館准教授.
主要業績
『石川県輪島市山王祭フォトエスノグラフィー　準備編』国立歴史民俗博物館，倉本啓之と共編，2018年.
『明日に向かって曳け――石川県輪島市皆月山王祭の現在――』DVD102分，2016年.
『クリスチャン女性の生活史――「琴」が歩んだ日本の近・現代――』青弓社，2011年.

松 村 薫 子（まつむら　かおるこ）
1972年生まれ.
総合研究大学院大学文化科学研究科国際日本研究専攻博士後期課程修了，博士（学術）.
現在，大阪大学日本語日本文化教育センター，大学院言語文化研究科日本語日本文化専攻准教授.
主要業績
『ニッポンの河童の正体』（共著），新人物往来社，2010年.
『日本文化の人類学／異文化の民俗学』（共著），法蔵館，2008年.
『糞掃衣の研究――その歴史と聖性――』法蔵館，2006年.

民俗学読本
──フィールドへのいざない──

| 2019年11月10日　初版第1刷発行 | ＊定価はカバーに |
| 2023年6月25日　初版第2刷発行 | 表示してあります |

編著者　髙　岡　弘　幸
　　　　島　村　恭　則　Ⓒ
　　　　川　村　清　志
　　　　松　村　薫　子

発行者　植　田　　　実

印刷者　藤　森　英　夫

発行所　株式会社　晃　洋　書　房
〒615-0026 京都市右京区西院北矢掛町7番地
電話　075(312)0788番代
振替口座　01040-6-32280

装丁　尾崎閑也　　　　　印刷・製本　亜細亜印刷㈱

ISBN978-4-7710-3266-8

JCOPY 〈(社)出版者著作権管理機構 委託出版物〉
本書の無断複写は著作権法上での例外を除き禁じられています.
複写される場合は, そのつど事前に, (社)出版者著作権管理機構
(電話03-5244-5088, FAX03-5244-5089, e-mail : info@jcopy.or.jp)
の許諾を得てください.

エリノア・オストロム 著/原田禎夫・齋藤暖生・嶋田大作 訳
コモンズのガバナンス
——人びとの協働と制度の進化——

A5判 324頁
本体4,180円（税込）

島村恭則 著
民俗学を生きる
——ヴァナキュラー研究への道——

A5判 250頁
本体2,750円（税込）

須藤　護・山田貴生・黒﨑英花 編著
民俗学の射程

A5判 242頁
本体2,970円（税込）

三浦耕吉郎 著
エッジを歩く
——手紙による差別論——

四六判 230頁
本体2,640円（税込）

三浦耕吉郎 編著
屠場　みる・きく・たべる・かく
——食肉センターで働く人びと——

四六判 252頁
本体2,090円（税込）

田中　滋 編著
都市の憧れ、山村の戸惑い
——京都府美山町という「夢」——

A5判 324頁
本体3,300円（税込）

松田吉郎 著
台湾原住民の社会的教化事業

A5判 228頁
本体2,970円（税込）

牛尾洋也・吉岡祥充・清水万由子 編著
琵琶湖水域の可能性
——里山学からの展望——

A5判 338頁
本体3,850円（税込）

晃洋書房